大夏书系·语文之道

张正耀 著

语文，究竟怎么教

——一位特级教师的 69 条教学建议

华东师范大学出版社

在需要的时候说恰当的话

椒印生 题

目 录

序　语文，就应该这么教 / 魏本亚＿＿＿1

能领悟，享有教学幸福

1. 彻底放弃样本分析＿＿＿3
2. "读不懂"有价值＿＿＿6
3. 享受领悟的幸福＿＿＿10
4. 掘开诗意的清泉＿＿＿14
5. 做学生心中的对话人＿＿＿17
6. 让语文的灵魂站立起来＿＿＿20
7. 用"讲故事"的方法教学＿＿＿24
8. 为教学提供依据＿＿＿27
9. 不需顾及张大千的胡子＿＿＿30
10. 不断积累，飞跃必来＿＿＿34
11. 传授一些"文化"＿＿＿38
12. 让文本说话＿＿＿41

懂取舍，展开充分活动

13. "问题"来自学生　　47

14. 设计学生自己的活动　　50

15. 充分调动学生的感受　　53

16. 把握文本生命的形式　　56

17. 关注作者自我的表现　　60

18. 体会那颗"敏感的心"　　63

19. 科学构建学习的时空　　67

20. 明确教学的侧重点　　71

21. 不能游离于文本之外　　74

22. 来支优美的华尔兹　　78

23. 找对一把万能钥匙　　82

24. 考虑学习的预期结果　　86

25. 一个也不能少　　89

26. 与文本的联系再紧密一些　　92

会设计，提升思维能力

27. 就文本本身而解读"背景"　　97

28. 回到事实真相上来　　100

29. 看出文本的姿态　　103

30. 跨过"背景"这道坎　　107

31. 不必"到处逢人说项斯"　　111

32. 要把"水草"放到"水中" 114

33. 擦亮自己的双眸 117

34. 让学生自己去学会利用 120

35. "走近作者"要适逢其时 123

36. 为需要而"知人论世" 126

37. 寻找难易的平衡点 129

38. 避免犯"低级错误" 132

39. 切合实际的才是最好的 136

40. 在不知不觉中受用着 139

41. 以旧启新,打开思维通道 142

42. 为新的学习定位 146

43. 建构起深入学习的辅助体系 149

44. 准确概括学习内容 153

45. "结语"要能映照目标 156

46. 进一步拓展思维空间 159

47. 设计好到达目标的旅程 163

48. 以实现文本意义为旨归 166

49. 不能偏离预设的轨道 169

50. 通过语言来进行 174

51. 把思维引向文本之内 178

52. 目的应是为了语文 181

53. 减少提问，增加活动____185

54. 所问要能方便应答____188

55. 在暗处寻找亮光____192

56. 让好问题一直活下去____196

知聚焦，明确语文根本

57. 抓住"凤头"教语言____203

58. 在范本学习中培养语感____207

59. 教语文就是教语言____210

60. 从"善于读题"开始____213

61. 将"读题"进行到底____217

62. 在"读题"中学会拟题____220

63. 立足题旨教"文眼"____223

64. 聚焦文中映照之眼____226

65. 避免贫乏化理解____230

66. 让学生自己阅读与注意____235

67. 从情感表现性把握形象____238

68. 不舍弃"一千个哈姆雷特"____242

69. 既能"入内"，又能"出外"____246

跋　回到语文的故乡____249

序　语文，就应该这么教

张正耀老师是我的朋友，他是一位非常有思想的语文人。他给我寄来一沓厚厚的书稿，让我写序。写点什么呢？刚开始我真的很犯愁。打开书稿，书的题目就深深地吸引了我："语文，究竟怎么教——一位特级教师的69条教学建议"。看了这样的题目，读了全部书稿，不禁为正耀老师拍案叫绝！语文，就应该这么教！

语文课程改革进行了十多年，语文教学的生态不仅没有好转，反而更加恶化了。高中语文教学生态恶化更加严重，高一就开始拼高考，语文课堂已经成了考试的训练场；初中教学生态也是如此，初二初三拼中考。考试已经使语文异化为一种工具、一种敲门砖。语文老师痛苦，学生痛苦。如果痛苦可以换来一点令人欣慰的"分"的话，这种痛苦尚且值得认可，事实上带来的是更大的痛苦。越痛苦越拼分数，越拼分数越痛苦，语文就被绑在旋转的摩天轮上，欲生不能，欲罢不能。张老师是一位清醒的语文人，他提出语文课堂要站立着"语文"的灵魂。他不停地追问：语文教学的意义和价值何在？语文教学的灵魂是什么？作为一位求索者，他的结论是学生语文学习水平和能力的发展、学生语文素养的全面形成。提升语文素养是语文人的心愿，但又是镜中花、水中月，可望而不可即。我曾经听说有一位语文"奇人"向他的校长提出："你给我一个班级，我给你教三年，保证教出一流的成绩。"在我看来，这位"奇人"就是要按语文规律办事，读书、思考、写文章，全面提升学生的语文素养。遗憾的是，这种正当的要求被校长拒绝了，理由是不能冒风险。而不冒风险的结果是什么呢？高考成绩依然差强人意。明知按语文规律办事是一条坦途却不走，偏偏要走应试语文教育的独木桥。这就是当下的语文教育。洪宗礼说："语文教育事业是塑人的事业。"这一事业，是一种艺术，"是育人的艺术，是塑造人的心灵的艺术"，我们"要把育人原则渗透到语文教学的每一个环节，贯穿于语文教学的全过程"，这是语文教师的神圣使命与光荣职责。而"育人"的首要任务是培养学生的思考能力，因为"理智要比心灵为高，思想要比感情可靠"。"众人皆醉我独醒"，倘若"我"的独醒能够唤起一批语文人，我想"我独醒"就有了实践的价值。

张老师针对语文教学的诸多问题，特别是不少教师不能教、不会教、教不好的问题，说认识，谈体会，提建议。基于大量文献资料和教学观察案例，他既对所存在的问题进行必要的纠正，又对如何教好语文进行具有创见性而又切实的指导。概括说来，围绕"语文，究竟怎么教"，他提出的建议有这样几点值得我们关注：

第一，语文教学要让学生真学语文。语文学习离不开文本解读，而我们解读语文的法宝就是分析。我们分析文本的依据就是教参，就是教案，就是教科书。学生读《记念刘和珍君》，就会对陈西滢有一个认识，那就是他是反动政府的帮凶、无耻的文人；杨荫榆是一位迫害学生的刽子手。在信息快速发展的今天，学生只要用百度、搜狗搜一搜，海量信息就会扑面而来，教参上的定论就可能遭到学生质疑。当然，我们无意于引导大家去研究政治，张老师也无意于研究政治，我们只是想说引导学生学习语文就是要让学生学真的语文，不要盲从教参。张老师根据最新资料介绍，《最后一课》是一篇爱国主义教育的名篇，也是中国教材中的经典，可是这篇课文却不能入选法国的教科书，因为它违背了历史事实。我们要用正确的东西教学生学习语文，这才是语文的魅力所在。张老师言他人之不敢言，就是想让学生学到真的语文，真学语文。

第二，语文教学要让学生学会使用母语。叶圣陶曾经说过：何谓语文？口头为"语"，书面为"文"，口语加书面语就是语文；杜威说：一个人为什么要学习母语，一方面是因为他要掌握使用本民族语言的规律以便与别人交流，另一方面他要浸润本民族的文化。叶老、杜威都强调母语学习就是要学会语言应用，但是这些观点在一段时间内被人们忽视了。工具论过时了,叶老过时了。经过十多年的艰难跋涉,人们突然明白了,叶老、杜威还是高明的,因为他们揭示了语文教学的规律。张老师多年教语文、研究语文,一直强调语文教学要关注学生的语言语用,要把叶老说的说好话、写好文当作语文的核心任务。他强调教师要引导学生和语言文字亲密接触,和语言文字构成真正意义上的对话,让学生在文本的字里行间穿行,品味语言,体会文字,学会运用语言文字。张老师的这番话不是今天才说的,而是他的一贯主张。翻检 2011 年版的《语文课程标准》,我们发现语言文字运用成了语文的核心任务,这是理性的回归。如此看来,张老师一直倡导并坚持实践自己的观点,其实是在呼唤语文教学的理性回归,让语文找到自己回家的路。

第三,语文教学要关注学生的思维发展。一个健全的人应该会说、会写、会思考。当下的语文教学,我的语文朋友们更多地关注教材、关注考试,很少关注学生的思维。1976 年,在曾深受纳粹之害的德国,政治教育家齐聚博特斯巴赫,达成了政治教育的最低共识——《博特斯巴赫共识》。该共识有三个重要原则:禁止灌输,保持争议,培养学生的分析能力。张老师从这个共识中得到启发,强调语文教学要关注学生的思维发展。他的许多文章都充分体现了对学生思维培养的深度思考,他就是要带着学生在研读中思考,在思考中提升,在阅读思考中形成自己的正确的世界观。张老师着眼于人的培养,所以他提的建议非常切实而有效。

最后,为张老师说几句话。张老师是一位善于思考的语文人,他勤于教学、勤于教研、勤于笔耕,这本书就是他长期辛勤耕耘的结晶。收入本书的 69 篇文章,统一于叶圣陶先生所提出的"在需要的时候说恰当的话"这一教学思想之下,分为"能领悟,享有教学幸福""懂取舍,展开充分活动""会设计,提升思维能力""知聚焦,明确语文根本"四部分。其中涉及创新教学观念、正确认识教学相关要素、科学解读文本、合理确定教学内容、有效安排教学环节、高效开展教学活动等许多方面,特别是他主张"教语文就是教语言",触及了语文教学的核心,有此见地,实属不凡。贯穿于全书的是张老师对语文教学的理性思考,这些思考建立在实践的坚实大地上,所显现的是宝贵的真知灼见。张老师是一位语文特级教师，正高级教师，他对语文的执着追求精神令人感动；他对语文的认识超出了一般的认知水平，能够给读者以极大的启发。语文人著书立说的很多，但是具有个性思想的很少；语文人说话的很多，但能针砭时弊、说科学有效的话的很少。正耀老师就是这很少之中的一位佼佼者。我要为他点赞，广大的读者也会为他点赞。

  我是张老师的朋友，作为朋友就有机会做第一位读者，以上就是我这位读者的一点读书体会。表达出来，一是感谢张老师的信任，一是完成张老师的任务。

  是为序。

魏本亚

2016 年 4 月 2 日于彭城

能领悟，享有教学幸福

你以为一切都已经发现了吗？
那真是绝顶的荒谬。
这无异把有限的天边，
当作了世界的尽头。

——［法］弗拉马利翁

1. 彻底放弃样本分析

语文课堂教学中，我们一直受着种种束缚，囿于种种"禁区"。提倡"在需要的时候说恰当的话"，首先要思考的是进行真正意义上的、切实有效的课堂教学改革，而课堂教学改革的前提是思维的变革。

英国著名学者维克托·迈尔－舍恩伯格和肯尼思·库克耶在他们的《大数据时代：生活、工作与思维的大变革》一书中前瞻性地指出，作为人们获得新的认知、创造新的价值的源泉，大数据带来的信息风暴正在变革我们的生活、工作和思维，大数据开启了一次重大的时代转型。在新的时代背景下，我们的脑洞需要大开，我们不能再依赖于单向阅读，要彻底放弃样本分析这条捷径，要使全面完整地拥有信息成为一种常态。

在语文学习中，所谓的"数据"就是各种各样的文字信息，是与所学习文本有关的各种资料，作为重要的学习资源，它们理应得到充分拥有和创造性运用。正如维克托·迈尔－舍恩伯格所说："拥有，这是当今社会所独有的一种新型能力：以一种前所未有的方式，通过对海量数据进行分析，获得有巨大价值的产品和服务，或深刻的洞见。"阅读文本，就是阅读信息；阅读文本的过程就是搜集、整理、分析信息的过程，在这一过程中认识世界、发展思维、形成能力、获得审美体验。这就需要我们变原有的单向阅读为全面拥有相关资料，变随机采样式的阅读为关注所有信息。教学实践中，相当多的教师、相当多的课堂学习，所依据的仍然是较为单一的学习资源，如教科书、教参、网络上部分"教案""课例"等，"教课文"的现象也仍然较为普遍。囿于现成的认识或结论，受各种"传统"说法的影响，受"权威"解读的束缚，教师在引导学生单向阅读的同时，承担着的只是某种知识的"传播"工作，而不能担负起启蒙者、发现者与批判者的角色。

以《记念刘和珍君》的教学为例，鲁迅在文中用愤激的语言表达了对"文人学者"的"阴险论调"的极大"悲哀"，乃至"出离愤怒"，课本中注解"文人学者"主要指陈西滢。长期以来，我们就是遵循着鲁迅的思维方式去认识与评价陈西滢的（对文中涉及的另一个人物杨荫榆也是如此）。那么，陈西滢真是鲁迅所说的那样的人吗？陈西滢的《闲话》原文到底写了哪些内容？他所说的与当时的事实有哪些吻合与出入？他对这次事件的态度是什么？他是如何评价学生请愿运动的？在对事情的看法上，他与鲁迅有哪些不同？所谓的"资产阶级知识分子"的帽子是谁给他戴上的？有了这样的身份就一定带有"原罪"吗？陈西滢在现代文学与教育史上的地位如何评价？所有这些，我们都要去搜集相关的信息，包括当时其他人针对此次事件发表的文章，要不然，我们读到的永远是鲁迅先生的"一面之词"，而不可能了解事情和人物的全貌。平心而论，鲁迅的"批评"与"揭露"只是一场对陈西滢等人的"缺席审判"，在某种主观情绪主导下，其客观性与公正性必然受到一些影响。那么我们为什么不让学生去更多地"拥有"相关的资料？为什么不让他们学会还原历史真相、自主认识与判断，而只是机械地接受原有的评判呢？

学生学习语文流传着这样的"三怕"：一怕文言文，二怕写作文，三怕周树人。学生为什么怕读鲁迅的文章？其原因当然是多方面的，但我们长期以来对鲁迅作品（包括对鲁迅本人）采取随机采样式阅读是一个非常重要的原因。这种阅读是一种有意的"屏蔽"（"读什么"与"不读什么"，教师和学生是没有多少选择权的），也是一种先入为主的虚置式学习。学生读到的是战斗着的鲁迅，而读不到学习、工作、生活中的鲁迅；学生认识到的是愤激乃至偏激的鲁迅，而不会见到温和、隐忍、热情、睿智的鲁迅。更重要的是，我们学习鲁迅的文章，其主要目的是什么并没有真正弄清楚，鲁迅其人及其作品在不断发展、传承的中国文化史、文学史、思想史中的价值和意义在何处也没有得到完全厘清。

样本分析式的阅读，必然带来思维的狭窄与认识的偏颇。读了苏轼的《念奴娇·赤壁怀古》与辛弃疾的《永遇乐·京口北固亭怀古》，学生就容易形成对苏轼与辛弃疾豪放词风的固化认识，而不能全面了解其词作题材的多样性、艺术手法的创造性、创作风格的复杂性；对苏轼放达中的虚无、豁达中的无奈，对辛弃疾激愤下的惋叹、闲适中的自在等也就不能具体地分析而形成完整且正确的认识。乃至因为我们不了解英国著名哲学家罗素在98年的生命中结婚4

次，其间还有过无数个情人等实际情况，而不能深入理解他在《我为什么而活着》中对爱情寻求的独特表述。

  放弃样本分析这条捷径，需要我们远离误解与遮蔽，选择收集全面而完整的信息。这是因为使用一切信息不但可以为我们带来更高的精确性，还可以让我们看到一些以前无法发现的细节——样本无法揭示的细节性信息。所以，在教学《最后一课》时，我们就不能再跟学生说普鲁士是"侵略者"（要基本了解普法之间的历史恩怨），法语是世界上"最美的语言"了，我们应该让学生自己去判断普法战争中阿尔萨斯和洛林地区的真正归宿，进而去评判韩麦尔先生言行的感性与理性成分；在长期被苏联历史称作"反苏""反革命"的"白"色"反动"将领高尔察克、科尔尼洛夫不仅得到平反昭雪，并且还在1991年后按照东正教仪式被安葬在圣彼得堡的彼得堡罗要塞的今天，我们教学《生命的意义》，对"白卫军将领"彼得留拉复杂的社会背景是否要作具体的了解？对钢铁般的英雄保尔·柯察金是在什么历史条件下"炼成"的，他究竟是一个什么样的革命者，是不是要重新作出评价？正因为大数据是建立在掌握所有数据，至少是尽可能多的数据的基础上的，所以对文本我们就可以正确地考查细节并进行新的分析。同时，在任何细微的层面，我们都可以用大数据去论证新的假设。

2. "读不懂"有价值

大数据时代要求我们重新审视精确性的优劣。当我们拥有海量的即时数据时，绝对的精准、精确不再应该成为我们追求的主要目标。一旦拥有了大数据，我们也就不再需要对某一个现象刨根究底，只要掌握大体的发展方向即可。这是因为大数据不仅让我们不再期待精确性，也让我们无法实现精确性。当然，我们也不是完全放弃了精准度，只是不再沉迷与迷信而已，适当忽略微观层面上的精确度会让我们在宏观层面拥有更好的洞察力。如果将传统的思维模式刻板而机械地运用于数字化、网络化时代，我们就会错过许多重要的信息。就语文学习而言，认识的"模糊"作为一种存在，无疑是有价值的。在一定情境下，作为一种生命形态，"读不懂"也是一种"读"，"读不懂"也同样有意义。对此，著名语文教育家章熊曾经有过这样的阅读体会：

> 我是四五岁的时候就接触《长恨歌》的。我姐姐比我大三岁，还记得我俩坐在小板凳上听我母亲一句句传授，讲到动情处，我母亲哭了，我姐姐见我母亲哭了也哭了，我看见母亲、姐姐哭了也哭了。其实心里茫然。
>
> 但是随着年齿渐长，当年播下的种子发芽了。我越来越感受到《长恨歌》文字之美，而且对内容的领悟也不断变化，起初是感动于那个凄美的爱情故事，阅历增加了，又慢慢地体会到诗人白居易的历史沧桑感。

对白居易的《长恨歌》，章熊经历了从"读不懂"到"渐渐懂"，再到"完全领悟与体会"的过程。没有"读不懂"时播下的种子，就没有后来思想的萌芽、成长与开花、结果。这样浅易的道理，我们却往往不能明白，以致常常做一些违背"常识"的事情。比如为了追求所谓的精确，我们总喜欢为一些作家贴上"标签",比如说陆游是"南宋爱国诗人",可是"一个陆放翁,活过八十多年,在疆场披霜,在情场流泪,写下上万首的诗,小词也填得沁人肺腑。这样一个人,岂肯被'南宋爱国诗人'六个字套牢?""世上没有一生80年、一年365天、一天24小时的'爱国诗人'。陆游只是写他的诗,只是记录他的心情。"(张晓风语)在我们的语文课上,为什么会一再出现一些违背语文学习规律的东西?原因就在于我们过于纠缠于微观层面上的精确度,结果不是堵塞了学生的思维通道,就是把学生的思维误导向歧途,而不得要领。

正因为此,如果定位于文章的体式特点,我们就不会让学生去讨论"愚公"与"智叟"谁"愚"谁"智"的问题,更不会去讨论"移山"与"搬家"孰优孰劣的问题。这样的"讨论"其实远离了"寓言"的基本特点,把艺术世界中的景象与现实世界中的情景完全等同了起来。所以,教学《愚公移山》,我们是不能用非"寓言"的方式对人物的某个行为深究下去的,我们只要让学生掌握愚公身上所体现出来的某种理想、精神、品质、意志就可以了,当然如果深入一点,我们也可以让学生了解文本中体现出来的人类对神灵的态度,对神性力量的赞美等。以此来检视《渔父》的教学,我们就发现不少教师在试图了解学生对"屈原"与"渔父"的人生观有什么认识、持什么态度,试图进行"正能量"传播时,都普遍遭遇了尴尬:很多学生都否定了"屈原"而肯定了"渔父"。其实文中写的是屈原的内心矛盾,"渔父"与"屈原"看似两个不同的人物的论争,其实只是真实的屈原与自己的内心在进行激烈的斗争而已。作为屈原自我的内心独白,所传达出的是这种矛盾的痛苦与态度的决绝。离开了这一点,所谓的"讨论"与"探究"还有意义吗?遗憾的是,很多情况下,文本的核心价值就在所谓的"探究"中被消解了。

在不断涌现新的信息的情况下,对某个文本的阅读理解允许不精确的出现应该成为一个新的亮点,而非缺点。因为放松了容错的标准,学生掌握的信息也多了起来,还可以利用这些信息形成不同于以往的新的认识。这样就不是大量信息优于少量信息那么简单了,而是大量信息创造了更好的结果。相比依赖于小数据和精确性的时代,大数据因为更强调数据的完整性和混杂性,帮助我们进一步接近事实的真相。但遗憾的是,在倡导发展学生自主、独立阅读能力的今天,我们仍然看到不少教师在越俎代庖,在用所谓的"答案"去约束学生的思维、去阻碍学生的思维,不能让学生作出自己的分析判断,更不能从不同的角度和层面进行阐发、评价和质疑。如对朱自清的《荷塘月色》的主题思想和作者的写作意图，一直有很多种解读：1. 是作者寄情山水之作，抒写清冷幽深的境界，表现凄凉的心境；2. 是借景抒情之作，表现作者愁闷的心情；3. 是表现作者欣赏月下荷塘自然之美的情趣，据守个人的小天地，表现闲适的心情；4. 不是抒发作者逃避现实的情绪，而是表现作者对黑暗现实的不满的愤激心情；5. 是表现对黑暗现实的不满和对美好生活的向往……这些解读各有其合理的成分，我们要做的不是用文中的一些语言材料去证明某种认识的"正确性"，而恰恰是让学生通过调动自己的生活经验和阅读积累，通过个性化的阅读，在主动积极的思维和情感活动中，获得独特的感受和体验。就像歌德说的那样："经验丰富的人读书用两只眼睛，一只眼睛看到纸面上的话，另一眼睛看到纸的背面。"

其实，古人早就明白阅读中有一个重要现象，所谓"词不达意""诗无达诂""不求甚解"等都是非常有价值的体会与总结。木心说："任何流传的信仰以误解始成。""要不求甚解地去解。不求甚解就是一种解。"要"包涵、圆融地看"。过于追求"精确"，必然会形成偏差和错误。"丁是丁，卯是卯"式的"一个唯一的真理"是不可能存在的，而且追求这个唯一的真理是对注意力的分散，会使我们失去从各个不同角度来阅读文本的权利。在这方面，前人为我们提供了范例。如俞平伯先生早年在《读词偶得》中对李后主《浪淘沙》中"流水落花春去也，天上人间"的"天上人间"这样解释：这"天上人间"有很多可能性。第一种可能性就是一般的疑问之辞："流水落花春去也"，春去到哪里？天上还是人间？第二种可能性是一个对比："流水落花春去也，天上人间"，昔日是天上，今日是人间了。第三种可能性就是一个呼天之辞："流水落花春去也"，天哪！人哪！就是一种感叹，根本不需要解释。第四种可能性就是承应、注解上句的"别时容易见时难"："流水落花春去也"是"别时容易"，"天上人间"是"见时难"。在这里，俞先生的认识可说是模糊和不确定的，几乎每一种理解都可以，如果止于某一种解释，那只会影响我们对全诗的整体认识。其实，我们取哪一种解释并不重要，只要我们能够得到一个更加完整的概念，我们就能接受模糊和不确定的存在。就像现代派的诗歌一样，初看每一句都感觉是模糊的，但是反复读几遍之后，你就会渐渐明白其所表达的意思，因为你"退后一步"的时候就能看出诗作的整体思路了。

大数据时代，我们要杜绝一味追求"标准答案"的行为，否则就会陷入"以今律古""以己律人""以此律彼""以误律正"的思维误区。有很多教师都会组织学生讨论苏轼在《念奴娇·赤壁怀古》中所抒发的感情"是积极还是消极"这一问题，有的甚至断语"苏轼思想是有局限性的"。可几乎每一个教师都清楚，这样的讨论是不可能有什么"标准答案"的，因为用所谓"今天"的眼光去看待一切"过去"的作品，无论怎么说都是"有历史的局限性"的。又如在学习《项羽本纪》中，不少教师会游离于文本之外，让学生去讨论"刘邦和项羽谁是真正的英雄"的问题。且不说仅仅学了某一篇文章就要对两个人物作出全面而正确的评价是多么的困难，就说"英雄"概念的内涵与外延，学生又怎么能够有明确的认识进而论说得清楚呢？

寻找所谓的"标准答案"的最后，往往是众说纷纭，莫衷一是，不了了之。是急躁与功利使得我们的教学远离了学习的本意，而忽略了思想和艺术的存在才是最重要的这一根本性认识，也背离了语文学习的一般规律。还是章熊先生说得好："经典作品对学生的影响往往要隔一个相当长的时间才能充分显示。这是因为：一、我们的世界是立体的，是多维度的，所以对这个世界的精粹、凝练的文字反映也必然是多侧面的，即使是共时，它也永远存在着不同的解析角度。二、这些作品的内涵极为丰富，对它的解读与读者的状态密切相连，青年、老年、得意、失落……各不相同，历时而变。"所以"一首《木兰辞》，小学可以读，中学可以读，到了大学中文系还可以读，只是角度、内容、体验不同而已。因人而异，与时俱进。所以叶老（圣陶）对当年北京市教育局曾经提出的要'讲深、讲透'的口号很不以为然，说：哪有什么能够'讲透'的？"遗憾的是，正是在追求理解的绝对精确之路上，我们忽视了对学生的领悟力、洞察力的培养，不能引导学生从海量信息中寻找可能隐藏的解读模式、认识趋势。

3. 享受领悟的幸福

维克托·迈尔-舍恩伯格和肯尼思·库克耶极具洞见地指出，大数据时代最大的转变就是，放弃对因果关系的渴求，而关注相关关系。也就是说只要知道"是什么"，而不需要知道"为什么"。这颠覆了千百年来人类的思维惯例，对人类的认知和与世界交流的方式提出了全新的挑战。语文课堂中，为什么教师的"讲风"还是那么盛？因为他掌握着所谓的"知识"。学生对语文的学习态度为什么那么冷漠？因为我们多少年不变地去"宣讲"那些有可能我们自己也不完全相信的"知识"，而"知识"获得的过程如果没有任何策略的介入，如果没有进入"读书就是读自己"（莫言语）的状态，那必然是非常无趣的。有人说，学生学习语文的过程，就是确立自己的真实存在的过程，就是让世界呈现在自己面前并让自己进入这个世界的过程。唯此，语文学习才会"有意思""有趣味"。

对因果关系的渴求，必然把我们的思维带往"有因必有果"的线性模式，而不能对作品的深层结构进行具体的分析，我们就会凭借作品的某些外在因素而得出结论，我们见得太多的是这样的文本解读："时代的苦闷——作家必定时时、处处陷入单一的绝对苦闷中——他写出的每一作品必定是充满了单一的绝对的苦闷感。"（钱理群语）线性思维模式带来的是思维的刻板与僵化，缺乏充分依据的解读结论也只能是自说自话，难以服人。

如不少教师在教学杨朔的《画山绣水》时，喜欢让学生去对作者的"写作意图"进行探究，这种要求本身就是为难学生，因为写作是作家的完全"个人化行为"，其"写作意图"除了作家自己清楚，别人是无法"探究"得到的。正如清代著名文艺理论家刘熙载在《艺概》中所指出的那样："杜诗有不可解及看不出好处之句。'文章千古事，得失寸心知'，少陵尝自言之。作者本不求知，读者非身当其境，亦何容强臆耶！"但我们许多教师就是不懂得文学欣赏中的这一基本规律,而偏偏要"挖"出其中的"深意"。而教师要告诉学生的是:"让人们在观赏美丽的自然风光时,不要忘记过去,不要忘记旧社会的苦难,不要忘记阶级压迫和阶级斗争,要珍惜现在的美好生活。"让人恍然又回到了"文革"时代的语文课堂。让今天的学生去理解"阶级斗争年代"的思维,除了"灌输",我们还能做什么呢?1976年,在曾深受纳粹之害的德国,政治教育家齐聚博特斯巴赫,达成了政治教育的最低共识——《博特斯巴赫共识》。该共识有三个重要原则:禁止灌输,保持争议,培养学生的分析能力。无疑,这三条原则必须有对因果关系渴求的放弃才能实现。

关注相关关系,就是变"串联思维"为"并联思维",变"二元对立"为"多元共存"。现实世界中,除种种事物的头和尾可以相接外,也可以头头相接、尾尾相连。那种"有头必有尾""有因必有果"的传统认知习惯必须彻底改变。通过对大量信息的分析,我们应该形成这样的认识:有因可以无果,有果可以无因;因不仅仅是因,果也不仅仅是果;一个因可以有多个果,多个果可以有一个因。以对鲁迅《祝福》中形成祥林嫂悲剧命运的原因探究为例,"封建四权迫害论"能完全解释清楚吗?"四权"都是针对"寡妇"的吗?哲学家金克木认为,作为一个"寡妇",不能成为独立的个人,其生存权利与存在价值遭到了极大的漠视,可谓确论。我们可以引导学生从人们对寡妇的社会歧视中进行深刻的文化反思与文化批判,从而形成对不良社会习俗的强烈批判精神。

现实情况是,由于对相关关系的重视程度不够,我们仍习惯于传授一些现成的结论,如同是教学帕特里克·亨利的《不自由,毋宁死》(美国教材题为《在弗吉尼亚州大会上的演讲》),中美就有极大的区别:

1. 对作者的认识。

中:这篇演说词是传世名篇,其中所体现的高超的演说艺术,充分显示了其独特的魅力。

美:你对帕特里克·亨利有什么样的印象?根据这篇演讲判断,你认为他应该拥有强有力的演说家的声誉吗?解释原因。

2. 对作品的认识。

中:帕特里克·亨利的演讲非常轰动,"亨利的演讲结束后,会场群情激奋,'拿起武器!拿起武器!'的呼喊声响彻议会大厅"。

美：在一个生死攸关的关键时刻，类似亨利的这样一篇政治演说能起到多大的作用？

中：对帕特里克·亨利演讲中的观点要求学生"全盘接受"，不作质疑。

美："课堂民意测验"：亨利认为和没有自由的生命相比，牺牲更加可取。进行一次投票的民意测验，看看你们班里的同学是否同意他的看法。

3. 与现实的联系。

中：谈谈对练习演讲有什么启发。努力在教学中创设机会，让尽可能多的学生登台演讲；努力营造庄重的氛围，使学生沉浸其中倾听感受。

美：在今天，什么样的情况或条件可能会促使一名政治家作出这样一篇正式的、戏剧性的演讲？（联系）把亨利的演讲和今天的政治演讲作一个比较，哪些演讲者（如果有的话）能够达到和亨利同样的影响力？（社会研究连线）

很明显，我们的力气花在让学生"认识"与"解释"上，美国人的力气花在让学生"思考"与"质疑"上（这种区别其实在课文的题目上就已显现出来了）；我们要学生复述乃至复制别人的思想，而美国人则是从更加广泛的社会生活出发，进行思维的超级链接，充分调动学生的想象力、创造力，启发学生的多元化思维和独特体验。个中高下，不言自明。

关注相关关系，我们才能有所发现，有所认识，有所建构。如我们没有自己的《安妮日记》，至少我们读不到这类作品。在我们的文学作品中很少看到战争中凄惨悲伤、孤独无助、忧惧死亡的儿童形象，我们见得最多的是机智勇敢、乐观向上、勇于献身的英勇儿童团员（比如"英雄王二小""小英雄雨来""小兵张嘎"和送"鸡毛信"的海娃等经典形象）。我们能否让学生探讨一下：在战争中我们的孩子都是那么英勇、快乐，真的都那么喜欢打仗，喜欢杀戮？这背后折射着怎样的精神文化？怎样才能"不伤害孩子的心"，真正体现对每一个生命的尊重？

大数据时代，巨量的图文信息会给我们提供非常新颖且有价值的观点。追求各种信息的相关关系也许不能准确地告知我们某件事情为何会发生，但是它会提醒我们这件事情正在发生。俄国作家蒲宁说："我们缺少领悟和见闻，而幸福只给予能领悟的人们。"这就要求我们每一个语文教师积极捕捉，善于思考，努力发现，系统变革教学思维，真正拥有独立的思想，能够积极地创造、理性地批判、智慧地启蒙。要牢记鲁迅的警告，对一切知识与结论，不能只是"同意"（支持与拥护现成的说法），然后"解释"（从知识层面阐释其"正确性"），再接着"宣传"（照本宣科），最后"做戏"（通过教学活动证明连自己也不相信的"知识"）。在一个"上帝已死"的时代里，我们曾经坚守的东西会发生不可避免的动摇。而这些与那些曾经的"信念"正在被"更好"的证据取代。那么，从以往课堂教学经验中得来的与新的更好的证据相矛盾的直觉、信念和迷惘应该充当什么角色呢？当我们的语文课堂教学一旦由探求因果关系变成挖掘相关关系，我们怎样才能既不损坏建立在因果推理基础之上的各种认识、理解、感悟和获得语文综合素养的基石，又取得实际的效果呢？这些都是大数据时代背景下我们要面对的严峻课题。

4. 掘开诗意的清泉

中国当代语文界有一个非常响亮的名字——洪宗礼，其响亮的程度可以通过一个生活细节来说明：一群老头老太打麻将，他们把麻将牌中的"中"直接叫作"洪宗礼"。由此可见他的影响力之大。在长期而广泛的教学实践中，洪宗礼先生形成了比较全面而丰富的语文教学思想。以语文教育"链"、"五说"教育观、"引读引写"教学论等为代表的充满智慧而富有灵性的语文教学思想及高超的教学艺术，无一不是我们进行语文教学与研究的宝贵财富，认真阅读和仔细揣摩他的语文教学思想，感到无一不是"在需要的时候说恰当的话"的典范。

我们首先要向洪先生学习的是他对诗意课堂的不懈追求。正如苏霍姆林斯基所说："没有一条富有诗意的、感情的和审美的清泉，就不可能有学生全面的智力发展。"作为最富有情感特征的语文课更是如此。洪宗礼对此的理解是，每堂语文课都要让学生受到美的熏陶，获得美的享受，具有美的追求。倘如此，语文课便会更富有诗意。语文课要把学生引入五彩斑斓的语文世界。这个世界是语言灵动的世界，是情感充沛的世界，是内涵丰富的世界。一句话，语文课应该成为一个诗意飞扬的世界。这就使我们对语文课的"诗意"有了较为明确的认识：诗意的语文课堂是开放的、灵动的、充满情感与智慧的。是那种叫人流连忘返、依依不舍的情趣；是那种耐人寻味、思之无穷的韵致；是那种山重水复、探幽寻踪的趣味；是那种含蓄微妙，只可意会不可言传的意蕴。诗意的语文课堂是神奇的，熏陶着学生的灵魂；诗意的语文课堂是智慧的，给学生以力量；诗意的语文课堂是美丽的，给每一个学生以幸福。在这样的课堂里，师生共同享有的是一种人生的享受，是一种生活的体验，是一种人格的提升，是一种思想的撞击，是一种生命的感悟。

在洪宗礼看来，诗意的课堂，是更接近真实的课堂，是远离虚假教学的原生状态。这样的生态教学，应成为我们的追求。它"从学生的成长过程来说，是精神的唤醒、潜能的显发、内心的敞亮、主体性的弘扬与独特性的彰显；从师生共同活动的角度来说，是经验的共享、视界的融合与灵魂的感召"（肖川《教师的幸福人生与专业成长》）。唯其如此，才是智慧的课堂，灵动的课堂，充满生机和活力的课堂，是真善美的课堂。可是，在我们的现实中，"虚假"教学的现象比比皆是，我们把大量宝贵的时间和精力都花在了整齐划一、完全固化的"教学模式"之上，花在了名目繁多、各种各样的练习与测试之中，花在了一味追求学生考试成绩与分数之上，还花在了一些无谓的教学方式与教学手段之中，更花在了碎片化阅读、不断向学生提出稀奇古怪的问题、把文本学习变得支离破碎的过程中。

在洪先生看来，要想使课堂能够诗意飞扬，教师要善于观察。善于观察，就是要察言观色，以敏锐的目光，透过学生的一言一行、一姿一容，发现学生的自奋其力、自求得之的积极因素。"眼睛是心灵的窗户"，课堂上一双双眼睛就是一个个教学信息窗口。学生的目光神态，就是无声的教学反馈，无动于衷、心有旁骛、茫然不解、若有所思、恍然大悟的状态，欢快与痛苦、欣喜与伤怀、激昂与低沉、满足与不甘的情绪，无一不通过他们的神色表现出来。透过眼神，教师往往能够发现学生的内心，直抵他们的心灵，了解他们的学习状态。除此，教师还要善于运用眼神与学生交流，富有表现力的眼睛，往往胜过生动的语言。环视全班，可使每个学生都感到老师对自己的关注而倍感亲切；平视学生，可使某位学生感受到老师的关爱与期待、赞赏与鼓励。教师温情、温暖、温馨的眼神，虽不言语，却能传情、启思、"无声胜有声"，可达有效组织学习、顺畅沟通情感、激活学生思维之效。这对纠正我们课堂教学中的一些偏向很有价值。不少教师的教学只是着眼于自己的"教"，而不关注学生的"学"，他们的眼中只有教学内容、教学环节、教学手段，而没有真正需要关注的"学生"，如此"目中无人"，其结果必然是学生与教师关系的冷漠、学生对学习态度的冷淡。

在善于观察的基础上，教师还要能倾注情感。古人说"感人心者，莫先乎情"（白居易《与元九书》），充满活力和生机的课堂一定是教师倾注情感的课堂。教师"要诱发学生学习的浓厚兴趣，激起学生的新鲜感、新奇感和追求感"，而"能培养独创性和唤起对知识愉悦的，是教师的最高本领"（爱因斯坦语），这就需要以自己的心去发现学生的心，以自己的火去点燃学生的火，以自己的力去提升学生的力，以自己的智去开启学生的智，通过情感的传递去影响学生。上课伊始，教师要用富有激情或者蕴含哲理的话语去开启学生的学习之旅；上课结束前，要用精炼而精彩的语言去进行课堂回顾与小结。当学生无精打采时，教师要用饱满的情绪感染他们；当学生注意力不集中时，教师要用平静与专注，使他们受到影响而集中注意力；教师感情充沛、绘声绘色、渐入佳境的讲授，会唤起学生感情上的共鸣；教师所精心设计的每一个问题，会使学生跃跃欲试、兴奋莫名，萌发探究的欲望，会使学生感到积极思维是一种需要，一种趣味，一种享受；教师对学生的尊重、信任、热爱，对学生的充分肯定与适时鼓励，会被学生觉察并产生一种神奇的力量。可我们的不少课堂却是没有温度的课堂，学生在课堂上提不起精神，没有学习的兴趣，缺少学习的激情，课堂气氛非常沉闷；有的课堂还缺乏温馨的氛围，教师对学生、对教学缺少必要的情感投入，学生对学习无动于衷，其效果可想而知；有的课堂更是缺乏温情的，师生之间基本没有情感的交流，有的只是知识的问答。

　　诗意飞扬的课堂还要能够灵动机变。语文教学的诗意应该在贴地而行与飞天而舞中得到充分的体现。"贴地而行"是指教学内容与过程、方法的遵章守常、规范有序，"飞天而舞"则是与其伴生、使其灵动的灵活变通、相机而行，两者要能兼顾，不可偏废。特别是后者，教师不可墨守成规，要在教学中摸索变的规律，找到一把能应对各种变化的万能钥匙。我们要力避照本宣科，把书教死，而要善于引导，视学生为灵动的生命体，艺术地使用教科书，把教科书教活。反观我们的一些课堂，教师对教学没有精心的设计，缺乏机变的智慧，缺少教学的个性，邯郸学步、亦步亦趋、生搬硬套、人云亦云，致使课堂教学效率低下。"求变"应成为基本的教学思维，也应作为基本的教学策略，还应成为教学过程中的基本载具。我们可以设置悬疑，层层激思；可以故拟相反答案，预设思维岔道；可以投石激水，引起争论；可以把学生带入特定情境，触景深思；也可以别出心裁，策划智力游戏，引逗思维的乐趣，使我们的语文课堂成为积极思维的强磁场，群情激奋的引力场，火花迸溅的创造场。这样的学习活动，才是"一种需要，一种趣味，一种享受"，才能让学生着迷、牵念和钟爱，成为他们一生最美妙的记忆。

5. 做学生心中的对话人

布鲁纳说："教师的工作，主要的不是向学生提供一个让人模仿的典范，更重要的是，他能够成为学生心中的对话人之一。"这其实告诉了我们这样的道理：教师是"教"的主体，学生是"学"的主体，课堂教学就是这两个主体如何相互运动、彼此影响的过程。运动状态的好坏，影响水平的高低，对教学的效果有着最直接的作用。教学中，我们要始终关注的一个问题是：如何调动学生的学习？如何"运用高超的语文教学艺术，把学生引进积极思考的王国"？这需要教师的教学智慧，需要教师教学艺术的匠心。针对这一点，洪宗礼提出，教师要善于启动学生的思维机器，精心设计每一堂课，巧妙安排每一个教学环节，要依照既定教学目标和重点，把握学生读写和思维活动的规律，整体、有序、和谐地实施课堂教学活动。

教师"经心"的"讲"是做好"对话人"的基础条件。课堂教学中，作为基本的教学方式方法，"讲"是必不可少的，但不讲科学与艺术的"少慢差费""漫不经心""不得要领"的"讲"，只会干扰学生的学习，所以我们坚决反对教师"无主题变奏"式的喋喋不休、东拉西扯，更反对教师"鹦鹉学舌"式的照本宣科、人云亦云。在这方面，一些教育大师给我们作出了榜样。当代著名哲学家冯友兰先生提出了"接着讲"的主张，他极力反对"照着讲"，他认为课堂上教师就要讲出自己的东西；著名国学大师陈寅恪提出了"三不讲"：学生已经知道的不讲，别人讲过的不讲，自己讲过的不讲。教师要充分考虑"讲"的时机、"讲"的内容、"讲"的语量、"讲"的深度、"讲"的时长、"讲"的方式、"讲"的效果。这种"讲"，是启迪，是必要的"告诉"。从某种意义上说，"讲"即"启发"，"讲"即"引导"，"讲"即"点化"，点石成金。要讲在当讲处、讲在要讲处、讲在能讲处，要讲在重点处、讲在疑难处、讲在易混处。

要有针对性,从学生的实际水平和需要出发;要有指导性,便于学生举一反三;要有启发性,努力做到引而不发,导而弗牵,给学生易晓的暗示与恰当的指导,留给学生独立思考的余地。检验"讲"的效果好坏的标准只有一个,这就是:能不能使所有学生都进入积极思维的状态。在这一点上,我们完全可以给自己定下一些基本准则:1. 学生自己已经会了的不讲;2. 学生自己能够学会的不讲;3. 老师讲了学生也学不会的不讲。课堂上着重讲易混点,讲易错点,讲易漏点。

要做好对话人,还要有"等"的耐心。洪宗礼指出,教师启发、调动学生思维时,学生往往会"卡壳"。要善于用睿智的目光,去发现他们一丝一毫的表达欲望,爱护他们一闪一烁的思考,点亮他们一星一点的思维火花,即使一时"启而不发""调而不动",也要耐心等待。

洪先生最为经典的例子是"等他六十秒"。教学《皇帝的新装》,当一个学生对"童话的结尾为什么让一个孩子来戳穿骗局"这个问题没有能够完整、正确、深刻地回答时,洪先生很有耐心,坚决"等他六十秒",把时间留给学生去充分思考,并用鼓励、启发的语言去促使学生思考。这是对学生的尊重,尊重了学生的主体地位,尊重了学生的个体差异,尊重了学生的创新意识和能力。这是对学生的信任,相信学生有自求得之的潜能,有积极学习的情感,有自主学习、独立思考的能力;这是对学生的期待,给予学生充分的思考余地,使学生有自我发现、自我认知、自我建构的可能;这是对学生的爱护,为学生提供充足的学习空间,为学生营造宽松和谐的学习氛围,使学生有学习选择的可能、自由放飞思想的可能,使学生勤于思考、乐于发言。富有耐心地"等待花开",学生思维的火花最终会燃烧成绚丽的彩霞,成为课堂中最为动人的景象。

做学生心中的对话人,我们还要有"留"的决心。不可否认,课堂教学中"满堂灌,满堂议,满堂问"的现象有如顽症,难以根治。这种只追求表面热闹、"课满为患"的行为,洪宗礼是坚决反对的,他提出,教师要深谙动静相宜的妙处,像高明的画家在画面上留下耐人寻味的空白,像出色的乐师常把听众引入"无声胜有声"的境界那样,教师要善于给学生留下充分思考的余地。这需要教师正确处理好课堂教学中的"动"与"静"的关系,有序安排阅读之"静"、思考之"静"、体悟之"静"与其他学习活动之"动",从读、思、悟之"静"到其他学习活动之"动",再由其他学习活动之"动"到读、思、悟之"静",波浪式前进,螺旋式上升。以求动静结合、动静和谐、动静相生、动静相宜。明智的做法是：对教学环节与步骤只进行大体式、框架式的预设；对教学问题进行比较开放的设置，注重多元解读、立体理解，不追求"答案"的唯一，为教学中的生成创设可能的条件，为学生的自主学习、自能学习、自创学习、探究性学习留有余地和弹性。这样才有可能促进学生的分析综合、比较归纳、演绎推理等思维活动，激发学生的创造潜能，培养学生的学习能力。

留给学生思考余地的基本前提是学生要能会生疑，特别是在看上去没有疑问的地方，"于不疑处生疑，方是进矣"（宋·张载语）。教会学生于不疑处生疑，其实是要一石激起千层浪，引导学生对语言文字、篇章结构进行辨析、探究，抓住一些"疑难之处""关键之处""细微之处""含蓄之处""传神之处"，通过设问生疑，促进学生思考，以便消化、吸收文章的精华。洪先生教学《阿Q正传》临近下课时，他看课堂从刚才热烈讨论的喧腾中平静下来了，于是慢悠悠地向学生抛出了一个问题：课文中为什么要把明代最后一个皇帝"崇祯"写作"崇正"呢？这是一个"风乍起，吹皱一池春水"的问题，学生始料未及，也猝不及防。在通过讨论分别否定了几个学生所提出的"笔误""勘误"以及"艺术真实"的回答之后，他又启发学生结合后文用"柿油党"来代"自由党"去进行思考，这就一下子打开了学生的思路。在他的引导下，学生从小说的艺术手法方面去进行深入的思考，从而得出了新的结论，形成了新的认识。这样的问题，充分地激发和有效地培养了学生思维的独立性、灵活性、深刻性。

在"无疑"处"设疑"，于"无疑"处"生疑"，能够激起学生思维的兴趣，最大限度地调动学生的思维潜能，逐渐由文本言语形式的表面进入到作者表情达意的深处，由兴味淡然的阅读心态进入兴味盎然的思辨佳境。完全可以预期，在这样的课堂上，学生的思维习惯得到了培养，他们就会更加积极、主动地去思考；他们的思维质量就会有所提高，由模糊、浅显、狭窄、贫乏而变得准确、深刻、广泛、丰富；他们就能见人之所未见，思人之所未思，言人之所未言，新颖而独到的发现、认识与见解就会如雨后春笋破土而出，拔地而起。果能如此，我们也就真正成了学生心目中的对话人。

6. 让语文的灵魂站立起来

我们曾经千百次地寻问：语文教学的意义和价值在什么地方？语文教学的灵魂是什么？每个人的答案虽然会有所不同，但是较为一致的应该是学生语文学习水平和能力的发展，是学生语文素养的全面形成。既然如此，语文教师的主要作用就是最大可能地"让学生学会学语文"。要使学生"学会"，就要运用各种方法，采用种种形式，通过多种途径，极大可能地培养和提高学生的语文素养，充分发挥语文教学的育人功能。要使学生学会"学语文"，就要回归语文教育的本质，注重语文应用、审美能力的培养，促进学生知、情、意的全面发展；就要提高学生观察、感受、分析、判断的能力，增强学生的探究意识和兴趣，"使语文学习的过程成为积极主动探索未知领域的过程"（《普通高中语文课程标准》）。这样，才能"让'语文'站起来，'活'起来"。

世界上恐怕再也没有一门学科像语文这样，在孩子的心灵塑造中具有极为崇高的地位和极其重要的作用，心灵培育是语文教育的根本。洪宗礼说，语文教育事业是塑人的事业。这一事业，是一种艺术，是育人的艺术，是塑造人的心灵的艺术，我们要把育人原则渗透到语文教学的每一个环节，贯穿于语文教学的全过程，这是语文教师的神圣使命与光荣职责。而"育人"的首要任务是培养学生的思考能力，因为"理智要比心灵为高，思想要比感情可靠"（高尔基语），而"如果你年轻时没有学会思考，那就永远学不会思考"（爱迪生语）。我们的语文课堂应该是思想放飞的课堂。

要想使语文课堂成为充满思想、生发思想的"磁场"，教师首先必须是善于思考的人。教师只有成为思考者，才具备教育者的素质；教师具有怀疑与批判精神，才能胜任教学工作。可现实却往往不能使我们满意，课堂中仍然有许多教师只是传授着别人的"思想"，灌输着他人的智慧，不但没有自己的教学思想，也没有自己的学科认知，更有甚者，课堂上竟然与学生没有多少思想的交流，不难想象，从这样的教师身上，学生不会得到什么思想的启迪，精神的感染。而教师的责任，就是在课堂上与学生进行思想的交流、思维的联通，为学生打开思考的大门，帮助学生找到思考的路径，让学生学会思考。我们的教学，应能触动人的精神世界，开启人的心灵之窗而影响人、培育人，使课堂成为一方最富灵性与情趣、理趣的天地。教师需要关注每个学生的认知状态、情感体验，关怀每个学生的心路历程，用人文的阳光、科学的雨露去照射、灌溉心田，把学生培养成有丰富情感、有独立思想的人。这样，我们的教学才能达到育人的最终目的——使学生形成正确的世界观、人生观、价值观，从而培养他们健全的精神世界，培育他们具有智慧而高尚的灵魂。

语文教师是世界上最难做的教师，没有一门学科的教师要像语文教师这样修炼自己的教学语言，这是因为我们所从事的是艺术化语言的教学任务。语文课上学的是每一篇言语作品，而言语作品里蕴藏着的是别人所理解与体悟的生活、所形成的人生经验。这是间接经验，但这种间接经验却是可以激活直接经验的，教学的任务之一就是把学生从直接经验中产生的不成熟的、缺乏深度的层次通过"激活"而提升到蕴藏在间接经验中的深思熟虑的、深刻的境界。这一过程，就是利用语言的感悟能力理解并受到作品感染的过程。学生通过学习典型的、生动的或深刻的文本语言，再通过学习老师的课堂语言，进而学会铸炼自己的语言。

对此，洪宗礼特别指出，教师要有修炼艺术化教学语言的恒心。知识之泉要能欢畅地流入学生的心田，就必须通过教学语言这个主渠道。教师的语言准确、简练、生动、通俗、精警，讲课就能像磁铁一样牢牢地吸引住学生。有时一句精彩的话，会影响学生一生。所以，教师课堂上每讲一句话，乃至每用一个词，都要"出言谨慎"，不仅要加大含金量，准确、深刻，有哲理情趣，而且要语含温馨、亲切、自然、如话家常。我们要运用抑扬顿挫的语调、快慢有致的语速、长短不一的语句，运用富有感染力、鼓动性、幽默感的语言打动、吸引、"俘虏"并"征服"学生，使学生感动、激奋、向上。这不仅是教师课堂教学的一项重要技能，也是教学成败的关键所在。但不知何时，我们的许多语文教师不注意修炼这样的"讲功"了，他们把更多的精力花在了制作课件之中、编制学案之中、下载资料之中。这也是造成目前语文课堂教学效率低下的一个主要原因。

　　就课堂交流的效果来说，语文教师在锤炼自己语言准确、简练、严谨的同时，更要注重运用生动、形象、幽默的语言，让学生在幽默和笑声中学习，既让学生获得一种愉悦的享受，也让他们能自然表露对知识的理解，恰如其分的、比较幽默的语言，比清晰的讲述更有吸引力，它会使学生在这种轻松的氛围中理解概念，更会激发学生对学习的热爱。一次，建筑学家梁思成做古建筑的维修问题学术报告。演讲开始，他说："我是个'无齿之徒'。"演堂为之愕然，以为是"无耻之徒"。这时，梁思成说："我的牙齿没有了，后来在美国装上这副假牙，因为上了年纪，所以不是纯白色的，略带点黄，因此看不出是假牙，这就叫做'整旧如旧'。我们修理古建筑也要这样，不能焕然一新。"这样的表述，显然要比严肃的说理更加令人印象深刻。

　　钱玄同是民国时期著名的语言文字学家，上世纪30年代起一直担任北京师范大学教授，他的讲课以幽默著称。1936年，钱玄同在北师大中文系讲传统音韵学，讲到"开口音"与"闭口音"的区别时，他举了这样一个例子：北京有一位京韵大鼓女艺人，形象俊美，特别是一口洁白而又整齐的牙齿，使人注目。一次，女艺人因事故，掉了两颗门牙，应邀赴宴陪酒时，坐在宾客中很不自在，尽量避免开口，万不得已，有人问话才答话。她一概用"闭口音"，避免"开口音"，这样就可以遮丑了，如这样的对话："贵姓？"——"姓伍。""多大年纪？"——"十五。""家住哪里？"——"保安府。""干什么工作？"——"唱大鼓。"以上的答话，都是用"闭口音"，可以不露齿。等到这位女艺人牙齿修配好了，再与人交谈时，她又全部改用"开口音"，于是对答又改成了："贵姓？"——"姓李。""多大年纪？"——"十七。""家住哪里？"——"城西。""干什么工作？"——"唱戏。"学生听后，都笑得前仰后合。这种幽默的教学方法，形象的表达方式，生动有趣，令人难忘。

　　一切的学习都旨在运用，语文学习尤其如此。语文学习的主要对象是语言文字，让语文的灵魂能够站立起来的另一个主要任务就是要在学习语言文字的过程中，坚持知行结合的原则，通过历练，有目的地培养学生良好的读写习惯，进而能够学会运用语言文字。这就需要我们在语文课上着眼于语言文字运用教语文，学生在语文课上着力于语言文字运用学语文，使语文课的教与学的过程真正成为训练语言文字运用的过程。这方面，我们不少语文教师存在着认识上的极大误区，以为"训练"就是盲目地、机械重复地大量做题目，这不是对"训练"的尊重，而是对"训练"的污名化。我们要研究训练的内容、训练的方法、训练的策略，切不可搞简单、机械、重复的"应试训练"，那只会把聪敏的孩子教笨，只有让学生灵活地应用知识，才能够把死的书本教活。

真正意义上的"训练"，是引导学生和语言文字亲密接触，"交朋友"，成知己，和语言文字构成真正意义上的对话，让学生在文本的字里行间穿行，品味语言，体会文字，进而学会运用语言文字。在语言文字的训练过程中，首要的任务仍然是思维训练，要把思维训练贯穿在语言文字训练之中，因为它是培养创造性思维能力的基础；要重视思维方法的指导、思维品质的培养、思维能力的发展，以此促进语言能力的提高。"语文学习的外延与生活的外延相等"，这样的训练还必须与生活、语境、情境紧密结合，重在综合，重在应用，重在探究，重在发展思考力和创造力。所以"训练"不能局限于课堂上，还应该充分利用广泛的语文教育资源，利用一切有利的语言环境，通过丰富多彩、形式多样的语文实践活动，让学生走进社会，走向自然，激发学生学习语文的兴趣，培养学生的综合能力、社会实践能力和创新能力，培养学生发现问题、认识问题、分析问题、解决问题的能力。

语文的灵魂站立起来了，我们就能看到语文的力量、语文的希望、语文的成功和语文的飞升。

7. 用"讲故事"的方法教学

世界上所有的民族，都有自己的"故事"，如中国有"女娲补天"的传说，美国有"龟背上的土地"的神话等。这些故事描述着民族历史、生活情景、风土人情，传递着人生经验、民族情愫，成为联结与传承本民族文化、智慧与情感的纽带。从"文明"的意义上来说，每一个民族都是在"故事"中诞生的，也是在"故事"中得以繁衍与发展的，一个个"故事"连缀起民族前行的足迹。"故事"可以说是人类文明进程中最伟大的发明之一。这些"故事"都承担着一个很重要的任务：使"讲故事"的人与"听故事"的人达成某种意义上的"协议"，只有"讲故事"的意思被"听故事"的完全理解了，认同了，接受了，"故事"才有真正的意义，否则就不能达到"讲故事"的目的。如果我们考察一下生活和学习的现实，我们就会有一个惊人的发现：这一任务竟然得到了原原本本的继承，它遍布于我们的每一种、每一次的交流活动之中。

语文教学活动，就是课堂中发生的一个个事件，这些事件又都是围绕着某一文本而展开的。在阅读文本的过程中，通过思维运动的发生与激荡，师生之间、学生与文本之间、学生与自我内心之间都在力求达成一定程度的"和解"——形成某种意义协议。在这一过程中，"故事"是学生阅读、认知、理解、探究的对象，而学生的学习活动与心智发展变化也就自然成为"故事"的组成部分；"讲故事"乃至"编故事"是师生学习活动的主要行为方式，由于"课程的整个过程可以说就是交谈"（布鲁纳语），因而通过不断地"讲故事""听故事""编故事"而达成"意义协议"，就成为所要实现的学习目标。当教师组织自己的学习体验和所理解的知识时，能成为他首选的也是最自然的应该是叙事的形式；不仅如此，从课堂的开端过渡到使学生完全掌握某一知识、形成某一能力，就是要靠教师把那些抽象的知识具体转化成故事或叙事的形式，使教与学的活动变得有趣、轻松、活泼、有效。这就使"讲故事"作为一种教学方法成为可能。

用"讲故事"的方法可以帮助我们正确处理好语言学习与思想情感教育的关系。思想性与情感性是语文的鲜明特征，而要让学生体会与领悟文本中的思想情感，我们所能借助的只能是语言。离开对语言的学习而机械、空洞地注入与灌输思想情感，是对语文缺乏本质性认识的表现。思想情感教育应该在语言学习中潜移默化、水到渠成、润物无声。文本中的语言所呈现的是事实，是现象，离开了这两点也就没有了叙述与论述。而"事实"与"现象"都指向同一个范畴：故事。文本艺术世界中所反映的社会生活与自然世界正是由一个个"故事"构成的，学生在对"故事"的了解与认识的过程中，通过对叙述与论述语言的理解与感悟，从而受到感染与熏陶，在意义的理解、认识、认同中与文本缔结了某种"协议"。所以，这一方法能够作为医治强行注入思想情感弊病的一剂良药。

台湾著名作家齐邦媛在其长篇回忆录《巨流河》中，这样回忆大学时英国文学课老师朱光潜先生上课的情形：

朱老师读到"天上的鸟儿有翅膀……链紧我们的是大地和海洋"，说中国古诗有相似的"风云有鸟路，江汉限无梁"之句，此时竟然语带哽咽，稍微停顿又继续念下去，念到最后两行："若有人为我叹息，他们怜悯的是我，不是我的悲苦。"老师取下了眼镜，眼泪流下双颊，突然把书合上，快步走出教室，留下满堂愕然，却无人开口说话。

也许，在那样一个艰困的时代，坦率表现感情是一件奢侈的事，对于仍然崇拜偶像的大学二年级学生来说，这是一件难于评论的意外，甚至是感到荣幸的事，能看到文学名师至情的眼泪。

完全故事化的教学场景就这样炫丽地展现在学生的面前，课堂上的老师成了"故事"的主角，成为学生心目中的偶像。虽然几十年过去了，但老师的音容笑貌却如在目前，老师的朗读与讲解记忆犹新，一代文学名师至情的眼泪至今还在学生的心田里汩汩流淌！这是艺术讲述的力量，这是情感迸发的境界，这是刻骨铭心的记忆！

所以，当邹韬奋说"说起我的母亲，我只知道她是'浙江海宁查氏'，至今不知道她有什么名字！"(《我的母亲》)的时候，难道我们只是告诉学生由于他当时年幼无知而确实不知道母亲的名字，或仅仅说他因此而生的愧疚与责备？其中难道没有更为丰富、更加深刻的东西？教学这样的文本，品味这样的语言，我们完全可以联系中国古代历史、联系我国传统文化，为学生讲述中国妇女曾经有过的那些悲惨遭遇，她们曾经的隐忍、屈辱、苦痛，她们不仅要承受肉体上的无尽劳作，还要承受痛苦的精神折磨。不仅如此，我们还应该让学生广泛联系文学作品中的祥林嫂、孔乙己、阿Q等生活于社会底层的人的故事，去思考他们为何都没有真正的名字，从中明白这些身份卑微的人们竟被无情地剥夺了拥有自己名字的权利，而失去了应有的地位与尊严的惨痛现实。有了这样的"故事讲述"，我们再回到对邹韬奋的"知道"与"不知道"的语言品味、揣摩中，学生就会对这种叙述有新的感受、体验、认识与评价。这样的叙述性扩展，使语言的张力得到了宣示，容易使学生形成对人的命运、人的尊严的关注，能够激起他们的同情、悲悯与愤懑的情绪。在欣赏语言的过程中，学生的认识自然形成，情感油然而生，可谓风行水上、踏雪无痕。

语文教师的任务，就是要引导学生走近语言，亲近语言，沉潜其中，品味咀嚼，把语言中所蕴藏的生活景象、所蕴涵的人生经验激活为学生的体验。把学生从阅读中产生的不成熟的、缺乏深度的认识通过"激活"而提升到深思熟虑、深刻丰富的境界。让学生和语言文字构成真正意义上的对话，利用语言的感悟能力理解作品并受到作品感染，在文本的字里行间穿行，揣摩文字，体悟情感，建构意义。很明显，"讲故事"的教学方法在唤醒学生的生命意识、引发学生的生命体验上有着非同凡响的意义。

8. 为教学提供依据

我们经常遇到这样的问题：课堂教学是不是必需的？是不是可能的？不少教师也常为课堂中是以学习文本的内容为主，还是以学习文本的言语形式为主而纠结。在这一点上，"讲故事"方法的运用，可以为我们解决问题提供某种依据。以文本内容与文本言语形式的关系而论，这其实是一个问题的两面，是一个辩证的统一体，可谓"一体两面""一体双翼"，不能截然分开。遗憾的是，课堂中厚此薄彼、顾此失彼者甚多。如果运用讲故事的方法，这一问题可以得到有效的避免。

比如当我们说"股市崩盘，内阁总辞"时，事情发生的顺序肯定是先有"股市崩盘"，后有"内阁总辞"，这其中的主要故事发生在股市上；可当我们说"内阁总辞，股市崩盘"时，事情发生的顺序正好相反，主要故事发生在内阁中。当我们把其中分别包含的故事讲述出来时，学生自然对语言的形式和所含有的内容有了不同的认识，而不会对不同的语言形式在表意上的差别产生误解。再如，"朋友给他吃了一个闭门羹"是什么意思？或是中国政府"在任何时候、任何情况下都不首先使用核武器，并承诺无条件不对无核武器国家和无核武器区使用或威胁使用核武器"的宣言中为何用"不首先""无条件"这样的字眼？"使用"与"威胁使用"能够互换位置吗？对这些文字的意思，都需要讲个故事，讲出其中的来龙去脉、前因后果才能让学生明白。而故事的讲述则需要教师用某种立场来谈人的遭遇，用一些假设来说明其中的人们是否互相理解，也要有一些预设的想法来表示规范的标准。有了这些叙述条件，我们才能成功地从作者所说的话当中，推出他的意思，从看起来好像是那么回事，推到事实上是怎么回事。正因为如此，学生才能理解什么样的语言是生动形象的，什么样的语言是准确精炼的。

　　用故事法教学，可以让我们认清叙事性文本的本质特点。为什么不少教师在教学《呼兰河传（节选）》时，把作品中的"我"与现实中的萧红看成是同一个人？（同样的问题也发生在《孔乙己》的教学中）这除了不能区分"自传体小说"与"自传"的不同特点之外，还有就是过分拘泥于作家所叙述故事的"真实性"，而不明白故事是由叙述者（作家是"写故事"的人，作品中的"我"是故事的叙述者）所产生的，而叙述者在叙述时必然带有自己的观点与立场；不懂得故事中所表达的某种意思，"它可以对人生真实，却未必是出自人生的真实"（布鲁纳《布鲁纳教育文化观》）的创作真谛。因而就闹出了诸如"运用第一人称比运用第三人称更加亲切、更加真实可信"的笑话，而无视选择怎样的叙述者、选择怎样的叙述视角是由作家写作什么样的故事来决定的，是与所要表现的生活景象相一致的创作原理。

　　用故事法教学，就是要为每个"故事"的理解提供依据。因为故事比较在乎行事者，而行事者的行动不是由物理的"力量"所产生，而是由意欲状态中的欲望、信仰、知识、意图、投入等等所催生与触发的。教师要引导学生去思考：故事中的行事者在受到意欲状态的逼使之下，为什么会做出一些事，或为什么会对他人作如此的反应？苏轼《石钟山记》中三次写到了"笑"，它们分别出现在文章的开头、中间和结尾："余固笑而不信也"，"因笑谓迈曰"，"盖叹郦元之简，而笑李渤之陋也"。我问学生：这三次"笑"的含意一样吗？它们在行文上有什么作用？经过思考、讨论，学生明白了：第一个"笑"是基于对李渤说法的漏洞的认识，是一种自信、否定的笑；为下文"莫夜"探访石钟山作了有力的铺垫，使下文的记叙成了必然。第二个"笑"是有所发现之后会心、得意的笑，是对前面记叙、描写部分的总结和概括，用带有抒情色彩的评论由记叙、描写转入到了议论，呼应了文章前面的内容。第三个"笑"是对李渤浅陋的做法及其所形成的结论的嘲笑，照应了开头对李渤的说法的怀疑、记叙部分对寺僧的做法感到好笑，用抒情性笔调再次阐发了"事不目见耳闻，而臆断其有无，可乎"这一中心。通过对"三笑"的赏析，学生不仅了解了一个极富启发意义的科学考察故事，而且欣赏到了文章大家行文自然、流畅、整饬、缜密的高超艺术。

　　这样的理解同样适用于古代诗歌的学习。我们来看韩愈的诗《左迁至蓝关示侄孙湘》："一封朝奏九重天，夕贬潮州路八千。欲为圣明除弊事，肯将衰朽惜残年。云横秦岭家何在？雪拥蓝关马不前。知汝远来应有意，好收吾骨瘴江边。"首先要了解的是韩愈为什么写这首诗？是他在左迁的路上遇到了自己的侄孙韩湘。韩湘来干什么呢？为韩愈送行并陪伴他，"知汝远来应有意，好收吾骨瘴江边"。那韩愈在朝中官做得好好的，怎么会被贬斥呢？是因为他向皇帝上书"谏迎佛骨"。他为什么要上书劝谏呢？因为他"素不喜佛"。他被贬斥后在路上的情形如何呢？"云横秦岭家何在，雪拥蓝关马不前。"韩愈一生命途多舛，进士考了四次，吏部选考考了四次，先后遭贬斥五六次。为什么这次这么痛心呢？因为被贬之地潮州不仅路途艰辛，而且离京城太遥远了（"路八千"）。

短短的一首诗，讲述了故事缘由，涵盖了构成故事所需要的多种元素：潮州在今广东东部，距当时京师长安确有八千里之遥，那路途的困顿是可想而知的。当韩愈到达离京师不远的蓝田县时，他的侄孙韩湘，赶来同行。韩愈此时悲歌当哭，慷慨激昂地写下这首名篇。而整体故事却又暗含了两个支线故事：一是韩愈个体的故事，一是韩愈与侄孙合体的故事。前一个故事是后一个故事的缘起，后一个故事是前一个故事的发展与丰富。而前一个故事中又包含了四个前置性故事：1. 唐宪宗命人迎佛骨；2. 韩愈上《论佛骨表》反对迎佛骨；3. 唐宪宗贬斥韩愈；4. 韩愈离开京都走在去往潮州的途中。"迎佛骨"成为故事发生、发展的关键，韩愈被贬斥成为故事发展的结局，韩愈去往潮州是新的故事的开始。

在这个故事中，不仅有对往事的追忆：一封谏迎佛骨的奏章，清早奏给皇上，晚上就被贬谪到八千里路外的潮州。我本想替圣上除掉有害的事情，岂肯因为年迈衰老而顾惜自己的老命呢？而且有对现实的描述：浓浓的云雾横阻在秦岭上空，不见家在何方；大雪拥塞蓝关，连马也不肯前进。还有对未来的预测：我知道你远道赶来是有用意的，为的是到瘴气多的江边收我的尸骨呀！

不难理解，我们用讲故事的方法，不仅还原了事实真相，而且为学生对诗歌的理解提供了非常有力的证据，还使学生对诗歌情感的掌握变得非常容易了。遗憾的是，许多教师不去引导学生做这样的"讲述"，而把更多的时间与精力花在主题的挖掘、形象的把握、情感的体悟、意象的揣摩、技巧的探究上，完全背离诗歌的体式特点，去做抽象而烦琐的分析与讲解。学生在尚未完全读懂的情况下，要去进行精致化的欣赏，又怎么能够呢？

9. 不需顾及张大千的胡子

一次，有个记者非常好奇地问张大千："您的胡子这么长，睡觉时放在被窝里面还是外面？"对这个问题，张大千回答不出来，因为他自己从来没有考虑过这个问题。结果当晚他失眠了：他一会儿把胡子放在被子外面，感到不自在；一会儿放在里面，又感到不舒服。我们的一些教学也像这样，凡事都喜欢讲究某种"套路""条条框框"，往往不明白这样的道理："毛虫要说明它是怎么走路的，就不会走路了。"（西谚）所以，总是想通过对一些现成阅读知识的传授培养学生的阅读能力：教学小说，就要讲"小说的三要素"，讲"开端、发展、高潮、结局"；教学议论文，就要讲"论点、论证、论据"；教学散文，就要讲"形散神不散"；教学说明文，就要讲"说明方法、说明顺序、说明语言"。如此等等，不一而足。

如果就某一个传统的叙事文本而言，我们可以讲它的几个"要素"，但在面对一些现代或后现代的叙事文本时，我们再用传统的叙事理论去研习，怎么对得上呢？当代叙事学关注的是话语、声音和结构，涉及"怎么叙述的"，包括各种叙述形式和技巧。以"声音"为例，涉及声音是谁发出的，发出的是什么声音，声音背后有什么"不可告人""不便明言"的东西，如此声音想告诉我们什么，我们真的了解了这些声音吗，这些声音都是"可靠"的吗。涉及"话语时间"为核心的结构，关注的是"话语时间"与"故事时间"，如以往时间（倒叙），现实时间，未来时间（预叙）。这些都无法用"三要素"来解释。如果说说明文要学习语言，那其他文本就不要学习语言吗？因为观点的守旧，认识的落后，教学的保守，致使一篇篇文质兼美的文章往往被教师"大卸八块"而"肢解"开来，使教学成了对文本进行支离破碎的分析。这种长期的枯燥无味、了无生机的学习，使学生的思维水平不能发展，思维能力无从提高，思维品质无法丰富。

语文教学难道仅仅限于课堂？请看齐邦媛对朱光潜先生的回忆：

大学三年级开学后，朱光潜老师已辞掉院长，专任外文系教授兼主任，他邀我们几个学生去他家喝茶。

那时已秋深了，走进他的小院子，地上积着厚厚的落叶，走上去飒飒地响。有一位男同学拿起门旁小屋内一把扫帚说，我帮老师扫枯叶。朱老师立刻阻止他说，我等了好久才存了这么多落叶，晚上在书房看书，可以听见雨落下来，风卷起的声音。

这个记忆，比读许多秋天境界的诗更为生动、深刻。由于是同一年的事，我一生都把那一院子落叶和雪莱的《西风颂》中的意象联想在一起。在我父亲去世以后，更加上济慈的《秋颂》，深感岁月凋零之悲中有美，也同时深深感念他们对我生命品味的启发。（《巨流河》）

齐邦媛讲了一个感人至深的故事，这个故事极具时光穿透力，朱光潜用他的言行，艺术化地诠释了什么是语文教学，什么是情感教育，什么是生命启迪。所以，教师不仅要善于"讲故事"，而且要能用自己的一言一行演绎一个个精彩的人生故事。

以《最后一课》的教学为例，传统的教法是运用小说写作与阅读知识，分别从"环境""情节""人物""主题"四个方面组织学生学习，其弊端是把一篇有机统一的文章人为地割裂开来，缺乏整体感与贯通感，学生难以与文本直接对话，无助学生阅读思维的培养。有一位教师就做得很高明，他设计了这样四个问题，供学生阅读思考：这是谁的"最后一课"？"最后一课"与平时的课有什么不同？为什么叫"最后一课"？你从这"最后一课"中读到了什么？这四个问题都是紧扣着小说题目"最后一课"而设计的，既关顾文本的整体，又兼及文本的部分，涵盖面、概括力与关联性非常强，具有极强的"故事性"。更让人敬佩的是，这些问题的设计，尊重成长中的学生的思维方式，将文本内容转化成他们可以理解的逻辑方式，并且有一定的梯度吸引他们思考。这些问题指陈两难的困局，能颠覆显然或典律性的"真理"，能逼使不一致性跃入我们的注意范围里来，是属于能够"活下去"的"好问题"，利于师生之间、学生与文本之间形成对话，并达成意义。无疑，这样的教学，学生的思维通道被打开了，并能畅行无阻地快速前进。

故事法教学可以通过对"真相"的讲述，拓展学生的思维空间。有一位学者建议在学习"有朋自远方来，不亦说乎"这一经典名句时，我们可以联系中国思想史，告诉学生一些历史事实：孔子的学问是在他死后五百多年才兴盛起来的，董仲舒发扬光大孔子的思想，汉武帝施行"罢黜百家，独尊儒术"的政策，司马迁撰写《史记》赞扬孔子，都与孔子的年代隔得很远。所以，这里的"远"绝不只是指"空间"，也指"时间"；这里的"朋"绝不只是指一般意义上的朋友，而是"学术之朋""思想之朋""文化之朋"乃至"精神之朋"；全句所表达的也不仅仅是一种欣喜，更多的是某种希望与期待、坚信与执着。这就使学生的思考从单一变得丰富，由狭窄变得宽敞，由浅显变得深远，对学生思维能力的形成具有良好的作用。

故事法同样适用于说明文的教学。比如当我们教学生读到这样的文字——"文明通常起源于富饶的河谷，这是人类历史发展的事实"时，传统的教法就是让学生记住这样的结论，或再举几个例子来说明这样的事实。运用故事法，我们就可以鼓励学生通过讨论找出其中的原因，为什么文明起源于山区的可能性较小，并设想如果文明不起源于河谷的种种情形。这种教学方法实质是发现的技巧，其效果在于学生自己可以生成新信息，然后根据那些材料来核对或评估，并在这个过程中学习到更多新知识。

所以，我们在向学生介绍古希腊阿波罗神殿时，难道就只让他们看那六根折断的柱子？我们应该告诉学生，那些柱子是希腊两千年的品牌。在世界各地的许多大都市里都可以找到那样的柱子，全世界不同阵营国家的国会大厦，全部依循古希腊柱式。甚至今天，全世界的孩子学美术，大都会对着古希腊人体雕像画素描；全世界的人，只要去健身房，它的标杆就是古希腊人的身体。这样的教学方法，让学生注意的焦点从"自然本来就在那里"转而成为"寻找自然"——怎样才能建构学生对自然的模型，不仅丰富了原有知识的内容，更重要的是拓宽了学生的思维视野，使学生对世界上的每一个事物、每一种现象都能建构起广泛的联系，形成完整的意义。

正如科学史家杰拉尔德·霍尔顿（G.Holton）所说的那样：科学家是靠"叙事化方法协助他们，他们使用隐喻、神话和寓言一路走来，譬如说什么蛇头衔蛇尾，怎样举起全世界，或如何留下足迹以便循原路折回，等等"。为了追求思辨的模型，他们使用了种种辅助物、直觉、故事、隐喻等来帮助他们合适地套进"自然"，所以，"科学建构的过程本身就是叙事法，其中包括编织出关于自然的假设，予以考验，修正假设，然后确定自己的方向"。我们的教学，就应该"把重点放在活的科学形成过程中，而不是放在已经完成的科学遗骸上"，因为"学会做个科学家和'学习科学'并非同一码事，后者其实是在学习一种文化，而其中带着所有伴随而来的'非理性'意义生成"。(《布鲁纳教育文化观》)

所以，对张大千的胡子放在哪里，我们还是应该少一点好奇心为好。

10. 不断积累，飞跃必来

中学生语文学习"三怕"中的一"怕"就是文言文，其实，何止学生"怕"，我们不少教师也很"怕"呢。怕的原因固然有很多，但最主要的是教师的"底子"不厚，"底功"不实，"底蕴"不深，教学的"底气"也就不足。语文教师要想能够在文言文教学时做到"在需要的时候说恰当的话"，必须有充分的知识储备，着力培养文言文教学素养。

我们所作的准备首先是要积累丰富的文言词汇。文言文的词汇非常丰富，虽然选入中学语文课本的文言文篇目中所涉及的词汇有限，但要把这些词汇全部弄清楚、弄明白，也不是容易的事。语文教师不能"以其昏昏，使人昭昭"，非下一番苦功不可，否则就会谬种流传，误人子弟。

比如，荀子《劝学》中有这样两句："假舆马者，非利足也，而致千里。""故不积跬步，无以至千里。"学生在默写时，经常把其中的"致"和"至"混淆起来，其实不仅学生不清楚，有的教师恐怕也不明就里。从语法结构看，"致千里"与"至千里"是一样的，但为什么一处用"致"，而另一处用"至"呢？是版本问题，还是传抄致误，抑或是两个词之间压根儿就没有区别？许多教师不去深究"致"和"至"两个词的本义，往往含糊而过。其实，东汉许慎《说文解字》中对两者的解释很明确："至：鸟飞从高下至地也"，即解释为"到达"；"致：送诣也"，也就是"送到，送达"的意思。对于"假舆马者"来说，当然是由车马"送达千里"的了；而对于"积跬步"者来说，缺乏了上述客观条件，只能是主观地行动进而"到达"。教师既要查阅有关权威工具书，又要能够联系具体的语境作出正确的判断，给学生以正确的解释，学生也就不容易写错了。

再如，有的教师在讲解苏轼《赤壁赋》中"其声呜呜然，如怨如慕，如泣如诉"这一句时，说"慕"的意思是"思慕""羡慕"，这是没有完整理解词义。

根据句意的一般对应规律，既然"泣"和"诉"所表达的都是哀怨之情下的外在表现，那"慕"与"怨"也应该一样，同样是渲染"悲愁"之情的。慕，犹悲也，愁也。"如怨如慕"即如怨如悲也。这是由不清楚词的语境义而造成的误解。

教师掌握了丰富的文言词汇，教学中就不会捉襟见肘，破绽百出。有一位教师在教学苏轼《念奴娇·赤壁怀古》中"乱石穿空，惊涛拍岸，卷起千堆雪"一句时，有学生问：课本上说"惊"是"心惊""惊悸"的意思，也就是一种"使动用法"，那前一句中的"乱"为什么不是这种用法呢？两个句子的结构不是一样的吗？教师哑口无言，只好敷衍几句了事。其实，这里的"惊"用的是词的本义。《说文解字》中说："惊，马骇也。"苏轼形容长江波涛汹涌之势如受惊失控之奔马。王力先生非常明确地说："'惊涛'就是形容'像马受惊而狂奔那样的汹涌的波涛'。这样理解才确切，也更形象些。"教师如能多积累一些这样的词汇，教学中就能如鱼得水，应付裕如。

对有的词汇，我们仅掌握其基本意义还不够，还得结合一些其他因素去理解。比如，作为一首游仙诗，李白应该去瀛洲、蓬莱、方丈这三座传说中的仙山才对，虽然它们"烟涛微茫信难求"，但他在《梦游天姥吟留别》中，为何要去名气并不大的天姥山呢？尽管李白对天姥山作了极其夸张的描写（"天姥连天向天横，势拔五岳掩赤城。天台四万八千丈，对此欲倒东南倾"），但天姥山事实上并不如此高大雄伟。这其实与东晋诗人谢灵运有关，诗中不是非常明确地说"谢公宿处今尚在"吗？李白自感与谢灵运有着类似的人生遭际和追求。谢灵运傲岸狂放、叛逆不羁，但命运坎坷；被"赐金放还"的李白由谢灵运的人生遭际而反视自己，其中悲凉也就不言而喻。所以，李白追寻谢灵运的脚步，想象自己也能够像谢灵运那样，畅游天姥山，或可一睹天姥山明灭的"烟霞"。这其实是一种"借他人酒杯，浇心中块垒"的写法，以古人而自况，借以曲折表达自己的郁愤与苦痛。只有明白了"天姥"一词的特殊含义，才能更深切地理解诗歌的丰富意蕴。

阅读与教学文言文，还必须有系统的古文知识作基础，比如古代工具书与古文注释，文言词汇与语法，文字学与训诂学，音韵与修辞，文体等知识，我们都要有基本的了解。由于其涉及的范围很广，我们虽然不需要进行系统的教学，但作为学习文言文所必备的知识，教师却是必须掌握的。

以文言断句为例，近几年江苏省高考语文附加题里都有这样的考查要求，虽然题目的难度并不大，但学生的得分却不高，究其因，是教师的教学指导不到位。不少教师教学中经常断错句子，如把苏轼《记承天寺夜游》中"盖松柏影也""但少闲人如吾两人者耳"两句读成"盖松柏/影也""但少/闲人如吾两人者耳"，把苏洵《六国论》中"则吾恐秦人食之不得下咽也""苟以天下之大，下而从六国破亡之故事，是又在六国下矣"两句读成"则吾恐秦人/食之不得下咽也""苟以/天下之大，下而从/六国破亡之故事，是又/在六国下矣"等等，是经常有的事。

再以古典诗词曲的声律为例，古人是非常讲究平仄、押韵与对仗的。许多教师在教学李清照的《声声慢》时，对其中"叠字"作用的认识往往只停留于"创设音乐的美感，奠定感情基调"上，而不能充分认识"叠字"的丰富意蕴。十四个叠字，有层次、有深浅，形象刻画了女词人独特的精神状态、环境感受和心境意绪，使全篇笼罩着一种愁惨而凄厉的氛围，而不仅仅起"奠定感情基调"的作用。另外，对这首词用韵的特点教师往往忽略，影响了对词作艺术特点的完整把握，如：选用入声韵，能够很好地表达忧郁的情怀；多次运用了"黄花""黄昏""点滴"等双声和"冷清""暖还寒""盏淡""得黑"等叠韵，以及舌音和齿音字的反复运用，加重了凄切悲苦的情调；特别是词作的最后一句里，舌音、齿音交相重叠，形象表达她心中的忧郁和惆怅。还有口语的运用，如"最难将息""独自怎生得黑""这次第，怎一个愁字了得"等，以浅俗之语入词，发清新之思，令人叹绝。这些都应该"教"的内容，却往往因为有的教师对古代诗词一些声律知识缺乏必要的掌握而遭到了冷落。

清代的车万育曾经编写过一本《声律启蒙》，以训练儿童"应对"，掌握声韵格律，是非常有效的语言训练材料，可惜这样优秀的读物早已退出了我们的语文课堂，学生基本的语言素养很难有具体而有效的培养方法与途径。陈寅恪先生曾为清华大学出过一道著名的对对子的题目，但对得工整的寥寥无几。前几天看到有一所学校用"对联"的形式为高三学生写了一幅励志标语："走进高三，早起三更，读迎晨曦，跃马扬鞭，何惧兵临城下；迎战高考，晚卧夜半，梦别星辰，磨枪锉剑，折桂舍我其谁。"无论是从"对联"的语法，还是从修辞，乃至音韵方面看，都有许多不通之处，但却没有一个语文教师能提出疑问。上世纪90年代初，全国高考语文卷中曾出现过考查"词"的知识的题目，如把南宋词人刘过的《沁园春·斗酒彘肩》的词牌隐去并把其中的两句拿掉,让学生从所提供的选项中选择填空,以考查学生对词作形式的了解,但抽样分析的结果并不理想。这些都说明,一些基本的语文素养还是得在平时培养。让人担忧的是,现在还有多少语文教师有这样的基本功底呢?

俗话说得好:"手里有粮,心中不慌。"大量丰富的知识储备,为教学水平的飞跃提升打下了坚实的基础,我们在课堂上就能游刃有余,应付裕如。

11. 传授一些"文化"

杨绛先生一生不会骂人，她在表示自己对他人的厌恶或憎恨时，用得最多的是"没文化"三个字。杨先生所说的"文化"已经不是单指文化水平了，而是"素质""素养""修养"的代名词了。我在此不想进行师德修养方面的说教，只是深感"有文化"的重要，因为最应该"有文化"的语文教师中，有的人却"没文化"，甚至连基本的古代文化知识也没有掌握。

文言文中，有非常丰富的古代文化知识，如称谓、历法、地理、职官、科举、宗法、礼俗等，除此，蕴含其中的还有博大而精深的思想文化。这些知识不但对阅读、理解文言文有非常重要的作用，而且对学生的历史文化素养的形成也有极大的意义。我们如果没有非常厚实的积淀，就不能了解各种语言现象背后的古代生活景象，就不能担负起引导学生"感受中华文化精神，用历史眼光和现代观念审视作品的内容和思想倾向"（《普通高中语文课程标准》）的责任。

以"华夏"一词为例，不少教师只是告诉学生，它与"中国"同义，但对其具体意思却不甚了了。据章太炎考证，华是国名，源于华山。我们的祖先开国以雍州、梁州为根据，两州中间以华山山脉（即今之秦岭山脉）为界。所以就以华山山脉来定方位，而称国土名"华"。而"夏"则是族名，并不是邦国的名号，所以称"诸夏"。这也是我们称"中华"而不说"中夏"的主要原因。可见"华"与"夏"是有区别的，不可混为一谈。这一文化知识在鲁迅小说《药》中有体现，其中的主要人物一是华家，一是夏家，鲁迅以这两家来代指整个中国。讲清楚这两者，可以帮助学生构建起一种历史概念。

不少教师教学司马迁的《报任安书》，对"太史公牛马走司马迁再拜言"的"太史公"一词，只是沿用课文上的注释："太史公，汉代对太史令的尊称。牛马走,对自己的谦称。"既然说是尊称,那就是对他人;但又说是谦称,则是说自己。由于语焉不详,形成了前后矛盾,学生会犯迷糊。其实"太史公"特指的是司马迁的父亲司马谈,并不是泛指"对太史令的尊称"。《史记》每篇之后的"太史公曰",都是司马迁借其父司马谈之名所作的史论,不当指他人。教师对这些知识不了解,就会以讹传讹,误人子弟。

前几年,江苏省高考语文试卷中出现了陈寅恪悼念王国维的碑文中的一句话:"惟此独立之精神,自由之思想,历千万祀,与天壤而同久,共三光而永光。"结果得分率低得让人不敢相信。学生不知陈寅恪与王国维者大有人在,这与教师教学过程中不注意拓宽学生视野很有关系。我也曾在私下问过不少青年教师:此处的"三光"指什么?结果大多数人回答不上来。

如果用现代的家庭观念看,一个人成家立业之后就应该从大家庭中分出去独立生活,而一个人能够独立地承担起家庭重任,是一件值得欣喜的事情,可在《项脊轩志》中,归有光为什么说"诸父异爨"是一件"可悲"的事情呢?许多教师对此不作任何解释,不知道这与古代家庭伦理有关。社会学家费孝通说,传统中国的家是一个事业组织,家必须是绵续的,不因个人的长成而分裂,不因个人的死亡而结束。史学家钱穆也说:"家庭缔结之终极目标应该是父母子女之永恒联属,使人生绵延不绝,短生命融入于长生命,家族传袭,几乎是中国人的宗教安慰。"归有光的祖上曾有过五世同堂的盛况,他祖父的高祖临终遗训曰:"吾家自高、曾以来,累世未尝分异。传至于今,先考所生吾兄弟姊五人,吾遵父存日遗言,切切不能忘也。为吾子孙,而私其妻子求析生者,以为不孝,不可以列于归氏。"对归家而言,"诸父异爨"是极为"不孝"的行为,确实是一件极为"可悲"之事。

有位青年教师在教学《庄子·秋水》时,引导学生反复读文中海神和河伯关于小大之辩的文字,并组织学生讨论其中的道理,结果师生所得出的结论是"天外有天,人不能自满",这与庄子所想表达的思想大相径庭。原因就在于这位教师对庄子的哲学思想缺乏全面的了解,而不清楚庄子真正想表达的意思是:人生是虚无的,任何事物都是相对的,那种关于小大之辩的争辩是可笑的,是毫无意义的。同样的道理,不少教师非常怕教王羲之的《兰亭集序》,因为对其中所表达的人生观、世界观不理解。如果对魏晋时期士人遭受屠戮与迫害非常严重的情况有所了解,我们就不难理解王羲之对人生无常的感慨。其实,王羲之把死和生看作是同样重要的大事，这是个体生命的一种觉醒，也是他对于生命的一种思考。只有明白了死，才知道怎样生存。只有明白了流逝，才知道存在的价值。这也是对于生命的一种肯定。

经常看到有教师在《渔父》的教学中组织学生讨论这样的问题："你欣赏屈原，还是渔父？"教师的本意是让学生欣赏屈原的高洁不屈，但大多数学生却欣赏渔父的豁达圆通，场面往往较为尴尬。这是不明白该文本的阅读意义所致。《渔父》一文，不但准确地写出了屈原与世俗决不和解的思想性格，作为对比和衬托，还塑造了一位高蹈遁世的隐者形象。这是两种思想的交锋，是两种人格的形象展示，还是两种生活理想与精神境界的呈现和演绎。渔父讽喻也好，劝说也罢，屈原就是不为所动；这并非要赞美屈原，也不是要贬抑渔父，而是一种客观而又形象的展现。从文学作品的创作来说，现实生活中是否有"渔父"这样一个人大可怀疑，这是艺术世界中的形象，而不是现实世界里的真人。据此我们完全可以把他的出现看作屈原的一种内心矛盾的折射，是两个不同的屈原在进行思想的斗争。怎么好去用现实一一对应呢？

这样的讨论活动也同样出现在《念奴娇·赤壁怀古》的教学中。一些参考书和教师一直把"年华易逝、壮志未酬的苦闷"作为此词的主题，把词的结句"人生如梦，一尊还酹江月"视作消极思想的流露。这是对苏轼思想构成因素的不了解。苏轼的人生观、世界观中所体现的是儒、释、道思想的融合，儒家的积极进取、释家的艰苦修炼、道家的清静无为都深深地影响了他。正如余秋雨所言，苏东坡在寂寞中反省过去，"无情地剥除自己身上每一点异己的成分，哪怕这些成分曾为他带来过官职、荣誉和名声"，"他渐渐回归于清纯和空灵"，《念奴娇·赤壁怀古》是他"真正地成熟了"之后的千古杰作。所以，"人生如梦"与其说是消极思想的流露，不如说是诗人大彻大悟后对生命的一种豁达坦然。

只有全面掌握了相关的古代文化知识，教学中我们才能踌躇满志，信手拈来，才能有效引导学生去"体会其中蕴涵的中华民族精神，为形成一定的传统文化底蕴奠定基础"（《普通高中语文课程标准》），为他们能够成为真正的"文化人"作好思想准备。

12. 让文本说话

语文教学遇到的首要问题是对文本的精准解读，它的意义在于：帮助学生收集、整理文本信息，认识文本所表现的生活世界，发展学生的思维能力，使他们获得精神陶冶和审美体验，提高他们的阅读能力和欣赏水平。要使这样的意义得到充分体现，就必须是"真"的解读：符合文本意义的解读，符合学生认知水平的解读，能够更新与丰富学生思维的解读。

课堂上教师引导学生解读文本的目的是为了使学生更好地理解文本、欣赏文本，必须能够准确体现文本应有的意义，所以尊重文本是解读的前提。同时又不能过度解读文本，不能毫无根据地进行"我注六经"。但教学实践中，不尊重文本、过度解读文本并因此而误导学生的现象却较为普遍。如在汪曾祺散文《金岳霖先生》的教学中，不少教师只引导学生去关注文中的"有趣"，而罔顾文中写到的"无奈"；只注意到人物言行的"好玩"，而没有思考其行为背后的人生况味。在布封《松鼠》、叶永烈《国宝——大熊猫》等教学中，有的教师把文本的内容概括为"要保护动物，维持生态平衡"，有的教师组织辩论会，讨论大熊猫的生存繁衍问题。在教学托尔斯泰《七颗钻石》时，有的教师不去深究文本的内容，把童话的主题概括为"要有爱心，要提倡爱的奉献"，而不知道托尔斯泰的原意是"对他人真正的爱只有舍弃自我才能实现"，教师的理解是要提倡某种精神，而托尔斯泰则是指出使这种精神化为行动的途径，两者有很大的区别。

还有一些极端的例子，长期得不到纠正。如在杨绛散文《老王》的教学中，绝大多数教师都把解读的重心指向文末的"那是一个幸运的人对一个不幸者的愧怍"这一句，对文本的解读聚焦于"幸运""不幸""愧怍"的具体含义，特别是指向对杨绛"灵魂"的拷问。这样解读，忽视了文本的表现主体是"老王",而不是作者自己;忽视了文本的体式特征是"写人(叙事)散文",而非"抒情散文";忽视了文本所表达的不是作者自我灵魂的"忏悔",而是通过"平静似水的叙说,描摹出一个人的最具风采的性格侧面,立起一个'人'的形象",并进而"有意无意之间'带'出一个时代的影子"的艺术笔法。

  再如不少教师在教学欧·亨利的《最后一片叶子》(又译为《最后的常春藤叶》)时,引导学生这样概括小说的内容:"作家讲述了老画家贝尔曼用生命绘制毕生杰作,点燃别人即将熄灭的生命火花的故事,歌颂了艺术家之间相濡以沫的友谊,特别是老画家贝尔曼舍己救人的品德。"在分析贝尔曼这一人物形象时,又说他"毫无保留地献出了生命","他的崇高爱心、自我牺牲精神由此得到了展现"。这样的概括,偏颇极其明显:贝尔曼在墙上绘制最后一片叶子,尽管是在一个风雨之夜,但其难度并不大,所以不能认为是"用生命"去绘制;贝尔曼画叶子的初衷是为了给对生命绝望的琼珊带来希望,而不是要用自己的牺牲去换取她的生命;即使他想"舍己救人""自我牺牲",但客观事实告诉我们,他的这一举动,只起到精神上的慰藉,琼珊要想康复,还得需要自己的坚强力量与顽强意志,并不是他"舍己"了就能"救"活琼珊的;对于虽然生活艰难却同样热爱生活的贝尔曼来说,他不可能想到他会因这一举动染上疾病而失去自己的生命。所以,无论从主观意愿还是客观结果的角度看,贝尔曼都不是"舍己救人"。他的不幸去世,纯属"意外事件",而非"用生命绘制毕生杰作",小说构思的艺术匠心也正体现于此。

  学生的认知水平是在阅读活动中逐渐培养出来的,循序渐进、潜移默化是其基本特征,对文本的理解如果远远超出学生已有的经验,那么对学生思维品质的形成与发展就不会有切实的帮助。我们决不能把一些属于探讨、研究性质的"学术"问题,直接拿到课堂上让学生去理解、把握和判断。如有的教师在教学戴望舒的《雨巷》时,离开青年学生的心理情感特征,不从"爱情"这一基本主题入手,而是让学生去挖掘什么"自我"和"时代"意蕴,使得一首情味绵长的经典爱情诗显得非常寡淡乏味。我们也不能置文本内容于不顾,附加给文本学习其他不相干的东西。如在教学史传经典《鸿门宴》时,有的教师组织学生去讨论"谁是真正的英雄"这样的问题,从文本内容看,这次宴会还不能充分说明刘邦"成功"与项羽"失败",学生由此得不出关于"谁是英雄"的认识;学生对"英雄"的概念缺少基本的认识,仅从这一个片段也不可能得出

"谁是英雄"的正确、全面的判断。

  有一位教师在教学《背影》时，引导学生去理解"我那时真是太聪明了"这句话的意思，将其归结为"'现在'的'我'对父亲的理解"，认为这是"贯穿全文的线索"，并以此挖掘到文本的主题是"父子间情感隔阂的消解"。这样的理解首先脱离了文本中所重点刻画的对象——父亲的"背影"，使笔力集中描画的一点变成了两点；同时使学生对文本所表达的情感认识和评价发生了偏移，学生关注的是作者与父亲有哪些"情感隔阂"，是怎样得到"消解"的，而体会不到"背影"所显示的父亲对儿子无微不至的爱惜之情；更严重脱离了学生的知识经验，因为没有大量的有关作家知识的储备，是难以理解所谓"父子间情感隔阂"的。教师所应该做的是围绕这句话，贴合文本，贴近学生认识实际，引导学生深入体会其中的情感："'我那时真是聪明过分'，'那时真是太聪明了'，那是作者事后省悟过来责备自己的意思。'聪明过分'，'太聪明了'，换句话说就是'一点也不聪明'。为什么一点也不聪明？因为当时只觉得父亲'说话不大漂亮'，暗笑父亲'迂'，而不能够体贴父亲疼爱儿子的心情。"（《叶圣陶语文教育论集》）而不是游离于其外，人为造成学生认知与理解的困难。

  我们不是坚决反对对文本的多元解读、深入理解，但"多元"有边，"深入"有界，其"边界"就是：让文本自己说话，从文本中来，到文本中去；从学生中来，到学生中去。粗疏忽略当然要不得，而穿凿附会更要不得，要不说多余的话，不说过头的话，不说偏颇的话，不说晦涩难懂的话。给予文本历史的宽容，给予文本人性的理解，给予文本现实的警醒，而不只是空乏的说教和抽象的演绎。

懂取舍,展开充分活动

你的文字是种子,灵魂是农夫,
而世界是你的园地:
好好耕耘吧,
接着你便有收获。
——[古波斯]纳绥尔·霍斯鲁

13. "问题"来自学生

用"问题"串连起教学内容、教学环节、教学步骤,把内容理解、知识讲解、能力培养通过"提问"的形式呈现出来,这是课堂教学的基本方法,也是较为有效的方法。"问题教学"中的"问题"从何而来呢?首先应该来自学生,来自学生在阅读理解过程中的种种不解与疑惑。但我们很少有人去问学生:"你们有什么问题?"更多的是教师课前预设了许多的问题,然后让学生回答,学生的回答如果与教师预设的"答案"有出入,那就会被判为"错误"。而教师所预设的问题及其答案,很少来自对学生的了解与分析,这就使教学有很大的盲目性。我们的建议是,教师所提的问题应该与学生的认知水平相适应,与学生已有的知识经验形成"无缝对接",与学生阅读理解的需求相一致,而不应该只是照搬照抄各种"教案设计"或"名师课例",为了"提问"而提问。

课堂中常见有教师问学生:"你们知道作者为什么这么写吗?"这样的问题除了为难学生,只不过是教师为了卖弄自己已了解的一些知识,而鹦鹉学舌的"炫技"罢了。不用说学生不清楚作者的"写作意图",就是教师自己如果离开所谓的教参也不可能清楚。有位教师教学韩愈的《马说》时问了学生这样的问题:"作者借'千里马'不遇'伯乐'的遭遇寄托了怎样的思想感情?"问题出来了,全班冷场,学生不知怎么回答,因为它超出了文本意义,更超出了学生的认知范围。为了帮助学生理解,教师又出示了这样的内容:

写作背景:

幼年早孤,由嫂抚养。25岁考中进士后,长期得不到任用,最初他在长安曾三次上书宰相请求任用,但结果是"待命"四十余日,而"志不得通","足三及门,而阍人辞焉"。经此挫折后,他不得不到汴州依附宣武节度使董晋。董死后又去依附武宁节度使张建封。仕途如此坎坷，加上当时奸佞当权，政治黑暗，有才之士不受重用，这些都使他痛感明主难遇。就是在这种心情下，他大约于贞元十一年至十六年（795—800）间写出了《马说》。

这种解读方法很典型，也很盛行。在对作者缺乏基本了解的情况下，学生要把这段话理解清楚，难度可想而知。关键还在于，出示的"写作背景"与作品的主题、情感是不是完全一致？这种时间跨度较大的"背景"与写作时所要表达的情感有没有必然的联系？如果将其理解为"借马之不得志，浇自己之块垒"，那岂不是削弱了作品的普遍意义？这种来自教师的问题，除了直接灌输别无其他解决之法，学生是不可能有多少收获的。接受美学认为作品的意义是由作者和读者共同创造的，作者对作品意义的基本把握和读者的人生体验、阅读视角，共同形成多元化、个性化的解读。"阅读中的对话和交流，应指向每一个学生的个体阅读"（《普通高中语文课程标准》），阅读教学不能再以探究作者的原意为中心，而应该是读者从自己已有的阅读积淀和情感积蓄出发，去建构个体的独特意义。

在《金岳霖先生》的教学中，很多教师都会问学生这样的问题："金岳霖先生的'有趣'体现在哪些方面？"然后就是围绕这个问题让学生去文中找"有趣"的种种表现，最后形成对金岳霖先生的整体印象就剩下了"有趣"两个字。且不说这样的问题是非常浅显、"低幼化"的，因为对于高中学生来说，这样的问题没有什么"思维含量"，对他们的阅读经验没有什么丰富与提升的价值。就以课堂学习的目的而论，学生阅读一篇文章就是为了如叶圣陶先生所批评的"只注意它的故事，专取迹象"吗？这种"抛弃精魂"式的阅读，不知道"故事的变化曲折所以如此而不如彼，都与作者发挥他的认识经验与社会批判有关"，课堂提问要能够"凭着故事的情节，逐一追求作者要说而没有明白说出来的意思，才会与作者的精神相通"（《叶圣陶语文教育论集》）。汪曾祺笔下金先生的"有趣""迹象"，传达了他的哪些"认识经验"，表达了他的什么"社会批判"才应该是我们研读的重点。

在长期的思想教育模式影响下，不少教师已经形成了某种"思维定势"：凡是宣扬积极向上情感的就是值得肯定的，凡是表明消极避世态度的就是应该否定的，这是语文课上空泛的思想教育得以大行其道的深层原因。这种单一、片面"弘扬主旋律，传递正能量"的思维方式，对成长中的学生来说，诚然有一些正面激励作用，但对他们的情感培育并不全面，对他们科学的心理结构塑造有所缺失，对他们的世界观、人生观、价值观的完整形成并无好处。如有的教师在教学韩愈的《师说》时，让学生对"巫医乐师百工之人，君子不齿，今其智乃反不能及，其可怪也欤"进行质疑，并向学生特别指出："这句话反映了作者思想的局限性，这是他对普通劳动人民不够尊重的表现，因为'高贵者最愚蠢，低贱者最聪明'。"这种说法完全背离了作者要表达的对"师道失传也久矣"的悲叹与愤慨之情。在教学苏轼的《念奴娇·赤壁怀古》时，有的教师把重点放在组织学生研讨"苏轼在词中所表达的思想情感是'积极'的，还是'消极'的？"这一问题上，甚至无视词中"多情应笑我，早生华发。人生如梦，一尊还酹江月"的无奈、苦痛、苦闷、自嘲、宽慰等真情流露，而强词夺理地说苏轼是"积极"的、"奋发"的、"昂扬向上"的。这种"无厘头"的问题都不是来自学生阅读与认识的问题，不仅没有研讨的价值，而且对学生的阅读经验是一种"伤害"，对学生已经获得的阅读认识是一种"破坏"。

如何将课堂中学习的内容变为学生自己的问题？叶圣陶先生曾经举过一个极有意思的例子：

如讲陶潜《桃花源记》，开头"晋太元中，武陵人捕鱼为业"，就说："太元是晋朝孝武帝的年号，武陵是现在湖南常德县；晋朝太元年间，武陵地方有个捕鱼的人。"凡是逢到年号，总是说是某朝某帝的年号；凡是碰到地名，总是说是现在某地；凡是逢到与今语不同的字或词，总是说是什么意思。如果让学生自己去查一查年表、地图、字典、辞典，从而知道某个年号距离如今多少年；某一地方在他们居住的哪一方，距离多远；某一字或词的本义是什么，引申义又是什么：那就非常亲切了，得到很深的印象了。(《叶圣陶语文教育论集》)

这样一来，就不是老师问学生了，而是学生问书本，学生问自己，学生问老师。学生学习的主动性、积极性就会得到全面的调动，学习的兴趣就会非常的浓厚，学习的一些能力也就容易形成了。

14. 设计学生自己的活动

课堂中的所有活动都应该是为学生的学习而开展的，不应全是教师的预先安排和策划：读书要有充分的时间和具体的要求；讨论要有具体的问题和充分的时间，并要对学生的讨论进行了解与调控；回答问题要让学生充分地发言，不是为了直接去找所谓的"答案"；课堂训练要紧紧围绕所学文本的内容及其表达，而不是另起炉灶。以此来检验我们的课堂教学，有许多教学活动都不是"为了学生"的活动，更不是"学生自己"的活动。

比如课堂中常见教师让学生"自由朗读课文"，但为什么要"自由朗读"？它与"不自由"的"按要求朗读"又有什么区别？教师是不去考虑的。有的教师喜欢要求学生"快速浏览课文"，但"快速"到什么程度，"浏览"要达到什么目的，却又不是很明确。有时只给学生两三分钟的时间，就要完成一篇较长文本的"浏览"，大多数学生还都没有"浏览"下来，教师就开始没完没了地要求学生进行"问题研习"了。还有的教师经常要求学生"有表情地朗读课文"，那什么叫"有表情"？对其评价有哪些基本要素？有时甚至教师自己的范读也不能做到"有表情"，又怎么去给学生以有效的引导呢？所以，很多情况下，教师所做的只是"为朗读而朗读"，但又不是完全为了"朗读"本身，而是为了让课堂教学"走程序"。正因为如此，一些教师在课堂上是舍不得拿出充分的时间让学生真正地朗读课文的，即使读了，也是蜻蜓点水、浮光掠影而已。这就使朗读活动安排本身，好像就是为了对文本展开探究，而不是将其作为对文本理解的方式与途径，完全忽视了语文学习"须在心与眼之外，加用口与耳才好"，而"吟诵就是心、眼、口、耳并用的一种学习方法"。叶圣陶先生认为："惟有不忽略讨究，也不忽略吟诵，那才全而不偏。吟诵的时候，对于讨究所得的不仅理智地了解，而且亲切地体会，不知不觉之间，内容与理法化而为读者自己的东西了,这是最可贵的一种境界。学习语文学科,必须达到这种境界,才会终身受用不尽。"但我们却往往为了所谓的"探究"完全忽视了吟诵,由于吟诵不够充分,探究自然也不可能有什么效果。

朗读课文的活动中,还常见有教师要求学生"带着任务朗读",这使朗读本身的意义受到了冲击,因为学生的注意力不会集中于"朗读"之上,而是全部被那些"任务"牵制了,他们不可能体会得到朗读带来的愉悦,更何况有的"任务"又不是朗读本身能够解决的。还是叶圣陶先生说得好:"吟诵第一求其合于规律,第二求其通体纯熟。……令学生吟诵,要使他们看作一种享受而不看作一种负担。一遍比一遍读来入调,一遍比一遍体会亲切,并不希望早一点能够背诵,而自然达到纯熟的境界。抱着这样享受的态度是吟诵最易得益的途径。"吟诵的最好方式是"美读","把作者的情感在读的时候传达出来",能够做到"以意逆志","设身处地,激昂处还他个激昂,委婉处还他个委婉……务期尽情发挥作者当时的情感。美读得其法,不但了解作者说些什么,而且与作者的心灵相感通了,无论兴味方面或受用方面都有莫大的收获"。如果不能这样,那么课堂上再多的朗读又有什么意义呢?

教学中,有许多教师喜欢进行"拓展延伸",这本无可厚非,如果处理得好,可以使课堂教学得到无限的延伸,学生的所得,也会远远超过课堂教学内容的范围。但必须考虑这样几点:"拓展延伸"与文本学习的关联度有多少?与学生的实际认识水平是不是吻合?其在学习活动中的操作性怎么样?其本身的意义与价值体现在哪里?如果学习《背影》,就要让学生去"写一写自己的父母",学习《七颗钻石》,就要学生去"写一段与'爱'有关的话",学习《生命的意义》,就要学生去思考"我们的人生怎样度过",那还要学习文本干什么呢?因为这些活动,即使没有对文本的学习,也是完全可以进行的,"学与不学"文本与这些"拓展延伸"没有什么必然的联系。如有位教师在教学《马说》时,进行的"拓展延伸"是让学生论述:"'千里马'是否一定要遇上'伯乐'?"

这个辩题应该有点意思,对作者的观点学生当然可以有不同的看法,但这个活动却必然会带来另外的结果:容易消解学生刚刚获得的学习经验——对作者表达"怀才不遇"情感的认识,对文本"托物寓意"写作方法的了解。由于教师的"倾向"不够明朗,结果学生多数认为不需要"伯乐"也能成功,并举了很多的例子,如王宝强、姚明、罗纳尔多等。且不说这些例子本身并不准确,因为这几个人的成功都是有"伯乐"的；而从普遍性来看，学生的认识从根本上看是错误的。任何人成长、成才、成功都是不能离开"伯乐"的，"伯乐"可以是某个指点的高人、相助的贵人，也可以指"生逢其时"，是某个特定的时代、机遇，可以是能够施展才能的平台、舞台，还可以是所受到的良好教育、素养熏陶等。教师如果能够引导学生对"伯乐"的含义进行适当的延伸，那学生的思路就会打开，他们的体验和认识就会呈现出不一样的情形。

比较阅读是不少教师经常采用的教学方法。诚如叶圣陶先生所说的那样："阅读方法不仅是机械地解释字义，记诵文句，研究文法修辞的法则，最要紧的还在多比较，多归纳，多揣摩，多体会，一字一语都不轻易放过，务必发现他的特性。惟有这样阅读，才能够发掘文章的蕴蓄，没有一点含糊。也惟有这样阅读，才能够养成用字造语的好习惯，下笔不至有误失。"但不少教师只注意到了这段话中的"多比较"，而全然不顾"比较"的目的，完全脱离文本学习和学生的认识实际去进行"比较阅读"。

比如有位小学教师在教学李清照的《如梦令·常记溪亭日暮》时，让四年级小学生去将之与词人的另一首词《声声慢·寻寻觅觅》进行"比较阅读"。且不说小学生能不能读懂与他们年龄特点、认知水平、欣赏能力极不相应的《声声慢·寻寻觅觅》，即使意思读懂了，其所抒发的复杂情感也不可能体会得到，其独特的表达技巧更不可能认识清楚。两首词作，无论是写作内容、表达情感，还是表现手法，都有极大的不同，对小学生而言，两者不具有"可比性"。因为就本首词作的学习而言，小学生不需要去了解与掌握其他的内容；小学生也不可能从中"归纳"出带有规律性的东西，"揣摩"不到两首词作之间的关系，"体会"不到这样比较的意义；比较对于发现本首词作的"特性"是没有什么帮助的。教师的活动安排，是一种"越界"行为，教学的姿势出现了"变形"的情况，其效果可想而知。

15. 充分调动学生的感受

叶圣陶先生在谈到诗歌教学时，曾经把"阅读感受"作为教学的重点。他认为："所谓感受，就是读者的心与诗人的心起了共鸣，仿佛诗人说的正是读者自己的话，诗人宣泄的正是读者自己的情感似的。阅读诗歌的最大受用在此。"其实，不仅诗歌，其他体式的文本教学无不如此。而教师最主要的工作，就是充分调动学生的"感受"，这就需要关注学生的阅读态度、阅读需求、阅读心理。学生在课堂中的所有感受和体验都应该打上"个性化"的印记，要有自己的见解、认识、看法、感受、体会、领悟，而不是为了印证教师提供的种种现成的看法与结论。有的教师懂得其中的道理，但到底怎么做却不甚了了。

常见有教师问学生："学习本课你有哪些收获？"听上去，这样的问题是在关注学生的学习状况，但其实由于询问的笼统与浮泛，学生往往不是泛泛而谈，就是不得要领。如《马说》教学结束时，教师这样问了学生，结果只有一个学生回答了教师的问题，且回答的是："掌握了两个'其'的意思。"当然这可以看为"收获"，但文本中"其"的出现有多处，仅掌握其中的"两个"显然不够全面；而学生对文本学习的最终"收获"仅仅落到一个虚词上，这是远远不够的，暴露了学生的学习还停留于一些枝枝节节的知识点上，而对文本所表达的主体内容却缺乏基本的"体验"。这样的"收获"是很微小的，学习的有效性得不到全面的体现。可惜教师没有意识到这一点，没有能够继续关注并加以引导和启发，让更多的学生参与这一问题的讨论，而是就此作了总结，致使这个应该很有意义的活动也就不了了之，草草收场了。

阅读体验的最佳状态与最高层次是"欣赏"，对于如何培养学生的欣赏能力，不少教师既缺乏基本的认识，更缺少行之有效的具体方法。对此，叶圣陶先生曾有过非常精彩的论述："体会作者意念发展的途径及其辛苦经营的功力。

体会而有所得，那踌躇满志，与作者完成一篇作品的时候不相上下；这就是欣赏，这就是有了欣赏的能力。而所谓体会，得用内省的方法，根据自己的经验，而推及作品；又得用分析的方法，解剖作品的各部，再求其综合；体会决不是冥心盲索、信口乱说的事。这种能力的培植全在随时的指点与诱导。"要把"体会"所关乎的"内省"与"分析"的能力培养落实下来，教师必须在感知、想象、情感、理解四个层次作"随时的指点与诱导"。

在感知层次中，文本中所呈现出来的种种生活模式和情感内容由于与欣赏者的某些生理感觉在结构上相似，就不自觉地或无意识地进入其感觉之中，与它契合和渗透，使它具有特定的社会意义。为此，教师需要帮助学生了解文本所展现的时间、空间、文化背景和情感生活模式，以与他们已有的对认识对象本身的外在感性形态的经验和情感生活模式相符合，那就会容易引起学生的关注。如学习马致远的《秋思》，不能只是简单地告诉学生"枯藤、老树、昏鸦"所营造的特定情感气氛，而应该让学生体会"枯藤、老树、昏鸦"三者情感表现性质的相同，并可与"雄鹰、麻雀、乌鸦"的三者排列相比较，让学生透过事物的形式达到对它们的情感表现性的把握。

对于什么是想象，不少教师也只停留于心理学意义上的认识，往往只关注"知觉想象"，而忽视"创造性想象"。这是由于学生所阅读的是文本，所感知的是文本中所表现的生活，文本中的那些形象很多是学生知识经验中所没有的，所以不少教师为了帮助学生想象，就通过出示大量的图片或影像资料来激发学生的想象力，这其实是没有多少实际意义的。我们的注意力应该放在"创造性想象"能力的培养上。"创造性想象"的动力来自所认识和体验到的人类的种种情感，离开了作为中介和动力的情感，想象活动便成了无源之水，无本之木。这也是目前多媒体课件制作与运用广受诟病的直接原因之一。

情感是随着欣赏活动而产生的，在这其中，情感的迁移又具有非同一般的教学意义。树叶无所谓呻吟，风也不可能发怒，但当学生通过它们的形态联想到过去见到过的呻吟的人和发怒的人时，它们就有了人的情感性质。所以，学生读到"雨中黄叶树，灯下白头人"时，读到的不只是"雨""黄叶树""灯""白头人"等孤零零的事物与人物，而会将它们组合成一个整体，构建起一种独特的情感意境，感知画面背后的人生况味。教师可以引导学生对显示外部事物结构的时、空、景、物等进行分析，让学生的主体情感投射在它们上面，使这些事物具有情感特征，学生自然就会有所感，有所悟，有所得。中考、高考中，诗歌鉴赏题的得分往往不高，原因就在于平时教学中，教师很难把学生的情感调动起来，学生"读不进去"，也就"体会不到"，欣赏能力就难以培养起来。

对阅读欣赏中的"理解"也存在着误区，有的教师为了帮助学生"理解文本"，就直接将文本所显现的"虚幻"状态还原为"实用"状态，而不知这种混淆"虚实"的做法其实不是真正意义上的"理解"。阅读欣赏中的"理解"是用想象取代现实，而不是用现实取代想象，否则就享受不到审美的快感。司空图说"语不涉难，已不堪忧"，意为不一定大讲如何辛苦和忧愁，那种不堪忍受的忧愁就已经不知不觉地与自己产生了共鸣，而达到了"不着一字，尽得风流"的效果。比如温庭筠《商山早行》中"鸡声茅店月，人迹板桥霜"的诗句，"它并没有有意地向人们诉说旅人如何辛苦和艰难，而是将这种感情不露痕迹地溶化在这些诗句揭示出的空间和时间结构中，那清早的鸡鸣，那月色朦胧中的竹篱茅舍，那覆盖着白霜尚未有人踏行的木桥，既组成了一幅现实的时空图画，又组成了标示内在情感生活的运动形式的内在图画"（滕守尧《审美心理描述》）。只有引导学生结合诗句的外在与内在，才是真正的"理解"。

洪宗礼先生告诫我们，语文教学中，教师"不能像魔术师那样企图用奇幻的表演吸引观众，而要像导游者引导游客自己品赏山水一样，引导学生自己到知识与智能的宝山去探求宝藏"（《语文人生哲思录》）。这不仅仅是教师的作用如何发挥的问题，而且是教师如何选择自己的教学姿势，真正做到"在需要的时候说恰当的话"，去"真"地教语文，去教"真"的语文。

16. 把握文本生命的形式

美国哲学家苏珊·朗格（Susanne K.Langer）认为："一首诗并不是一则报道，也不是一篇评论，而是具有一定的结构形式。假如它是一首优秀的诗篇，它就必然是一种表现性的形式，正如一件可塑性艺术品也是一种表现性形式一样。——这种表现性形式借助于构成成分之间作用力的紧张与松弛，借助这些成分之间的平衡与非平衡，就产生出一种有机性的幻觉，亦即被艺术家们称之为'生命的形式'的幻觉。"（《艺术问题》）每一个文本都是作者的生活体认、倾向态度的表现，当他通过自己的文字全盘透明地表现自己的时候，那活脱脱的生命意识内容，便显示着"生命的形式"的幻觉，以特定的思想、情感，呼唤着与之相应的特定性文本结构。

一般情况下，文本结构的表现性，往往体现在作者给特定的思想、情感以直觉的形式，为了创造出某种景象或意境，作者会选择某一个主体形象，并使这个形象在谋篇布局中成为支撑起整个作品的龙骨，使结构形式与内容、作品的底蕴完全结合起来，用形式包容着、表现着作品最动人的意蕴。我们的阅读教学，首先应该在引导学生把握文本结构方面多动一些脑筋。

以《最后一片叶子》的教学为例，许多教师非常关注"欧·亨利式的结尾"——出人意料之外，合于情理之中，这诚然不错。但这一教学内容安排的不足也较为明显，因为学生只接触到了欧·亨利的这一篇小说，即使阅读得非常具体、深入，也不可能对他的小说结构特点形成一般性认识，所以对这一结构表现特点的概括，给学生留下的印象并不深，因为它不是学生的发现，而是教师的直接灌输。如果学生读到莫泊桑的《项链》，他们可能就会犯迷糊：这难道是"欧·亨利式的结尾"的翻版？为什么这样的结尾艺术不叫"莫泊桑式的结尾"？而如果我们引导学生抓住题目中的主体形象"叶子"来对小说的结构特点进行把握，学生就不难体会它在全文内容中引入、串联、绾结的作用。在阅读小说时，学生的心就会随着琼珊数叶子的声音而颤抖，就会随着一片一片叶子越来越少而揪心，就会因琼珊依然看到了"最后一片叶子"而欣喜鼓舞、真情祈祷，就会为贝尔曼因点燃生命之火而倾力创作的杰作——"最后一片叶子"而由衷地敬佩与感伤。"最后一片叶子"这一"实"与"虚"的艺术表现，就会深植于学生的心田，给学生以生命的启示、写作的导引。

对朱自清《背影》的教学，许多教师注意到了作者为至情所附丽的直觉形式——"背影"，但更多的是从内容和情感表达方面去引导学生把握，常见的教学内容安排是这样的：1. 文中写了几次"背影"？ 2. 四次"背影"各有什么特点？ 3. 其中表达了作者怎样的感情？ 4. 你们的生活中肯定也不乏这样的情景，请写一写自己的父亲。这样的安排只是让学生在了解文本内容本身上着力，完全没有能够体现出作者构思的匠心，没有体现出文本结构的独特性。

"背影"是全文着意表现的一个"特写"，它的背后隐藏着结构表现的秘密，隐藏着形式走向内容之后那种永恒的艺术魅力。父亲的"背影"，与父亲为儿子买"朱红的桔子"的行动是联结为一体的。父亲的心中燃烧着望子成龙、由儿子学成后支撑"惨淡"门庭的殷切希望，而自然产生了"买桔子"的行动，这才会在儿子面前出现铭感脏腑的他的"背影"。多少年后，儿子将他的那次"背影"付诸纸面，又倾注了儿子对父亲的多么深厚的感情。如此特定的情感因此获得了一个诗意的直觉形式。于是，"背影"作为刺激读者的直觉画面，它的造型成了全文思想表现最为重要的结构部件，成了对题材提炼与安排组织的思想根据，全篇四处写到"背影"，每一处都有其特殊的结构上的作用。简括地说，第一处，是开门见山地破题与点题，为全篇制造了抒写亲情的意绪。第二处，即全文着力表现的特写镜头，叙事情节与抒情均走向高潮。第三处，强调前面所写是"我"泪水中的"背影"，为之抹上浓浓的主观色彩；并引渡下文写"背影"的永久忆念。第四处，是文章的结尾，借助于"背影"曲终奏雅，在悔恨与无以对父亲尽孝的痛苦中，把自己对父亲的无限思念之情，抒写得更深更沉、更真更挚，余音袅袅，不绝如缕。由此可见，"背影"这一直接形象包容着这篇散文全部的思想与情感，使作品抒写的特定诗意具形具象、气韵生动。它反复在全文中出现，犹如主旋律贯穿于乐曲的始终；它既使两重伦理至情得到淋漓尽致的抒唱，又使文章在外部构造上获得主部件造型的美与经纬全篇的唯一命

脉。(吴周文《朱自清散文艺术论》)

为此，我们的教学可以这样设计：1."背影"是在什么情况下出现的？ 2.作者对四次"背影"的描写笔法都是相同的吗？如果有不同，你认为是什么原因？3."背影"的四次出现在行文结构上各有什么作用？ 4.如果请你写一篇关于"父爱"的文章，你准备选择什么样的形象？为什么这样选择？这样的设计是想把学生的关注从文本"写了什么"引向文本"是怎样写的"，真正发挥文本作为阅读与写作"例子"的作用。

有时候，这样的形式表现还需要我们引导学生去寻找与发现。方苞《左忠毅公逸事》"可教"的内容有很多，如人物所处的历史背景及由背景所体现出来的人物的精神风貌，文章的短小精悍、以一带万的选材艺术，注重细节描写的笔法，用人物的相互映衬来表现人物关系的手法，运用多种手法对人物进行描写，甚至一些文言字词和句式等等，但这些教学内容选择不能精准地体现出文本选材的精当与构思的独特。也有教师把重点放在"文中写了左光斗的哪些逸事？"与"这些逸事反映了左光斗的什么品格？"这两个问题的研习上，这诚然有一定的道理，但不足也很明显，因为文中所写的三件事中，最后一件写的是史可法的"逸事"，内容安排上好像出现了某种"断裂"，这会使学生误认为文章行文不够严谨，教师也难以自圆其说。其实，如果抓住文中的三句话，就可以体会到方苞的选材与剪裁艺术。

第一句话是左光斗对史可法的评价："吾诸儿碌碌，他日继吾志事，惟此生耳。"反映了他爱惜人才，具有知人善任的远见卓识和任人唯贤的磊落胸怀。这是全文的总纲与核心。第二句话是史可法的感慨："吾师肺肝，皆铁石所铸造也。"这说明左光斗将挽救国家危亡的希望寄托在史可法身上，这正是"继吾志事"的具体内涵，反映出左光斗对史可法的爱之深、望之厚，以及他在生死关头感人肺腑的铮铮铁骨、凛然正气和刚烈品质。第三句话是史可法的真情表白："吾上恐负朝廷，下恐愧吾师也。"正是"继吾志事"的直接反映。左光斗对史可法的殷切期望，左光斗的精神品质直接影响了史可法，由此可见其教诲之严、熏陶之深、影响之大。以这三句话作为教学的切入点组织教学，既充分体现了文本"生命的形式"，又可以达到"片言居要，短文精教"的效果。

正如黑格尔所说的那样："内容即具有形式与其自身"，二者在对立中相融而达到统一，"内容非它，即形式之回转到内容，形式非它，即内容之回转到形式"(《小逻辑》)。每一个文本的形式，都充分发挥着"表现"的效能。它们虽是结构部件的形式，但不仅发挥结构部件自身的构造作用，而且渗透着、表现着作者丰盈的、特定的情感，在结构上予以传达，成为作者思想情感的外化。这是我们教学时所需要加以研究的一个重点内容。

17. 关注作者自我的表现

罗丹认为:"美,就是性格和表现。"每一篇文章都是在表现客观世界的同时,表现作者精神个体性的美。为此,明代文学家袁宏道主张"独抒性灵,不拘格套",为文"非从自己胸臆流出,不肯下笔",如此才能达到"情与境会,顷刻千言,如水东注,令人夺魄"(《序小修诗》)的艺术效果。当代散文作家秦牧则说得更加具体:"在'直抒胸臆'和倾泻感情的时候,如果一个作家回避表现自己,就不可能写出精彩动人的文字,也不可能给人任何亲切的感受。"我们在教学时,切不可置作者的"自我表现"于不顾,而附加以其他毫不相干的东西,进行所谓的"延伸拓展"。这样的认识,不仅可以让学生对作者人格色彩与深层精神世界的审美价值予以必要的关注,而且能够使他们对写作中的主体性作用与地位形成基本的看法乃至自觉的坚持。这与在阅读和写作中构建主体观念、呼唤"人"的意识,无疑具有极大的启示意义。

学生所读的一些文本中,常见有作者的孤独与无助、愤郁与厌世、苦痛与感伤、悲惨与凄怆之情的直接抒发,不少教师担心这些情绪会给"正做着好梦的青年"(鲁迅《〈呐喊〉自序》)带来所谓的"负面影响",其实,"辛酸的眼泪是培养你心灵的酒浆,不经历尖锐痛苦的人,不会有深厚博大的同情心"(《傅雷家书》)。而"文学像生命本身一样,具有着孕育、出生、饥渴、消受、蓄积、活力、生长、发挥、兴奋、抑制、欢欣、痛苦、衰老、死亡的种种因子、种种特性、种种体验。这当中最核心的、占一种支配地位的,是一种窃称为'积极的痛苦'的东西"(王蒙《文学三元》)。

一切具有艺术人格的伟大作家,无一不在他们的作品里歌哭忧思,抒写自身"积极的痛苦","我们往往选择悲愁、恐惧、痛苦、失望来表达我们之接近于至善"(雪莱《为诗辩护》)。这种情感与思想的自我实现,是作家最核心的主体意识——与时代、现实攸关的使命意识与忧患意识,如鲁迅所说:"无穷的远方,无数的人们,都和我有关。"(《且介亭杂文末集》)正因为此,《离骚》为屈大夫之哭泣,《庄子》为蒙叟之哭泣,《史记》为太史公之哭泣,《草堂诗集》为杜工部之哭泣;李后主以词哭,八大山人以画哭;王实甫寄哭泣于《西厢》,曹雪芹寄哭泣于《红楼梦》(刘鹗《〈老残游记〉自序》)。既然如此,我们又为什么为了"崇高"而忽视"渺小",为了"伟大"而鄙视"卑微",为了"积极进取"而回避"消极遁世",为了"兼济天下"而轻视"独善其身"呢?

对《背影》的研读,许多教师只留意到了文中浓浓的"父爱",但浓烈、热烈、强烈的父爱背后,还滚涌着作为儿子的朱自清,从应有的伦理、道德及仁爱之心出发,检点自己在人伦关系中的生活细节,对自己的粗疏、随便、懈怠等的深深自责与无尽悔恨。如果看不到这一点,那学生所读到的就始终是文本的表面内容而无法深入下去,所形成的认识也只是文字的表层而不是生命的深层。

作者在接到父亲那封"……惟膀子疼痛厉害,举箸提笔,诸多不便,大约大去之期不远矣"的信后,萌动了创作契机,并通过对当年父亲为自己买桔子的背影的忆念,倾吐了今天儿子对父亲的感恩图报之情。作者不是正面地、直接地诉说这种感情,而是自审那时自己对父亲送行过程中不敬的思绪:总觉得父亲与搬行李的脚夫讲价时"说话不大漂亮",他又是叮咛又是嘱托茶房,"心里暗笑他的迂",等等,现在回想起来,"那时真是太聪明了",竟然体贴不到父亲对自己的疼爱之情。自责自悔是出于作者为人的人性、伦理、道德,更是出于自己对父亲的情之切切、爱之深深,反衬出远在他乡的儿子对父亲健康状况的忧愁、不能守在老人身边尽孝的痛苦。"青灯有味似儿时"(陆游《秋夜读书每以二鼓尽为节》),个人遥远的回忆,造成他时过境迁的心理距离,使他在痛定思痛之后能够静观默想。

正是围绕着当年因自己年少无知而对父亲产生误解,在忆念中产生着自悔与自责,并在深深的追悔与深深的自省中,使现在的一颗悲哀痛苦的心由失衡走向平衡,使道德良心获得宁静。这样的心理呈现过程与具体的行为表现,都是我们必须细致而深入研读的。那些就"背影"说"背影",就"背影"谈感受,就"背影"写父爱等种种教学行为,无法传递出作者的"自身",不能把握作者忧于人生、社会所表露的感情形态。

同样在《荷塘月色》中，许多教师只是将其作为"写景散文"来教，而忽视了其作为"抒情散文"的实质，即使引导学生"把握情感"，也与当时的政治背景直接挂钩，从而发生了偏差，没有认识到贯穿全文始终的是作者沉郁至深的苦恼、烦恼，而对朱自清通过"血和泪"的文字，表达"淡淡的喜悦和淡淡的哀愁"关顾不多。文中，踱入荷塘的诗魂，看似闲雅沉静，其实"颇不宁静"；荷叶荷花、月华光影，则暗示着作者的主观体验，诠释着白天的"不自由"与夜晚的"自由"、"群居"与"独处"的人格矛盾。与其说"荷塘月色"是客观情景的描述，不如说是作者内心世界之道德情操的外化，冰清玉洁、超凡脱俗的意象"荷"与"月"所透露的是作者寻找自我人格理想的短暂喜悦，以及经久的孤独感与荒凉感。正如鲁迅所说："我的确时时解剖别人，然而更多的是更无情面地解剖我自己。"(《写在〈坟〉后面》)朱自清又何尝不是在进行自我解剖，并借此营构理想的人格呢？抓住这一点，也就抓住了文本的"精灵"，就会使学生对文本的解读走向深入，接近核心。

朱自清曾经说"我的颜色永远是灰的"，这种审美取向其实许多作家都有。一个痛苦的精灵确实存在于许多作者的审美感知与创造中间。这种悲剧心理定势——沉潜的痛苦源，"向万物之美而盛忧"，演化为他们痛彻的忧患意识、伤感的自尊意识和悲悯的博爱意识；在艺术表现上辐射、转化为表现个人痛苦的风格：美丽的忧郁和悲剧色彩。所以，《背影》在构图设色上，摒弃了《春》《绿》等多用的华彩修饰，而以暗灰色为基本色调，紧紧吻合作者沉浸其中的黯然神伤的悲凉氛围，可谓词达意，意称物。鲁迅在《故乡》《药》《祝福》中的色彩为什么都是灰暗的、阴沉的而没有任何明亮的色彩？他对冷色调的选择与处理，所体现出来的正是他忧愤深广的胸怀。甚至《孔乙己》中的"笑声"，其所透露的"冷漠无情到叫人窒息的地步"(《叶圣陶语文教育论集》)的人际关系也是那么地让人感到非常无奈与愤激。这种审美取向的背后，折射的正是作者的"自我"，是作品具有巨大艺术魅力之所在。以此引导学生切入文本，学生所获得的必定是不一样的阅读感受与心理体验。

如果教学中，我们仅仅抱住"主旋律"与"正能量"不放，一定要寻找出其中的什么"积极意义"来，学生又怎么能够感受到丰富的形象与丰厚的情感？怎么能够掌握文本意蕴的多元与模糊？怎么能够完成对文本意义的积极而富有创意的建构呢？

18. 体会那颗"敏感的心"

每一个作家都有一颗"敏感的心",他们的作品之所以成为经典,就在于他们在作品中充分彰显了自己独特的艺术感觉。这种艺术感觉不仅是敏锐的、奇特的,而且是表现出一种属于他个人的"主观偏执性"。他们通过独到的观察和独特的感受,发现美,捕捉美,表现美,创造美,他们总能见常人所不能见,想常人所不知想,写常人所不会写。这些都可以作为教学内容,启发和引导学生阅读、感知、体会、建构。

作家对世界、社会、生活的观察是非常独到的,他们有一双发现美的艺术眼睛,善于捕捉表现审美情感的意象,哪怕是其中的细微区别,他们都能描画得非常清楚与精妙。艺术感觉之所以永不重复和雷同,就是因为艺术家观察的永不雷同和独特精微。我们来看鲁迅在《祝福》中对祥林嫂的几次肖像描写:

第一次:

头上扎着白头绳,乌裙,蓝夹袄,月白背心,年纪大约二十六七,脸色青黄,但两颊却还是红的。

第二次:

她仍然头上扎着白头绳,乌裙,蓝夹袄,月白背心,脸色青黄,只是两颊上已经消失了血色,顺着眼,眼角上带些泪痕,眼光也没有先前那样精神了。

第三次:

五年前的花白的头发,即今已经全白,全不像四十上下的人;脸上瘦削不堪，黄中带黑，而且消尽了先前悲哀的神色，仿佛是木刻似的；只有那眼珠间或一轮，还可以表示她是一个活物。

祥林嫂"头上扎着白头绳"，说明她新寡；"仍然头上扎着白头绳"说明她再寡，命运给她带来的劫难可见一斑。"乌裙，蓝夹袄，月白背心"的不变装束，形象刻画出她生活的艰难与困窘。"脸色青黄，但两颊却还是红的"，说明生活虽然清苦，但还难掩青春的色彩；但再次遭遇沉重打击后，却"已经消失了血色"，乃至沦为乞丐后，竟至于"瘦削不堪，黄中带黑"，预示她的生命已近穷途末路。最让人难忘的是她的眼神，她始终"顺着眼"，显示出其善良的本性，但"眼角上带些泪痕，眼光也没有先前那样精神了"则是生活打击留下的创痕；在她生命的最后时刻，已经"消尽了先前悲哀的神色，仿佛是木刻似的"，精神状态之差显示她已经到了生命的极限。鲁迅的观察非常细致、精微，形象地刻画了祥林嫂悲惨的一生，艺术地展现了她命运的几个节点，生动地呈现了她的性格特征。

我们可以此切入，设计这样的教学内容：1. 小说中对祥林嫂的肖像描写有几次？分别在文中的哪些地方？ 2. 请同学们比较一下三次描写的内容，发现其中的"同"与"异"。3. 我们从中读到了什么？这些描写与人物命运有什么关联？ 4. 祥林嫂的外貌前后为什么会有如此大的变化？造成这些变化的根本原因是什么？ 5. 这种人物刻画艺术对我们的写作有什么启发？请尝试写一个人物片段。这样设计，可以避开一些庸常的方法与形式，既能体现文本的个性特征，又可以激发学生的阅读兴趣，引导学生对文本进行精致的阅读并获得一般性认识。

每一个作者都是用心灵去感知、观照、把握客观世界的，同时他们又对客观世界进行情感外化，所谓"一切景语皆情语"（王国维语），这使他们的审美感知具有具体性、生动性、形象性、深刻性和敏感性的特点。"春"是古代诗人和散文家笔下屡见不鲜的表现题材，或者以春寄情，表现伤春怨时、青春易逝的情调，或者借春言志，抒写怀才不遇的伤感与追觅不到的理想，或者抒写宠辱皆忘的短暂的喜悦之情。他们所想象的是伤春怨女、红颜薄命、个人忧乐、年华易逝。而朱自清的《春》，却从春草、春花、春风、春雨中，把"春"想象为实实在在、有血有肉的人，在春的色彩与芬芳的氛围中，他的感觉通路指向过去的经验，脑幕上叠印着他曾经记忆的图像：娃娃、小姑娘、小伙子。于是，启示了他的求异性的思维：

> 春天像刚落地的娃娃，从头到脚都是新的，它生长着。
> 春天像小姑娘，花枝招展的，笑着，走着。
> 春天像健壮的青年，有铁一般的胳膊和腰脚，领着我们上前去。

第一个联想，是感受与形容春天有无限的生命力。"刚落地的娃娃"，是新生命的诞生，充满生命力的美。第二个联想，是感受与形容春天有无限的美感力。"花枝招展"的"小姑娘"，吐露着美的色彩与清芬，使人顾盼生情，获得美的感受。第三个联想，是感受与形容春天有无限的创造力。四肢健壮、身如铁铸的小伙子，透露出力与创造的美，给人以奋发进取的信念与勇气。（吴周文《朱自清散文艺术论》）

据此，我们可以从"人"的角度引导学生去感知朱自清笔下的"春"：人的面容、人的姿态、人的血肉、人的芬芳；人的举止、人的心理、人的生命、人的希冀、人的力量、人的灵魂；人的机遇与挑战，人的现实与理想，人的今天与未来。这样的研读角度，肯定会给学生带来不一样的感受。

由此我们还可以进一步引导学生拓展开去，把景物对象想象为"人"的形象，在朱自清的笔下是一种正常现象：他在《荷塘月色》中把"荷"当成古代仕女予以描写，甚至直呼"荷"是刚出浴的美人；在《绿》中，他完整一体地把梅雨潭的"绿"当作美人来描写，以奇妙的种种感觉加以多棱多维的透视，以感觉的画笔，一层深一层地写出"绿"的女性美，从而抒写内心"追捉"的心理流程。在这样的归纳式感知中，使学生能够全面把握作者的审美趣味和创作风格，拥有自己的情感体验和美学思考。

艺术感知和创作的实际过程中间，作家往往通过联想和想象表现喜怒哀乐的情绪，表达对事物和现象的认识、看法、思绪、态度，具体描画出特定时刻、特定情景、特定氛围所能给人带来的生理和心理的对应，进入一种神与物游、物我一体的境界。如郁达夫的《故都的秋》中有这样一个片段：

> 著着很厚的青布单衣或夹袄的都市闲人，咬着烟管，在雨后的斜桥影里，上桥头树底下去一立，遇见熟人，便会用了缓慢悠闲的声调，微叹着互答着地说：

"唉，天可真凉了——"（这了字念得很高，拖得很长。）

"可不是吗？一层秋雨一层凉啦！"

  这一小段文字，可谓充满"秋"味。作家调动自己以往的生活经验传递自己的感觉，描画了一个非常生活化的场景，借助所描写人物之口，形象地表达了自己对秋天来临的感喟，其声苍凉，其音落寞，其景萧瑟，其情惨淡，带有浓厚的主观审美意识。

  教学中，教师可让学生反复朗读，特别要读出其语调、音长的特点，仔细咀嚼其中的秋味、秋情。同时，可以采取不同的朗读方式来进行比较，如可用活泼的语调来读，可用轻快的语调来读，可用热情洋溢的语调来读，以体会其情感表达的独特性；还可引导学生回顾所读文学作品中的类似片段，采取合适恰当的朗读方式，加强学生对语言的感性习得能力。引导学生想象画面构图的整体与局部，在形成对所写画面直观印象的基础上，体味其中的情愫，进而沉潜到作者所描画的情境之中，甚至参与到作者对主体精神生活和审美经验的融合之中。

19. 科学构建学习的时空

从根本上说，课堂学习是在一种特定的时空中进行的。在这样的时空里，有学习时序的安排，有学习单元的设置，有学习版块的架构，有学习主题的构想。时序、单元、版块、主题等都具体表现为课堂教学环节的设计与实施。我们衡量某一教学环节安排是否"需要"，是否"恰当"，主要是看时序、单元、版块、主题等的措置是否符合学生的认知规律，是否适应学生的思维发展要求，是否能够完全实现文本的教学意义，是否能顺利达成所预设的教学目标。

上世纪 50 年代初，"红领巾教学法"曾在我国语文教学界风行一时，它的基本模式是：1. 题解，作者介绍、时代背景等。2. 范读，讲解生字生词、学生质疑问难等。3. 分析课文，结构分析、人物形象分析、重点难点分析等。4. 总结主题思想。5. 研究写作特点。这一教学模式诚然有一定的历史意义，但其不足之处也很明显，它不顾及具体的文本体式特点，也不考虑学生学习水平状态与学习需求，只是用一种单一的教学模式去死板地套所有的现代文教学，限制了教师的教学个性，阻抑了教师教学的创造性，所带来的必然是机械模仿、公式化、形式主义倾向。这也是直到现在，我们还常常看到有的教师自觉与不自觉地在运用作者时代背景、段落大意、中心思想、写作特点等烦琐讲解分析套路的原因。

在文学类文本教学中，我们常见有教师安排环节为：初读，品读，研读，美读。初一看，这样的安排非常"有序"，但细加推敲，其中的悖谬之处却显而易见。"初读"好理解，是初次、初步阅读的意思，在学习的起始环节，组织学生初步感知文本，形成"初阅读"经验，这很有必要，也是符合人的认知规律的。但"品读""研读""美读"就不好理解了，这三种"读"是阅读的三个阶段、三个层次吗？难道说"研读"比"品读"层次高，"美读"又比"研读"更进一步？"品读"时要不要"研读"与"美读"？"研读"时要不要"品读"与"美读"？"美读"时要不要"品读"与"研读"？三者之间的关系实在难以厘清。再说，这三种"读"的各自任务又是什么呢？如何才能把它们界定清楚呢？阅读是一种复杂的学习活动，也是一种综合的认识活动，世界上没有哪一个人能够说得清楚他的阅读属于"品读""研读""美读"中的哪一种或哪一个阶段。很明显，这样的安排正是目前阅读教学中进行肢解式、碎片化解读的一个很重要的原因。教师拘泥于教学环节安排的"有序"，机械地对综合性的阅读活动进行"切割"，而把一篇篇文质兼美的文章搞得支离破碎、面目全非、不成体系。

同样的问题也出现在某一个教学环节中，如在对韩少功的《我心归去》的"整体感知"环节中，有教师这样提问：

1. 课文题目是"我心归去"，那么"我"身在何处？又"心归"何方？
2. "我"在法国的物质环境怎样？故乡的物质环境又是怎样的？
3. "我"在法国的感受如何？对故乡的感情又是怎样的？

这一环节中的三个问题，都很浅显，学生几乎不用动什么脑筋就能弄明白，课堂上学生回答很整齐，问题本身缺乏思维含量。同时，这三个问题容易把学生对文本的整体认识隔离开来，致使学生所获得的只是一些抽象的、空洞的概念，如"雅静""优裕""贫瘠""脏乱""冷静""空虚""亲切""激动"等，至于这些词汇含有怎样的意思，学生是不明白的。该环节可以这样设计：

先请学生通读课文，然后要求学生用文中的语言来概括文意：
作者身处法国，虽然物质生活很_____，但他却感到_____，这使他开始有了_____。虽然故乡_____，但那里却有_____。同时，他对"故乡"有了一种新的体认，这就是_____。

这样的设计，可使学生对文本形成较为完整的认识，特别是对作者行文的思路会有一个清晰的印象，不至于支离破碎地去片段理解。让学生用文中的语言来概括，其实是培养学生仔细读书、学会筛选重要信息、学会用恰当的语言概括文意的能力。看上去，用这种"填充式"的表述，会对学生的思维有一些束缚，但对学生缜密思维和精确表述能力的培养却是很有好处的，更何况学生也可以有不同的表达，只要与文意相合就行了。

正因为教学环节是为实现教学目标而安排的，所以教学环节之间所安排的学习内容就不应该出现交叉重复的情况，"文本研习"肯定会安排在"整体感知"之后，"问题探究"又是在"文本研习"的基础上进行的，它们的关系是呈递进状态的，当然也会出现"波浪式前进""螺旋式上升"的情形，但总体来说，应是各有侧重的。比如说"文本研习"应是在对文本"整体感知"基础上的一种深入，是对文本理解的一种具体化、细致化，而不应是在原有基础上的"一二一"踏步进行，所以它的问题设计就要有一定的梯度、深度和广度，让学生的思维得到充分的展开，使课堂学习活动始终充满挑战。

一位教师为师陀《说书人》的教学设计了这样的"学习目标"：

一、分析和概括人物形象
二、探究人物悲剧命运的根源
三、把握作者情感，理解创作意图

并为此安排了"整体感知"和"问题研讨"两个教学环节。
在"整体感知"环节中，教师与学生共同研讨了这样五个问题：

1. 文中的"说书人"是一个怎样的人？他具有哪些特点？
2. 文中哪些段落写了"我"的主观感受？
3. 文中哪些地方具体写到了他的表演？他这样做的原因在于什么？
4. 他的生活为什么如此艰难？
5. 他人生最后阶段的情况是怎样的？

在第二个环节"问题探讨"中，教师重点和学生讨论了两个问题：

1. 说书人的遭遇和命运是一个悲剧，产生这个悲剧的根源是什么？
2. 本文通过对说书人的遭遇和命运的叙写，抒发了哪些情感？

从教学的两大环节来看，很明显是重复交叉的。第一个环节中的五个问题分别指向的是：人物形象的整体认识，"我"对人物的印象与评价，人物对从事职业的态度，人物的生活状态及其原因，人物的悲惨遭遇及他存在或失去的意义、影响。第一个问题是总问题，应包含第三、四两个问题；第二个问题与第五个问题所指的内容是同一个方向的。从课堂实施来看，学生的阅读是分散的、不连贯的，也是不集中的，学生的思维始终在跳跃着。

问题还在于，第一个环节的五个问题其实已经完全包含了"学习目标"，事实上教师也是这样引导学生去阅读、研讨文本的，但却又组织学生机械重复地去进行第二个环节的学习，结果师生所研讨的内容，只不过是在原有基础上的重新梳理，学生的认识并没有得到进一步的加深，其思维结构也不可能发生什么变化，致使教学效率低下。

还是叶澜先生说得好："课堂应是向未知方向挺进的旅程，随时都有可能发现意外的通道和美丽的图案，而不是一切都必须遵循固定线路而没有激情的行程。"唯其如此，我们的课堂才会充满生机、活力与激情。

20. 明确教学的侧重点

每一节课的教学都应该有重点内容和非重点内容，无疑重点内容需要多花时间，多安排学习活动。我们不能眉毛胡子一把抓，而应有所侧重，做到轻重有别、轻重有序，而这对教师是否能够准确地界定"教学重点"有很高的要求。教师所明确的"教学重点"或者说"学习重点"，一定要是与文本学习密切相关的内容，一定要对学生学习文本有切实的帮助，一定要与学生的阅读认知规律相符合，不能有失偏颇，避重而就轻。

有位教师在教学岑参的《白雪歌送武判官归京》一诗时，先是让学生简单地了解了一下"作者情况"，接着又交代了诗作的"时代背景"，然后要求学生读诗歌，尝试背诵、默写全诗。组织学生读、背、默，共花了半个小时，而后面的"整体感知""情感把握""语言品味"三个环节却只用了15分钟。如果本节课的课时安排为两节课，花大半节课让学生熟读并背诵、默写诗歌也未尝不可，但问题是"背诵"与"默写"环节只有在充分、完全理解的基础上才能有效进行，教师完全违背认知规律的教学行为，只会教学生死记硬背。理应花大量时间、用主要精力引导学生进行"整体感知""情感把握""语言品味"的三个环节却草草了事，匆匆收场，学生对如此精美的诗歌怎么会有深刻的印象？又怎么能够形成鉴赏诗歌的基本能力呢？如此轻重倒置，教学效果可想而知。

有位教师在教学杜甫的《春望》时，在帮助学生理解诗意之后，安排了"时空穿梭，探大师心路"的环节，组织了这样两个活动：

1. 结合已经学过的古代诗歌，仿照"示例"写一段话。

从_____中，我们看到_____，他_____，写出_____。

示例：从杜甫的《春望》中，我们看到诗人感伤时事、痛恨离别，他忧伤至极时，写出"感时花溅泪，恨别鸟惊心"。

学生分别写到了李白、杜甫、陆游、文天祥、辛弃疾等古代诗人，提到的诗句有"孤帆远影碧空尽，唯见长江天际流""安得广厦千万间，大庇天下寒士俱欢颜""王师北定中原日，家祭无忘告乃翁""人生自古谁无死，留取丹心照汗青""了却君王天下事，赢得生前身后名"等。

2. 写"读《春望》有感"。

在学生写好之后，进行了非常简短的交流，然后要求学生重点阅读、体会教师自己所写的《读〈春望〉有感》一诗：

山河破碎城犹在，人去楼空草木深。繁花自落伤时事，春鸟空啼恨离别。战乱无休人影散，烽火隔断书难见。如雪白发搔愈短，忧国思家心何宽？

在学生已初步理解诗意的基础上，应该顺势而上，引导学生深入领悟诗歌的内涵，具体体验诗歌所创造的感人情境和独特形象，品味、揣摩诗歌中富于表现力的语言，这才是"学习重点"之所在。而不是游离于《春望》这首诗本身，去进行不着边际的"写作训练"，这会使学生对诗歌的欣赏止于浅层次的理解，而不会有丰富、深入的领会。尽管学生写了一些话，但与所学的诗歌所抒发的情感距离很远，使课堂学习的主题不能集中，重点不够突出，欣赏不能到位。虽然从表面上看，教师的目的是让学生写自己的阅读认识，但这些认识比较笼统、宽泛，多是一些结论性的语言，不是学生个性化的阅读体悟和发现。这样的活动，对学生阅读《春望》不可能起到什么实际的作用，并且会对学生"浅阅读"意识的形成有某种暗示。如果将其安排到课后进行，倒不失为一道很好的作业，对学生的阅读、积累、运用有一定的作用。

至于组织学生花大量时间去写"读后感"，不是不可以，但需要建立在对诗歌的真切体悟的基础上，对诗歌所能给学生带来的社会、历史、人生的有益启示上，只通过浮光掠影式的阅读，学生是不可能写出什么有价值的"感悟"的，学生在课堂上的表现也说明了这一点。这位教师只好让学生去读自己所写的"感悟"，这更是得不偿失之举，因为教师所谓的"感悟"，只不过是对原诗的"翻译"，是没有什么"感"在其中的，既不能完全呈现出原诗的内涵，也不能对学生的深入理解有具体的帮助，如果安排在初步理解诗歌的环节，或许还有点作用。

这位教师所呈现出来的"读后感"还有一个明显的问题：要求学生写的是一种感发式散论，而教师所呈现的却是一首诗，这就会在师生进行信息交流时遇到极为不对称的情况，变成一种"各说各话"，会影响交流的质量。从课堂学习情况看，教师在这两个活动上花费了近半节课的时间，实在是"事倍功半"，颠倒了课堂学习的重点与非重点内容，在歧路上走得很远，而忘记了为什么出发。

21. 不能游离于文本之外

在有明确的教学目标指导的课堂里，一切学习活动都要围绕教学重点与难点展开，任务指向要很明确、很清晰，不能发生方向性的偏移，那种"指东打西""声东击西"式的活动安排，会游离于文本之外，致使学习重点得不到突出，学习难点也得不到有效突破。

还以《我心归去》的教学为例，教师安排了"讨论探究"的环节，其主要活动有：

提问："故乡"对于我们来说究竟是什么？我们为什么"思乡"？
为此教师先引导学生品味了这样几个富有哲理性的语句：

1. 故乡比任何旅游景区多了一些东西：你的血、泪，还有汗水。故乡的美丽总是含着悲伤。

2. 那种失望不同于对旅泊之地的失望，那种失望能滴血。血沃之地将真正生长出金麦穗和赶车谣。

3. 故乡意味着我们付出——它与出生地不是一回事。只有艰辛劳动过奉献过的人，才真正拥有故乡……

在品味的基础上，教师组织学生重点讨论了上述问题。

"讨论探究"的应该是文本中独特的意蕴，语言中所含有的某种意味，也就是说"探究"的对象是文本，而不是"读者"（我们）自己。教师安排这样的"探究"，容易使课堂教学疏离文本，而流于空泛的议论。所以，该探究的问题应该表述为："在作者看来，'故乡'到底意味着什么呢？作者所思念的就是我们一般意义上的故乡吗？请结合文本中的相关语句，作具体探究。"这样就可顺理成章地引导学生去品味上述的三个句子，从中挖掘作者所要表达的意思。不然，师生虽然讨论了文中三个富有意蕴的句子，但与所谓的"我们"的认识或想法还是有很大区别的，两者切不可混为一谈。

当然，如果从对文本意义的建构来看，我们在引导学生"探究"文本所表达的意蕴时，还可"跳出"文本，启发学生进一步深入思考：

1. 作者说"故乡的美丽总是含着悲伤"，能不能概括所有人的感受？
2. 作者说"只有艰辛劳动过奉献过的人，才真正拥有故乡"，那么我们如何去理解许许多多人的"乐不思蜀"？又如何去理解苏轼所说的"此心安处是吾乡"呢？

然后再要求学生联系所读过的诗文，作富有创见的理解与阐发，并用富有哲理的语句将之表达出来。这样的"探究"可以激活学生的思维，启发学生在读文本时，不是仅仅去"认同"与"赞成"，而是学会"质疑"与"批评"，以丰富自己的认识，真正能够学会问题探究的一些基本方法。

在这一活动之后，这位教师还安排了"课后作业，拓展延伸"的环节：

这节课仅仅是针对本文对故乡的个性解读，不同的人也许会有不同的认识和表达，课后请同学们选取关于"故乡"的其他作品，查阅资料，思考研究，以《回家的路》为题，写一篇800字左右的作文，交流学习。

布置课后作业是需要的，问题是我们应该布置怎样的作业，或者说我们布置怎样的作业才是有效的。"这节课仅仅是针对本文对故乡的个性解读"这句话指向的是对课堂学习的总结，是对阅读行为的一种概括，所指的对象是师生。但"不同的人也许会有不同的认识和表达"则又指向了对文本中作者所表达意思的认识与评价，两者所涉及的不是一回事。让学生课后去"选取"其他作品，查阅资料，思考研究，这个方向也没有问题，但到哪里"选取"？怎么"选取"？"选取"的标准是什么？"选取"多少？所有这些，学生可能都很糊涂。再说，"选取"的行为属不属于"查阅资料"？正确的表述应该是："围绕所选取的作品去查阅相关资料"。但学生有时间、有条件去完成这样的阅读任务吗？

"回家的路"所要表达的是什么内容？要抒发什么情感？与作者的表达又有什么不同？这些学生不可能弄得明白。再说，学了这样一篇文章，就要学生去完成一篇作文，除了让学生对语文课厌烦和厌倦之外，又能够起到什么正面、积极而有意义的作用呢？

这种游离状态，有时显得很隐蔽，请看晏殊《蝶恋花》的教学片段：

师：词中的女主人公是一个怎样的形象？

生9：是一个比较孤单的形象，有一定的知识修养。（教师可能觉得学生的回答有点偏，于是打断他的话，提示）

师：是一个懂得怎样的人？

生9：懂得生活的人。

生10：能及时排解自己的忧愁，是一个看得开的人。

师：对，是一个理性的人。这是一个理性的女主人公。其实晏殊也是一个理性的词人。

教师出示幻灯片，呈现叶嘉莹的观点：晏殊也是一个理性的词人。所谓"理性"是指对情感加以节制、净化、操持。

教师用幻灯片呈现晏殊的另一首词《浣溪沙》：请大家来看看词中是怎样体现出一种"理性"呢？

生11：应该是比较看得开的，理性的。离别总是容易伤感，所以不要去多想它。

生12："空"与"更"可以互换。

教师又出示李煜的一首词《相见欢》让学生比较。

生13：李煜的情感得不到控制，放纵愁绪，就像一江春水哗啦啦地流。词给人一种"惜美"的心痛感觉。而晏殊的词给人一种理性的、节制的感觉。两人是完全不同类型的词人，即一个是感性的，一个是理性的。

师：李煜是一个"纯情的词人"，没有节制。他做词人是成功的，但他的人生是不成功的。而晏殊是将相之才，是理性的。（补充了晏殊的生平资料）

对此，有专家这样评价："在这个环节中，教师让学生结合词的鉴赏领会晏殊词作的理性色彩。……生9认为'女主人公是一个比较孤单的形象，有一定的知识修养'，生 10 补充：'能及时排解自己的忧愁，是一个看得开的人。'生 10 的补充推进了生 9 对'知识修养'的理解，开始触及'词中的理性'。"（陈隆升《语文课堂"互动状态"中的阅读经验探析》）

除了生 11 与生 12 的回答能够结合文本具体分析外，其他学生的回答都非常笼统、抽象，没有提供认识的任何依据，对形象的把握停留于概念化、脸谱化上。特别是生 9 的回答其实并不准确，因为"孤单"只是形象的特征，而不是形象的类属。教师所问的是女主人公的形象类型，而不是形象的特征，学生所答非教师所问。至于"有一定的知识修养"也应该属于"形象"的范围，但没有得到教师的肯定，而是被粗暴地打断，其实完全可以追问下去："你从哪些词句中看出来的？"

在这个环节中，教师的教学定位是让学生了解并掌握晏殊词作的理性色彩，其所采用的方法是由词中的人物形象所抒发情感的方式、对生活的态度等出发，进而推断出词人也具有相同的性格特点。从创作与社会现实的关系看，这样的推论是违背逻辑的。我们当然可以由词作对人物形象情感表达的刻画艺术，进而分析出词作中人物形象的"理性"成分，但这是"词中的理性"，而非"词外的理性"，更不是"词人的理性"。教师的教学在不知不觉中发生了偏移，有一点"脚踩西瓜皮——滑到哪走到哪"的味道。他有意将学生的主要注意力由对词中艺术特点的认识与把握，而偏向了对词人的了解与认识，致使教学的方向远离了预设的目标。

文本阅读如同在一条河流上航行，它应有明确的目标和具体的方向，为了顺利地由此岸到达彼岸，我们应规划好行进的路径，绕过航线中的暗礁，避开水道中的漩涡，远离惊涛骇浪。要开辟新路，不走老路；要寻找正路，不走歧路；要探求捷径，不走弯路；要明确方向，不能迷路。只有"在需要的时候说恰当的话"，我们才能使每一个教学环节都发挥出应有的作用，使教学效益得到进一步提高。

22. 来支优美的华尔兹

课堂教学诚然需要有基本的方式方法与基本的活动程序，但它们不应成为某种"俗套"与"程式"；所有的方式方法与程序，都应该作用于学生阅读、写作的认知规律，作用于学生学习兴趣、学习积极性和主动性的极大调动，作用于学生思维的发展及水平的提升，否则我们就是"带着镣铐跳舞"，伸展不开手脚。

有一位教师这样设计梁衡《夏》的教学：

一、激趣导入，引出"夏"之画卷
二、朗读课文，感受"夏"之魅力
三、析读语言，品味"夏"之精彩
四、诵读佳句，传达"夏"之情韵
五、个性归纳，总结"夏"之印象

看上去，这样的设计显得很整齐，每个环节的任务很明确，但如果细加推敲，就会发现其环节与内容是相互交叉的，如"'夏'之魅力"应统领"精彩"与"情韵"；而"析读语言""诵读佳句"在本质上是一回事；既已"感受"到了"'夏'之魅力"于前，那又为何还要"总结'夏'之印象"于后呢？至于"朗读课文"，必然要去感受、品味语言，读、思、品、悟等活动应是同步进行的，它们又怎么能截然分开呢？

这种设计的最大问题还在于，没有能够充分体现出文本的教学意义，显现不出文本的独特魅力。我们如果把这样一种模式"套用"到其他文本教学之中，好像都是可以"通用"的，如教学朱自清的《春》，我们同样可以这样做：

一、激趣导入，引出"春"之画卷

二、朗读课文，感受"春"之魅力

三、析读语言，品味"春"之精彩

四、诵读佳句，传达"春"之情韵

五、个性归纳，总结"春"之印象

以此类推，几乎在所有类型的散文教学中，都可以套用这种模式。

这样的教学初看很有教学章法，内容安排充实，环节设计合理，方法指导有序，阅读、思考、训练的所有活动都能聚焦"教学目标"；但也正是因为太注重"章法"了，而且教师能够运用裕如，得心应手，所以不管是什么教学内容，教师都能用一种"模式""框架"去进行"模式化""格式化"，教学会陷入一种"自由滑"状态。如果教师一直这样教下去，学生对语文课就不可能会有浓厚的兴趣，课堂就不会有勃勃的生机与活力，学生也就不能从中摸到语文学习的"门道"，学生的语文阅读、写作能力不可能得到有效的培养。自缚绳索式"整齐"的背后，折射的是教师的因循守旧、教学个性的泯灭。

有位教师设计的复习课《小说中环境描写的作用》是这样的：

一、小说的三要素知识复习

二、自然环境类考题常见考点介绍

三、高考命题形式与特点介绍

四、研讨预习，分析交流

五、小说自然景物描写作用题答题角度归纳

六、方法迁移，能力提升

要求学生阅读《最后一只红富士》《这是你的战争》，探究文中景物描写的特点与作用。

七、总结归纳解题思路

这是一个中规中矩的设计，也是在高三语文复习课中常见的套路。无疑，这样的课堂设计内容比较实在，步骤也较为清晰，方法指导也基本到位。它的最突出的问题是，"程式化"太严重了！这种"程式化"的设计，有的教师已经运用自如了，除了内容上的区别之外，这种设计可以适用于任何一个考点的复习、任何一节复习课。在这样的课堂上，学生的思维被教师固定在一个极为狭小的圈子里，一切都是按照教师预设的内容与步骤按部就班地进行，没有生成的内容与环节，学生几乎没有自己的思维活动空间，更看不出学生的思维有什么变化。他们在课堂上的学习活动就是去"印证"教师所要传授的一些"知识"与"方法"，至于作家为什么要进行环境描写，环境描写在小说中的真正作用是什么，学生是没有办法搞得清楚的。教师即使传授再多的"方法"与"技巧"，学生遇到此类问题还是不知道如何思考、如何解答。这样的课学生听一两节也许感觉不到什么，但长期接受如此"程式化"的教学，就会心生反感，他们的思维也就有可能变得机械与僵化。

同样是复习课《小说中环境描写的作用》，有位教师却能另辟蹊径，有自己的个性化设计：

一、引导学生回忆"小说中环境描写有哪些作用"

二、结合两个语段，进一步让学生明确"环境描写的作用"

1. 出示《天龙八部》中的一个片段。

2. 出示《这是你的战争》全文，抽出原文中的六处景物描写，让学生选填，并要求说出自己的理由。

三、学生概括环境描写的特点

四、能力提升训练

要求学生根据语境，至少运用一种手法，为下文补全缺失的环境描写，并说明理由。

这一设计很有创意。教师从学生所感兴趣的武侠小说《天龙八部》入手，精心选择两个小的描写片段，让学生对环境描写的作用形成基本的认识，激活学生的思维，增加学生的感性认识，使学生的认知在原有的基础上向前迈进。

特别是在第二个活动形式中，教师避免了一般的俗套，不是让学生对原文中的六处环境描写一一进行静态的欣赏与评价，不是就景物描写来谈景物描写的作用，而是充分调动学生的知识积累，在整体阅读全文及研读片段的基础上，让学生动态地把握环境描写的具体作用，不仅改换了一种思维方式，而且使得阅读与写作雪落无痕、水乳交融地结合在一起。学生不仅获得了感性的阅读体认，而且能够获得具体的运用方法，在语言应用的实践中获得了理性的认识。学生选填，也许会有错误，也许会"浪费"所谓的教学时间，但是学生学习的积极性、主动性和创造性却得到了充分的调动，学生在选择、比较、揣摩的过程中，体会到了作者的用意，体会到了环境描写的具体作用，思维过程得到了充分的展现。在后面的"能力提升训练"环节里，教师继续运用这一方式，但又有了变化，直接抽去了原文中的两处景物描写，让学生自己根据上下文补充出来，并且要说明理由。这种方式让学生感到很新鲜，感到富有挑战性，肯定要比直接做训练题有实效。

课堂教学离不开教师的引导，引导的核心是一个"活"字。我们不能只看教师在课堂上安排了多少个环节，总结了多少种方法，而要看教师处理各个环节的技巧，看教师所传授方法的到位与有效，看方法对学生后续学习的能力转化。

总之一句话，课堂上应该让学生的思维来一支优美的华尔兹，而不是刻板的广播操。

23. 找对一把万能钥匙

课堂教学要讲究灵动，设计要有变化，有创新，无论是开始环节的导语还是具体内容、步骤的展开，无论是课堂的收束还是内容拓展与能力提升，都不能死板教条，这诚然是对的。但这样的灵动，是有前提限制的，它要受到教学目标的制约，要根据学生的学习需求，特别是要能尊重文本内容，体现出文本教学价值，体现出学生认知规律，而有必需的严谨。

有位教师对归有光的《项脊轩志》进行了这样的设计：

提问：从题目中看本文写的景物应该是什么？抒发的感情在文中也有直接体现，是哪一句？那么，这篇文章写了哪几件事，记了几个人？

明确：可喜的事——环境幽雅、神灵庇佑。可悲的事——诸父分家、怀念亲人。

提问：这几件事在选材上有什么特点？

明确：家常琐事，琐碎，平淡。

提问：选取琐碎平淡的事来抒情好吗？先来看看名家的不同点评。

林纾：文以家常琐事为工。

姚鼐、方苞（桐城派）曾批评曰：小说家语。不伦不类，且与前后脉络不贯。

阅读课文，选择其中一件事里的一句话、一个动作等生活细节来说明你的观点。

该教师的设计思路是：从文题解释出发，由"写景状物"明确文本的写作对象及具体的写作内容，从设计理念看，这个思路是很巧妙的，能够体现出教师对教学"艺术"的追求。但这样的问题研讨却容易使学生形成与文本完全不一致的认识,因为《项脊轩志》不是一篇真正意义上的"写景状物散文",而是一篇"叙事抒情散文",题目中的"志"既是文体的标志,又是文章写作的重点。这使课堂教学一开始就"误入歧途",在"科学性"方面出了偏差。最大的问题还在于,学生还没有真正接触到文本内容,没有充分展开阅读、基本了解文章主体内容、整体感知文章所抒发的情感,就要学生去思考与回答这些带有总括性特点的问题,只能使学生的认识浮于表面,看上去师生互动很充分,但学生的阅读活动却成了一种"完成任务"式的行为。在这样的背景下,学生的阅读活动就只能始终围绕教师的预设来进行,而不会对文本形成自我的阅读感受和阅读体验,也不可能有自己的认识或见解,无法实现阅读的个性化。比如,学生虽然回答了文中所写的"可喜"与"可悲"的几件事,但他们真正懂得"神灵庇佑"与"诸父分家"所"喜"与所"悲"的意味吗?

该教师所设计的第三个问题很富于启发性和挑战性,围绕这一问题,理应让学生针对名家的评论,结合文本写作内容和所抒发的情感,从表达效果上来谈谈本文叙事的特点。"选取琐碎平淡的事来抒情好吗?"这一问题的指向是让学生来回答"好"还是"不好"两个方面,而不只是一味地谈"好",不然这样的一个开放性问题就变成了一个封闭性问题,学生的思维仍然无法充分展开。从后面的"品味细节,理解鉴赏"环节来看,教师所组织的学习活动,都是围绕"好"来进行的。名家评论针锋相对,这其中的情况也比较复杂,所涉及的是这些名家的"创作主张"和由此显现出来的"审美趣味"及"写作风格",他们也都是从某一个角度来形成自己的看法,得出自己的认识。所以,对他们的评论,就要进行一番"甄别"、比较,要结合归有光的文章来谈谈对这些评价的看法,组织学生展开"争鸣"。可惜的是,这样的活动并没有在课堂上发生,所呈现的两则材料也就失去了教学上的意义。

平心而论,这样的"灵动"还算是能够结合文本具体展开的,教师"自由滑行"动作的幅度还不算太大,如果注意矫正,还不至发生极大的偏差。但有的情况可能就不同了。请看有位教师设计恩格斯《在马克思墓前的讲话》的教学的第一个环节:

教这篇课文,以讨论一般悼词的基本内容为起点——交代死者去世情况、评价死者和缅怀死者。为了激发学生的阅读兴趣，让学生猜猜恩格斯在马克思葬仪上是针对多少人做的悼词，从一开始就让学生明白主要的课堂教学内容——悼词的写作意图。

从《在马克思墓前的讲话》中，学生能不能对"一般悼词的基本内容"形成具体的认识？学生读了这篇悼词，自然能够梳理出"交代死者去世情况、评价死者和缅怀死者"等三块内容，让学生讨论"一般悼词的基本内容"又有什么意义呢？对学生而言，可能一辈子也不会有"写悼词"（包括读悼词）的机会，那么进行这样的"讨论"，价值又在何处呢？至于教师让学生去"猜猜恩格斯在马克思葬仪上是针对多少人做的悼词"，这是为难学生，在缺少基本的话语背景资料的情形下，学生怎么去"猜"？即使"猜"到了，又怎么能"明白""悼词的写作意图"呢？而对一个文本来说，我们到底是要去研究它的"写作目的""写作意图"，还是要去研究文本所呈现出来的内容与形式上的特点？把"写作意图"作为"主要的课堂教学内容"是旁逸斜出，是弄巧成拙，超出了文本教学既有和应有的边界。

有位教师在教学朱自清的《背影》时，为了上出与众不同的课，动了很多脑筋，最后把课堂学习的主要任务确定为"讨论《背影》中的多层'线索'"。在组织学生讨论后，教师作了总结：

通过刚才围绕"线索"进行的探讨，我们发现《背影》这篇文章，最表层的线索是"背影"，深层的线索是"作者对父爱的理解"，更深层的线索是"父子间情感隔阂的消解"。这也启发我们今后读类似的散文时，可以通过寻找线索，尽量还原作者的本意。

把"作者对父爱的理解""父子间情感隔阂的消解"都看为"线索"，就把作者集中笔力刻画的"背影"与所表达的情感并列起来、肢解开来，给学生的感觉好像"背影"这一"线索"不能表达某种情感，这就与散文作为抒情作品有了本质意义上的冲突。

从教师所组织的研讨活动来看，这种探讨主要还是表现为对文本内容的理解，而没有将"线索"上升到对文本谋篇布局、行文结构的认识上。所以，尽管教师费尽心力地去引导学生寻找"多层线索","挖掘"文本的意义,但学生的认识水平并没有因此而提高,与了解所谓"最表层的线索"相比,所谓的"深层的线索""更深层的线索"并没有使学生的思维有多少改变。

该教师在引导学生理解作者对父亲"情感"的时候,把学生的思维方向引向了"我对父亲的理解",这是思维发生偏颇、认识不够严密的表现。因为"理解"只是一种认识活动,更多地表现为某种意识,而"背影"才是作者情感最为集中之所在,是行文的起点,文本阅读的所有问题都应该回到这一起点去思考,而不是绕圈子,不断地更改一些说法。

洪宗礼先生说:"课堂有序又有变。教师不可墨守成规,要在教学中摸索变的规律,找到一把能应对各种变化的万能钥匙。"这把"万能钥匙"不是别的,就是那些既讲"科学"又讲"艺术"的基本方法、具体策略。

24. 考虑学习的预期结果

语文课堂教学目标是在一节语文课上教师到底要引导和帮助学生学习什么，达到什么效果，所以准确地说，教学目标应是指课时目标。它是教学过程的基点和归宿，它对整个课堂教学中师生的教与学的活动过程具有导向作用，并引领、控制着教与学的过程有序地展开。

不少教师在设计教学目标时缺乏应有的教学自信，有的是不知道课堂上想做什么，有的是不知道课堂上能够做得怎么样，有的是不知道课堂上能够做到什么程度，于是被"百度"搜索引擎牵着鼻子，照搬照抄各种教学参考资料上对教学目标的种种说法，根本不去考虑所在学校所教班级学生的特点和差异，不去分析与研究教学目标的实效；有的教师文本解读视野不宽、水平不高、能力有限，不能针对文本（所学习内容）的特点设计有效的教学目标。因而所设计的目标往往与文本缺少紧密的关联，对学生的发展也缺乏科学的预期。

如一位教师所设计的《鉴赏古代诗歌的语言》的教学目标：

1. 知识与能力：培养学生识别关键词语和鉴赏语言的能力；培养学生养成合作学习、相互讨论的习惯和能力。

2. 过程与方法：以练习带动学习；合作中相互学习、相互讨论。

3. 情感态度与价值观：培养学生合作中相互帮助的素养；在学习中感悟中华民族优秀文化传统的魅力。

这位教师所设计的教学目标，除了在"知识与能力"中"识别关键词语"和"鉴赏语言"的表述与所教学的内容有直接的关联并略有体现外，其他几个"目标"都与课堂教学内容没有什么关联，无法在课堂上具体展开。而即使是"识别关键词语"和"鉴赏语言",与所学内容的关联度也是很小的,因为这样的表述,我们不知道要"识别"哪些"关键词语",如何"识别","鉴赏"哪些"语言",如此含混、笼统的表述,看不出对学生课堂学习的具体要求、学习水平变化的期待,没有考虑教学所要实现的具体结果,更不能通过这样的设计对课堂教学情况进行评价。要使所设计的教学目标"有效",那就应该明确具体学什么,通过什么途径、运用什么方法学,预计学到什么程度,实际能够学到什么程度,不能有半点含糊,否则就会影响教学的效果。

我们评价一节课是否有效,主要的标准应该是学生在原有的基础上获得具体的进步,而不是教师有没有完成自己所设定的"任务"。也就是说,教学目标在根本上应是教师所设想的学生的"学习目标"而不是教师的"教学目的"。美国课程论专家拉尔夫·泰勒(Ralph Tyler)对此曾明确指出其中的不足:一是把目标作为教师要做的事情来陈述,但没有陈述期望学生发生什么改变。二是列举课程所涉及的各种主题、观念、概论或其他内容要素,却没有具体说明希望学生如何处理这些要素。三是采用过于概括化的行为方式来陈述目标,但没有具体指出这种行为运用于哪些领域中。课堂调研中,我们常常发现教师在教学目标上写上"提高学生的人文素养""拓宽学生的知识面""培养学生爱国主义精神""指导学生树立环保意识"等大而化之、避实捣虚的对实际课堂教学没有具体指导意义价值的目标,这样的目标可以用于任何年级、任何班级、任何学生、任何课型、任何内容的教学中。

有位教师教学《绝地之音》时,设计的教学目标是:

1. 领略黄土高原的广袤厚重和历史的沧桑。
2. 体会作者对黄土高原和人民的深厚情感,以及对民族文化心理的深刻思考。
3. 品味质朴而深邃的语言,提高深入解读散文的能力。

"目标1"中,"黄土高原的广袤厚重和历史的沧桑"学生如何"领略"?是要学生了解黄土高原的情况,进而认识它的意义所在,还是去辨别它独特的滋味?("领略"的本义)而这是语文课所要完成的任务吗?难道不应该从文本的语言出发,去感受与体验作者笔下的独特风貌与蕴涵意义?"目标2"

中,"体会作者对黄土高原和人民的深厚情感,以及对民族文化心理的深刻思考",这样的目标只能形同虚设,不可能在课上得到落实,因为是否有"体会",有怎样的"体会",只有学生自己心里有数。至于"目标3"中"提高深入解读散文的能力",学习的既然是散文,那不提高"解读散文的能力",又提高什么能力呢?"提高"与"深入"是相对于什么而言的?何为"提高""深入"?

有位教师为《雨巷》的教学设计了这样的"学习目标":

1. 知识目标:(1)分析、理解本诗的意象和象征意味;(2)能有感情地诵读诗歌,读出诗歌的情感和韵味。
2. 情感目标:领悟作者的思想情感,感受诗歌的情境美。
3. 能力目标:通过诵读、欣赏增强对诗歌的分析能力。

在"知识目标"中,教师把"象征"手法理解为某种"意味",从其意义上是说不通的。学生对某一文本的具体学习,应是先"理解",然后才能"分析",而不是反过来,没有基本的"理解",怎么去进行高一层次的"分析"呢?而且,什么是"有感情地诵读"?怎样的朗读才能算是"有感情"?"诗歌的情感和韵味"怎么才能读出来?除了"领悟"与"感受","情感目标"还应在学生自我体验上有所体现,在"情感"的培育与形成上有具体的要求。在"能力目标"中,何谓"增强"?在没有形成某种能力之前,哪来的"增强"呢?通过泛泛的"诵读"和"欣赏"就能达到"增强"的目的?至于"分析能力"则很笼统,"分析"诗歌的什么呢?内容还是形式?主题抑或情感?

教学目标是课堂教学的事实依据,也是评价课堂教学是否成功、有效的依据。所以设计教学目标时,一定要充分考虑具体的教学内容,充分考虑学生的实际学习状态,使教学目标可评价、可操作。著名心理学家加涅说:教学目标是预期的学习结果,教学目标"提示旨在达到目标的优化内容与方法,并且成为评价课程与教学活动结果的一种标准"。设计教学目标时,我们首先要考虑学习的预期结果,即通过我们的教学活动,学生要有或将会有什么样的变化,比如期望学生获得哪些知识,形成什么能力,激发或增强怎样的情感。这就要求教师了解和掌握有关教学目标的层次或者分类知识。

25. 一个也不能少

经常看到有语文教师争论这样的话题："'人文性'与'工具性'哪一个更重要？"这个问题是没有什么"标准答案"的，或者说，它的"标准答案"早就有了。因为"人文性"与"工具性"是语文学习的一体两面，互为表里，各有侧重，它们都很重要，只不过我们习惯用"二元论"思考问题，把一个本该完全"统一"的问题"对立"起来了，结果就把一个非常简单的问题复杂化了。

语文新课程标准要求我们，教学目标的确定至少应从三个层次进行表述：认知目标、能力目标和情感目标。受上述争论的影响，在教学实践中，出现了两种值得我们注意的倾向：一是偏重学生基础知识学习目标的制定，偏重对语文知识结论的训练应用的制定，忽视了对语文知识形成过程和语文学科自身的方法论的教育，忽视了人文精神、科学态度及情感价值观的培养，忽视了语文学科与自然、社会、生活的广泛联系；二是偏重学生思想、道德、情感、品德、意志、精神等所谓的"人文性"内容的制定，过多地引导学生关注内容理解、人文感悟，忽视语言的理解与运用，忽视基本的语文知识的形成和训练，致使语文的工具性受到了不应有的弱化。

如一位教师为胡适的《我的母亲》设计了这样的教学目标：

1. 概括文章中的具体事情，分析母亲优秀的性格品质，感受母亲的人物形象。
2. 理解母亲对"我"的做人训练，感受母亲那无比深挚的爱子之情。
3. 联系自身的生活经验，再次体会母爱的无私与伟大。

抛开在语言运用上的不够准确、妥帖不谈，这位教师的教学思想有着极大的偏差：教师把教学的重点放在引导学生关注课文写了什么，说了什么，这诚然是可以的；但作为语文课，在任何时候对语言的学习都应该成为我们的核心任务，课堂教学的重点应是引导学生品味课文是怎么写、怎么说的，为什么这样写，不这样写还可以怎样写，等等。像这样的设计，忽略了对文本富有个性化的语言的学习，忽视了揣摩作者是怎样用自己的语言形式和表达方式传达思想感情的，忽视了从读学写，体现不出语文姓"语"这一本质属性。

有位教师为朱自清的《绿》设计的教学目标是：

1. 通过学生自主展示交流点评精读第三段，提炼"绿"的特点，感悟作者强烈的情感和语言魅力。

2. 通过多环节的读写活动设计，激发学生阅读和写作的兴趣。

"教学目标"只关注文章的某一个段落的学习，或者试图通过对一个段落的学习就达到学习全篇的目的，这样诚然能够使"重点"得以突出，却使学生对文本的学习"只见树木，不见森林"，对文章缺乏一个整体的认识，不能全面了解并掌握文章的内容、写法和情感。想通过对一个段落（尽管这个段落在文章中的位置是非常重要的）的学习，就让学生能够"感悟作者强烈的情感和语言魅力"，这只是教师的一厢情愿，即使学生有所"感悟"，也是不完整、不充分的。

以《绿》第三段的学习为例，学生所要学习的也应该是作者用丰富、形象的语言写出"绿"的特点的表达技巧，而不是作者笔下的"绿"本身的特点如何，对"绿"的特点的"提炼"，还只是停留在"理解内容"本身，而不可能使学生了解其独特的表达方式。这样的语文学习之路只走了很小的一段。

有的教师在设计情感目标时，不能从文本的具体特征和学生的实际阅读感受出发，搞牵强附会，用社会认识、政治观点、阶级理论等进行机械联系甚至胡乱联系设计"情感目标"，以达到所谓的"人文教育"的目的。如有教师为《斑羚飞渡》所设计的情感目标是"引导学生树立保护动物、爱护大自然的思想"，为《向沙漠进军》设计的情感目标是"培养学生'人定胜天'的精神"，为《生命的意义》(《钢铁是怎样炼成的》节选) 设计的情感目标是"培养学生从小树立伟大的人生理想，为社会作出自己应有的贡献"。其实，《斑羚飞渡》作为一篇寓言式的文学作品，其所宣示的是生命的伟大与美丽；科普小品《向沙漠进军》所要传达的除了与沙漠有关的科学知识，还提醒我们要以科学的态度正确处理人与自然的关系，而非一味违背自然规律去宣扬什么"人定胜天"的思想；至于《生命的意义》，则讲述了一个人在人生低谷时怎样才能战胜自己、超越自己的故事。语文课为什么经常被上成政治课（思想品德课）、历史课、班会课、科学课？其原因就在于教师在目标设计上的"贴标签""画脸谱""拉郎配"。

这种牵强附会，其直接后果就是使教学活动远远偏离了文本的方向，偏离了语文教学的具体任务，偏离了培养和提高学生语文素养的课程目标。在这种倾向的影响之下，我们的不少语文课并不像是语文课，语文教师做的也不是自己该做的事。有这样一个典型的课例，一位教师教学毕淑敏的《我的五样》时，让学生在快速默读一遍课文后，每人拿出一张纸，在纸上写下"我的五样"，然后一样一样地划掉，最后每人只剩下"一样"。然后，教师组织学生在课堂上进行交流。交流的主要内容有：

1. 最后，你选择了哪一样？为什么？
2. 你开始选择的是哪五样？
3. 你为什么划去了其他四样？请具体说出你的理由。

《我的五样》是作家毕淑敏在经历了艰难人生选择之后的心灵演绎。为了把自己的心路历程展现得更真切些，她用文学的笔，艺术化地设计了一节"体验课"，用"选择"的方法，逐一排除生命中的其他元素，最终选出自己的"最爱"。教学的重点应该是引领学生整体把握作家所表达的思想与感情，揣摩和分析细致的心理刻画，研习作家运用多种文学笔法来展露心理活动的艺术特色。这样的课，文本的阅读价值在哪里？学生的阅读体验又在何处？一节本来语文味十足的美文欣赏课，竟被设计成了毫无语文价值的"活动体验课"。

教学目标的设计应充分体现文本的教学意义，充分发挥文本的教学价值，在"人文性"与"工具性"的关系处理上，不可偏废，缺一不可。这就需要我们在设计教学目标时一定要全面考虑，周密谋划。评判一堂语文课的好与坏、优与劣，关键是看学生在教师的引导下，是否在知、情、意、行等各个方面有所收获、有所发展、有所进步、有所成长，而不是看教师是否把某一教学内容交给了学生，是否要求学生做了一件什么事，是否为学生的学习提供了一种什么方法，是否为教学的实施设计了一个什么样的步骤与程序。

26. 与文本的联系再紧密一些

教学目标与文本学习内容不能脱节，因为所有的目标只有通过具体的教学活动才能实现。设计教学目标时，需要考虑的另一个重要因素就是文本的阅读价值和意义。但实际教学中，目标与教学内容两张皮、目标与文本特性不一致的现象还大量存在，致使教学目标的作用得不到真正的发挥。

一位教师为欧·亨利的《最后一片叶子》设计了这样的教学目标：

一、知识与能力
1.品味小说语言，感受其思想、艺术魅力，发展想象能力和审美能力。
2.能认识建立精神的支点对人生的重要性。
3.体味欧·亨利式的结尾的妙处。
二、过程与方法
反复阅读重点段落，掌握小说刻画人物的手法，分析小说的人物形象。
三、情感态度与价值观
1.学习主人公贝尔曼先生"牺牲自我，成全他人"的精神。
2.培养学生珍爱生命的意识和面临逆境勇于自救的精神。

上列目标中，"品味小说语言"属于"过程与方法"，"能认识建立精神的支点对人生的重要性"是"情感态度与价值观"的范畴，"欧·亨利式的结尾的妙处"不是仅学习一篇《最后一片叶子》就能真正了解与掌握的；"掌握小说刻画人物的手法，分析小说的人物形象"应归为"知识与能力"；"培养学生珍爱生命的意识和面临逆境勇于自救的精神"与文本所要表达的主题和文本的教学意义不相吻合，因为小说的真正的主人公是贝尔曼先生而不是琼珊或苏艾；至于

"发展想象能力和审美能力"也不是一节课能实现得了的。这样的教学目标设计混淆了目标的不同任务,脱离了文本的基本内容,没能准确体现文本的特质,不能有效地指引学生的学习活动,也不便于学生学习能力的逐步形成。

有时,这种脱节现象所表现出来的是目标间的交叉与重复,影响了对文本的有序学习,如有位教师为徐志摩的《翡冷翠山居闲话》的教学设计了这样三个目标:

1. 了解徐志摩热爱自然、崇尚自由性灵的品质,品味自然之美。
2. 细品本文从容自适、悠闲纡徐的行文风格和清雅可人的语言。
3. 探究本文"跑野马"的风格和结构上的暗藏章法。

很明显,后两个目标是交叉与重复的,"从容自适"就是"跑野马"、"悠闲纡徐的行文风格"与"结构上的暗藏章法"在本文中指的是同一个特点。至于"目标1"的"品味自然之美"表述不完整,应为"品味自然之美,激发热爱自然和生活的感情"。从目标呈现顺序看,"目标1"应置于最后,因为学习文本的语言及其语言形式是达成情感目标的基础。从教学的真正目的看,学生需要的是理解文本自身,而不是去了解作者的"品质"如何,他们所需要的是"鸡蛋",有必要去了解下这只鸡蛋的"母鸡"吗?再说,从一篇文章我们就能"了解"到作者的"品质"吗?

一位教师这样设计《梦游天姥吟留别》的教学目标和教学重点:

一、教学目标
1. 认识李白,了解李白诗歌深远的影响和意义。
2. 熟悉诗人当时的写作心境,体悟诗歌所表现出的复杂的思想情绪。
3. 在朗诵中体会诗歌丰富的想象和天马行空的行文气势。

二、教学重点
1. 诗人抒情的手法及其浪漫主义特征是教学的重点。
2. 在理解诗歌的抒情结构的基础上背诵课文是重点。

从小学到中学,学生已接触了李白的不少诗歌,对李白其人已有了一定的了解,"认识李白"已不再是本课的学习任务了。至于"李白诗歌深远的影响和意义"是指诗歌体式还是指思想内容？问题较为复杂，说法也较为笼统，不能作为高中学生所应掌握的知识，通过本首诗的学习也不能实现这样的目标。而让学生通过"朗诵"是无法"体会"出"诗歌丰富的想象"这一特点的，"丰富的想象"作为李白诗歌的共性特点，也不是本首诗所独有，关键在于诗人想象的内容与所要表达的思想感情之间的关系；"天马行空的行文气势"也几乎存在于李白的所有诗歌中。所设计的两个"教学重点"与"教学目标"无论从表述还是实际教学内容上都不是一回事，所谓的"教学重点"并不受"教学目标"控制，也不能对"教学目标"形成支持。

有位教师为《面包》一课设计的一个目标是："深挖语言，多元解读小说的主题。"而在具体的教学环节中，这一目标却又被其表述为："品味文章语言，多元解读主题。"也许这位教师认为"深挖"与"品味"是一回事，但殊不知，它们虽然都指向了"语言"，但其方式与程度有很大的区别。教学中教师还安排了这样的环节：

> 在理解小说中夫妻情感的基础上回答，如果让你对生活在"废墟"中的其他夫妻说几句话，你会怎么讲？——参考：（2010年广东高考卷）小说通过饥荒中妻子为了维护丈夫尊严并为他省下口粮的小故事，不但表现了患难与共的真情，也歌颂了二战后的饥荒中，人们互相砥砺、互相关爱的精神。

2010年广东高考卷所提的问题是："小说的主题是什么？"学生写出自己的理解就可以了，往往强调其"唯一性"。而教师所提的问题或所安排的学习活动则是一种创造性阅读，要求学生有自己的阅读感受、体会与见解，强调的是个性化阅读、多元性思考、多样化表达。但教师的做法却使这样的活动流于形式，其所呈现的所谓"答案"，致使"多元解读"只剩下了"一元"。

由此可见，在教学目标的设计中，我们必须从课程目标、文本价值和学生的具体情况出发，正确把握课程标准，正确把握文本内容及学生学习水平的不同层次的要求，力求最大可能地实现文本的阅读价值，科学、多元、立体、全面地预设学生的学习结果，精心实施，从而有针对性地组织和引导学生在课堂学习中学会学习，以确保教学目标对于引导教师的"教"和学生的"学"两方面的功能和作用得到最大限度的发挥。

会设计,提升思维能力

莎士比亚给我们的是银盆里的金苹果,
我们通过学习他的作品拿到了他的银盆,
但是很不幸,
我们只能往盆子里装土豆。

——[德]歌德

27. 就文本本身而解读"背景"

在文本解读中，也许再也没有像"介绍时代背景"这样具有强大的影响力与生命力的了。被作为文学作品解读的主要环节和重要内容的这一方法，自上世纪50年代初开始盛行"红领巾教学法"以后，就一直受到广大语文教师的青睐。就连《普通高中语文课程标准》也大力倡导："应引导学生在阅读文学作品时努力做到知人论世，通过查阅有关资料，了解与作品相关的作家经历、时代背景、创作动机以及作品的社会影响等，加深对作品的理解。"毫无疑问，借助于对作者情况、创作动机，特别是时代背景的了解，确实可以在很大程度上让学生全面、准确而深刻地理解文本，从而发现与建构文本意义。但问题是，"时代背景"在解读文本的过程中，是不是"需要"的内容，能否得到"恰当"的介绍？

众所周知，文学作品与时代的关系是非常紧密的，因为文学作品是时代生活的反映，其中蕴涵着独特的时代特征与时代精神。但这种"紧密"并非我们一般所认为的那样：在什么样的时代就必然会有什么样的作品，在什么样的时代就只能产生什么样的作品，每一个作品都具有明显的时代特征。常识告诉我们，文学作品作为一种艺术存在，是作家根据自己对生活的认识与理解，对某种存在的生活景象的形象反映，读者读到的永远是作品所表现的"艺术世界"，而不是时代情景中的"现实世界"，两者切不可混为一谈。"文学不是伪宗教，不是心理学，也不是社会学，而是一种特殊的语言组织。它有自己的特定规律、结构和手段，这些东西都应该就其本身而被研究，而不应该被化简为其他东西。"（特雷·伊格尔顿《二十世纪西方文学理论》）所以，完全用现实的"时代背景"去解析文学艺术作品的形象与主题，是一种胶柱鼓瑟的行为，对文本理解并无实质性的帮助。

"时代"好比一条大河，有主流，也有支流；有高山深谷，也有幽壑曲径；有迷人的风景，也有丑恶的留存；有奔涌的滔天巨浪，也有宁静的潺潺流水。既然如此，那么，文学作品在反映时代生活方面，也就会出现各种复杂的情形：有的时代特征表现得显明一些，如张溥的《五人墓碑记》、高尔斯华绥的《品质》；有的时代特征表现得隐晦一些，如苏洵的《六国论》、老舍的《想北平》；也有的时代特征不明显，或者说是超越了作家所生活的时代，具有某种"普适意义"，如张若虚的《春江花月夜》、范仲淹的《岳阳楼记》、苏轼的《水调歌头·明月几时有》等；有的根本看不出什么时代特点，如朱自清的《春》、郁达夫的《故都的秋》等；还有的作品，既有鲜明的时代特征，又超越了作家所处的时代，甚至也超越了作品中所刻画的人物所处的时代，如鲁迅的《祝福》《阿Q正传》等，其所表现的内容既有现实意义，又有历史意义，既有民族特征，又有世界价值。

可在解读文本时，我们往往只会对那些所谓的"主流""风景"与"巨浪"等感兴趣，无视多种复杂情况的大量存在，对"时代特征"的理解往往比较片面，所以经常机械地套用时代主流特征去理解文本，而发生了认识上的偏差。一个典型的例子是，受这种惯性阅读思维的影响，参加高考的学生在阅读现代作家师陀的小说《邮差先生》（被用为2012年江苏省高考语文试卷中现代文阅读材料）时，由于对"1942年"的写作时间比较敏感，就无法理解其中对平静、恬淡的生活氛围，友善的人际关系，舒缓的生活节奏等的具体描写，不能理解即使在抗日战争最艰苦的时代，也会出现没有硝烟、没有艰难而只有祥和与宁静的画面。

有一位教师在教学佘树森的散文《旧居赋》时，问了学生这样的问题：透过文本，我们读出了作者对"旧居"的"眷恋之情"，大家想一想，我们还可以从文中读到什么？学生满脸茫然，不知其中还有什么"深文大义"。在反复启而不发之后，教师提醒学生阅读文本前的"阅读提示"：

人们从文章中不只是依稀见到身居陋室、艰辛"攻关"的作者的身影，而且隐约看到成千上万知识分子负重前行的情景。……"文革"结束，百废待兴，知识分子居住条件正有待改善，作者理解国家暂时困难，甘于清贫，乐于奉献。本文正是作者及广大知识分子精神面貌的一个侧面反映。

这段文字中，有两个概念是现在的初中学生无法理解的：一是"攻关"（出自叶剑英《攻关》一诗），二是"文革"，不用说学生，就是年纪轻一些的教师恐怕也不甚了了。问题是，文章中写到作者"艰辛'攻关'"和"知识分子负重前行的情景"了吗？作者所展示的"室雅何须大，花香不在多"的胸襟、所表达的"羁鸟恋旧林，池鱼思故渊"的情愫又怎么能说成是"理解国家暂时困难，甘于清贫，乐于奉献"呢？"怀旧""恋旧"是人们的一种普遍情感，无论是对曾经的某种生活，还是曾经拥有过的某种事物，概莫能外。即使在几十年后的今天，我们的学生也经常读到表达类似主题的文章，那又让他们怎么去理解呢？

这样的解读，完全是用作者的生活和创作时代而代替了作品所反映的具体生活情景，是把所谓的"时代特征"与"时代精神"强行安插到了文本解读之中，是对文本本身内容和表现意义完全无视的一种阅读行为。由此可见，对"时代背景"的处理，我们要"具体问题具体分析"，不能死搬教条、机械处理，更不能无中生有、生造意义。

28. 回到事实真相上来

一些直接表现历史事件、对现实生活具有"纪实"性质的文本，我们确实需要"介绍时代背景"，以帮助解决学生阅读理解的困难，并使文本的历史价值和现实意义得到彰显。但这样的介绍必须是符合历史事实的，不能歪曲历史、演义历史，搞"我注六经"。遗憾的是，长期以来，一些历史真相被有意或无意地遮蔽了，一些历史事实被美化或丑化了，致使大量的"时代背景"介绍出现了不应有的错误。例如，对张溥的《五人墓碑记》的"时代背景"，现行教学参考书中是这样介绍的：

天启四年（1624），苏州丝绸行业工人因不堪阉党的剥削压迫起而罢工。天启六年（1626），魏忠贤死党、巡抚毛一鹭以煽动罢工的罪名逮捕周顺昌，忍无可忍的数万苏州民众聚集街头，与东厂爪牙发生冲突。他们砸官府，杀缇骑，毛一鹭躲进厕所才免一死。一场群众自发反抗阉党的暴动震动了江南。

这场斗争被镇压后，朝廷在苏州大肆捕人，市民颜佩韦等五人挺身而出，承担责任，慷慨就义。

这两段文字所运用的完全是一种"政治化表述"，检索相关史料发现其中错讹之处甚多：

1. 所谓"苏州丝绸行业工人罢工"事件发生在万历二十九年（1601），而非天启四年（1624）。其情形为：税监孙隆加重捐税，机户被迫停工，织工失业。葛贤率领众人，击毙孙隆属下，包围税监衙门，要求停税。

2. 这是一次"暴力抗税"事件，不是主动"罢工"。

3. 周顺昌被逮是由于得罪了魏忠贤，而不是什么"巡抚毛一鹭以煽动罢工的罪名逮捕周顺昌"，周顺昌与"罢工"风马牛不相及。

4. 这次事件中死亡的不是"校尉"，而是通过贿赂校尉跟随而来准备捞好处的，是从屋梁上掉下来摔死的（也是唯一死亡者），而非直接"杀死"。再说，所有的民众都是徒手，又怎么去"杀死"人呢？更不能认为是一场"暴动"了。

5. 冲突发生后，经过当时的知府寇慎的反复劝说，聚集的民众全部散去，他们并没有"砸官府"。

6. 整个事件是在应社成员宣传发动、组织领导、有力指挥下的集体行动，不是教参认为的"群众自发"行为。

7. 事件发生后，由于寇慎上下做工作，除逮捕了五人外，这场斗争没有遭到大肆镇压，朝廷也没有"在苏州大肆捕人"。

如果教师照搬教参中的介绍，就不仅传递了错误的历史信息，而且不利于学生认知能力的形成，会大大影响学生对文本的准确感受力和审美力，甚至会影响学生对社会现实的思考力和判断力。对于一般的语文教师来说，"时代背景"的相关知识绝大多数来自教参或一些网络资料，如果不能"深思而慎取"（王安石语），就必然以讹传讹，误人子弟了。

正因为要联系所谓的"时代背景"，一些教师在教学时，就经常采用与现实直接"链接"的方法，而无视文本应有和能有的意义，结果造成了对文本的误解。如在教学李森祥的《台阶》一课时，有一位教师安排了"拓展延伸，关注农民命运"的环节，他告诉学生：

小说写于上世纪80年代初，当时的生产力水平还比较低。父亲创业的艰难困苦，根源在于农村经济极端落后。小说深沉地响着时代对先进的生产力的呼唤。如今，改革开放已经三十多年了，新时代的农民又是怎样的呢？请大家看下面这一组图片——（投影新时代农民生活的一组图片）

看了这些图片以后，结合本文内容，你认为要想改变贫穷落后的命运，提高自己的地位，必须具备哪些要素？

明确：1. 社会的进步，提高生产力。2. 个人的奋斗，跟上时代步伐。

"拓展延伸"的目的是什么？是为了使学生能够更深入地理解文本。既然如此，"拓展延伸"的内容与文本的内容就应该是"同质"的，否则就不能发挥其效用。如果单从这位教师对文本主题的总结来看，他的安排可以认为是同质的。但是由于他对文本的理解发生了严重的偏差，他的解读与文本就变为"异质"的了，这种缘木求鱼、南辕北辙式的"拓展"内容越多，离文本的原有意义就越远。一个农民想通过建造房屋来提高自己的地位、拥有自己的尊严，与他生活在哪个时代、与"生产力水平"的高低有什么关系？难道说，生产力水平提高了，以"父亲"为代表的广大农民的地位就提高了？历史常识告诉我们，在任何一个社会环境中，仅仅依靠改变生产力而不去改善生产关系，是不可能彻底改变人的社会地位的。《台阶》这篇小说所要告诉我们的正是：在不彻底改变农民生存状态的情形下，在农民的切身利益和基本权益不能得到完全保障的背景下，试图通过个人的奋斗，通过对某种物质条件的改善，去争取地位并以此得到尊重是难以实现的。对其"时代背景"就只能从这样的方向去认识，不然就会"失之毫厘，谬以千里"。

  毋庸置疑，只有从文本出发，才能使学生了解到事实的真相，而不致以讹传讹，形成错误的认识；只有准确地解读文本，不去进行胡乱嫁接，生硬联系，"时代背景"的介绍才不会发生偏差，才不会与文本的内容选择、形象刻画、主题表达发生偏移与游离。否则，不但无益，还会有害。

29. 看出文本的姿态

当"时代背景"的介绍成为文本解读的一种有效途径或方式时,我们就要考虑怎样才能对文本解读有切实的帮助,而不能用一些所谓的知识来冲淡或淹没对文本的解读。这就需要教师对"时代背景"作全面的认识、必要的筛选、精心的剪裁,要为文本解读"量身定做",提供解读文章的钥匙,"好比从飞沙、麦浪、波纹里看出了风的姿态"(钱钟书《七缀集》),与文本解读有机交融、浑然一体。当然,这需要教师具有独到眼光,敢于并善于取舍的勇气与才气。

有一位教师在教学辛弃疾著名词作《水龙吟·登建康赏心亭》时,一直没有介绍什么"时代背景",直到学生理解"献愁供恨"这一句时,才展示了一幅"南宋军事形势地图",并作了精要的解说:

从图中可以看出宋金以淮水为界。赏心亭位于交界处的建康,设想作者纵目远眺:北望是江淮前线,效力无由;再远即中原旧疆,收复无日。南望则山河虽好,无奈仅存半壁;朝廷主和,壮士不得其位,即思进取,也限于国力。以上种种,是恨之深者,愁之大者。诗人借远山之献供,尽情抒发内心担负。这是对山河破碎的悲哀,对壮志成空的悲哀;岁月无情地流去,因这种悲哀更显得怵目惊心。

这一"时代背景"的介绍与解说,不仅使学生对"献愁供恨"的具体内涵有了较为丰厚而深入的理解,对辛弃疾的独特处境和报国无门、壮志难酬的痛苦情绪也有了更加具体的认识,而且营造出了一种飞动的氛围。这样做不仅使词作的内容意义彰显无遗,而且使学生的阅读视野进入了更加广阔的境界,便于学生更好地理解、把握、揣摩、体悟,从而产生情感上的强烈共鸣。

每一篇文学作品都是作家对世界和生活的认识，都必然带有浓烈的个性色彩，这是作品的独特之处，也是其艺术魅力之所在。既然如此，我们就不能用一种"时代背景"去解读某个作家在一个时代里所创作的所有作品，也不能去解读在一个时代里所有作家所创作的作品。但不少教师却不懂得其中的道理，不能从文本的实际出发，违背文学作品表现生活的一些基本常识，对文本作出非常笨拙的"索隐式"解读。有一位教师教学杨朔的《画山绣水》时，问了学生这样的问题：本文的写作意图是什么呢？难道仅仅是赞美漓江优美的山水？然后启发引导学生细读文本中的四个传说，对四个传说的内容进行了归类，最后根据学生的发言归纳出这样几句话：

　　让人们在观赏美丽的自然风光时，不要忘记过去，不要忘记旧社会的苦难，不要忘记阶级压迫和阶级斗争，要珍惜现在的美好生活。

　　那么，文本中的四个传说真像该教师说的那样吗？
　　第一个传说"父子岩"，说的是姓龙的父子二人，为了当地百姓免于饥荒，而不愿为一位员外造船，就逃到山中的岩洞里，最后饿死了。这样的故事，也许因为有了一个对立面"员外"，而被冠以"阶级压迫和阶级斗争"，而故事中的"员外"只不过是出于一己私利（也许是被迫的）捐个官而已，根本算不上什么"阶级压迫"。龙姓父子出于"义气"不与"员外"合作而逃走，充其量体现了他们的"义"与"气节"，不能算是什么"阶级斗争"。
　　第二个传说"寡妇桥"，说的是一个关于"善举"的故事，是传说，也是神话故事。"寡妇桥"也叫"寡婆桥"，一个善心的寡婆婆，尽管她自己也很穷，但还是拿出自己的全部积蓄去修桥，可几年也修不成。歌仙刘三姐敬重寡婆婆心地善良，帮助她修了一座永久也不坏的桥。这与"阶级压迫和阶级斗争"无关，甚至也与"劳动人民在旧社会所受的深重苦难"无关。
　　第三个传说"望夫石"，说的是闹灾荒年代，一对夫妇在逃荒途中，丈夫爬上山顶瞭望桂林时，妻子在山下望着丈夫。恰在这时，他们都死了，化成了石头。这可以说是"劳动人民艰难苦恨生活的形象反映"，但这样的情景难道只有在所谓的"旧时代"（"旧社会"）才会有吗？这个传说显然也不能说是"阶级压迫和阶级斗争"的反映。

第四个传说"媳妇娘（新娘）岩"，说的是一个美丽的姑娘，为了忠于自己的爱情，宁可放弃生命，也不屈从于强权。这个传说，当然不排除有所谓的"压迫"与"抗争"，但与"阶级"与"革命"却不可等同。如果庸俗化理解这样的故事，那么一些经典的爱情故事诸如"牛郎织女""孔雀东南飞""白蛇传"等的主题就要被重新认识，至少王母娘娘、焦母、法海这些人都要被当作"反动阶级势力的代表"或"阶级敌人"来看待，那岂不是又要闹出只有在一些特殊年代里才会出现的笑话？

这四个传说，其实反映的是劳动人民的朴素情感与美好愿望，其中涉及的有道德层面的，如龙姓父子遵守做人准则、"讲义气"，寡婆婆乐于助人、无私奉献；有伦理层面的，年轻夫妇相濡以沫、恩爱厮守，媳妇娘对爱情忠贞不渝。这些都属于作者所赞扬的"劳动人民的生活感情"和"劳动人民的智慧的想象"。漓江两岸的人民用他们的艺术想象解释了一些山岩的由来、命名和特征，通过这种富有意义也是富有情趣的说明，表现了对家乡无比热爱的美好情感，对美好生活的理想和信念。

这位教师的解读，使我们的思维好像回到了上世纪那个"千万不要忘记阶级斗争"的年代。毫无疑问，这种解读不但脱离了学生的生活实际，也脱离了目前的教育实际（在现有从小学到高中政治学科的课本中，都不再讲什么"阶级压迫和阶级斗争"了），更脱离了文本的整体内容。而杨朔的写作意图是，通过对桂林山水特有的美进行赞美，讴歌了生活在桂林山水中的人们，赞美了他们身上所表现出来的对美好生活的向往之情与坚定信念，对人性中美好道德情操的赞赏之情与充分肯定，他们泽辉后世的生活智慧、无穷的想象力和创造力，与自然山水之美有机相融，熠熠生辉。

在教学朱自清的《荷塘月色》时，不少教师非常纠结，文章的第一句话（"这几天心里颇不宁静"）有如一道魔咒，成了解读文本时一道绕不过去的坎儿，许多教师围绕"不宁静"追根溯源，使出浑身解数作出了种种解释。因为该文写于"1927年7月"这个非常敏感的时候，所以一些政治化阐释就充斥着我们的课堂。这种在几乎完全脱离文本的情况下生搬硬套的做法，带来的结果是"文本被遮蔽了"，而文本的核心是语言，解读文本应该考虑的问题是怎么样直面文本、直面语言。

我们当然不反对学术界联系他写于1927年9月的《一封信》和1928年

2月的《那里走》二文,对他这一时期所面临的社会现实和内心反应进行考察,但另外两篇作品中的陈述是否就与《荷塘月色》中所表现出来的心路历程完全一致呢?其实,我们大可不必去深究他所处的社会现实,因为即使他在文章中对现实有所反映,也已经过了思想的过滤,虽然会含有那个时代基本的通用意义,但却在新的语言结构体系和独特的语义氛围中获得了新的审美意义。好比借用歌德的话,朱自清"给我们的是银盆里的金苹果,我们通过学习他的作品拿到了他的银盆",但是为什么却要"往盆子里装土豆"(《歌德谈话录》)呢?我们的阅读理解,应该着眼于文本的审美表现,强调文本的形式特征和艺术手法,通过对文本的精细阅读,借助于对文本形式的观察与揣摩,进而弄清楚文本的艺术效果是如何形成的。教师要引导与启发学生,从细读中领悟文本所展现出来的丰富的生活景象,体会与把握作者独特的心灵表达,而不是让学生去掌握游离于文本之外的其他东西。

对"时代背景"的介绍我们要本着实事求是的诚实态度,要有去伪存真的敏锐眼光,还要有灵活机变的精巧运思,使"时代背景"的介绍在引导学生解读文本中,成为获得对艺术形象的独特感悟和文本价值的独到理解的有力抓手。

30. 跨过"背景"这道坎

王国维在《人间词话》中说:"古诗云'谁能思不歌?谁能饥不食?'诗词者,物之不得其平而鸣者也。故'欢愉之词难工,愁苦之言易巧'。"文学作品无疑是在一定的"背景"之下创作出来的,这其中有"时代背景",有"生活背景",有"文化背景",有"心理背景",不一而足,但都应统一于其"思"。作家创作某一作品,正是因为"不得其平而鸣",其中的情况非常复杂,岂能以偏概全?我们切不可用某一种"背景"来统括所有的"背景",使一篇篇极具艺术个性的作品失去斑斓的色彩。

有位教师引导学生这样解读鲁迅《雪》中"那是孤独的雪,是死掉的雨,是雨的精魂"这句话的含义:

师:大家知道这篇散文诗写在什么样的年代里?

明确:《雪》写于1925年1月18日,那时鲁迅正生活在北洋军阀段祺瑞统治下的北京。他在1924年12月30日的日记中写道:"雨雪……下午霁,夜复雪";第二天日记又载:"大风吹雪盈空际"。鲁迅以此为契机,创作了这篇充满诗情画意的散文诗《雪》。"雨"是北洋军阀统治下凄风苦雨的象征。"精魂"是说鲁迅先生决心以自己彻底无畏的牺牲精神与黑暗社会斗争。

鲁迅笔下的"雪"和"雨"真的有这样的意蕴吗?照如此理解,"雪"的反抗与斗争对象是"雨",而文中却明确说:雪"是死掉的雨,是雨的精魂","北方的雪"由"北方的雨"变身而来,"雨"的外在形体虽然"死掉了",但是雨的"精魂"——内在品质犹存,而升华为"冰冷的坚硬的灿烂的雪花"。这无疑是对朔方雨的死亡礼赞：朔方的雨在酷寒中死掉了，却获得了生命的更新与永生。这是多么幸运，多么令人敬仰与赞叹啊。"雪"与"雨"是同一个事物的不同呈现，怎么能够将之对立并断裂开来呢？"雨"又怎么会成为黑暗力量的象征呢？因为鲁迅"生活在北洋军阀段祺瑞统治下的北京"，所以他的作品就一定是投向"北洋军阀段祺瑞"的匕首和投枪？因为在他写作的前20天下了雪，所以就写下了这篇文章？如此坐实理解《雪》，只会引导学生用空洞的概念去解释诸如"北洋军阀"等抽象名词，而不会进入文本深处，去真切感受鲁迅对朔方雪的深刻体认与激赏，对朔方雨的死亡的极大欢喜，对生命豪情的自我抒发和展示，对生命的存在与行走方式的思考的意蕴。

有位教师在教学陆蠡的《囚绿记》时，安排了这样的预习内容：

课外查阅资料，了解课文写作的时代背景和作者所处的环境，从中了解作者的写作意图。

在课堂上交流时，教师说了这样一番话：

在常见的绿色中凝聚了一己的情感和民族的精神。满怀爱国激情的作者，正是从忧虑祖国大好河山的沦亡，而联想起那被"幽囚"的常春藤吧。因此，他写下本文，借赞美常春藤"永不屈服于黑暗"的精神，颂扬忠贞不屈的民族气节，抒发自己忠于祖国的情怀；并借"有一天"重见常春藤的期望，祈祝沦亡的祖国河山早日获得解放。

一株常春藤凝聚了"民族的精神"，成了"忠贞不屈的民族气节"的象征；作者通过对它的赞扬，就能"抒发自己忠于祖国的情怀"；期望重见常春藤，就是"祈祝沦亡的祖国河山早日获得解放"，此常春藤可谓大有深意存焉。但这样的解读与文本所传达的意思一致吗？如果常春藤是民族精神和民族气节的象征，那"囚绿"的作者充当了什么样的角色呢？陆蠡为什么要"囚绿"，却又为什么要让"'绿囚'出牢"，"恢复自由"，最后"开释了这永不屈服于黑暗的囚人"呢？这其中不正蕴含着需要把握的题旨吗？

作者明确说："我要借绿色来比喻葱茏的爱和幸福，我要借绿色来比喻猗郁的年华。我因住这绿色如同幽囚一只小鸟,要它为我作无声的歌唱。"对自己的"魔念",作者进行了严厉的自责,正如他自己所言:"我不愿自己任情,又不能使之冷静","我弃去我所喜悦的我所宝贵的,而保留住我所应当忘去的应当屏除的;我有时接受理智的劝告,有时又听从感情的怂恿;理智不能逼感情让步,感情不能使理智低头"。(《〈囚绿记〉序》)他最终被迫用理智战胜了感情,并向"绿友""致诚意的祝福,愿它繁茂苍绿",这不是对生命的祝福吗?

将其与"抗日战争"挂上钩,其因就在于文中的"卢沟桥事件发生了"这句话,我们当然不用怀疑陆蠡的"爱国情怀",但是不是说只要是他写于这个时期的作品,就一定表达了这一宏大的主题呢?再说,本文写于1938年7月,其时"抗日战争"还处于战略防御阶段,祖国的大好河山还没有"沦亡"呢,教师所认为的作者那坚定的信念、必胜的信心又是从哪里来的呢?

现代诗歌教学中也有同样的问题。有位教师为戴望舒的《雨巷》设计了一个"读者解读:多元与参证"环节,让学生用"知人论世"的方法去解读诗歌的主旨。教师引导学生分别从"爱情说""理想说""自我说"三个方面进行了解读。在介绍"理想说"时,教师说了这样一段话:

1927年夏天,当时全国处于白色恐怖之中,戴望舒因曾参加进步活动而不得不避居于松江的友人家中,在孤寂中咀嚼着大革命失败后的幻灭与痛苦,心中充满了迷惘的情绪和朦胧的希望。《雨巷》一诗就是他的这种心情的表现,其中交织着失望和希望、幻灭和追求的双重情调。

如果从培养学生的研究意识来看,这样的教学环节未尝不可,但一定要把一首经典的"爱情诗"定位成"理想诗",且定位的依据是诗人创作的时间,这样的根据是不足的。1927年夏天,中国南方确实处于重大政治动荡之中,但北伐还没有取得完全胜利,全国还没有获得真正意义上的统一,说"全国处于白色恐怖之中"有违史实。用所谓的"时代背景"去代替对诗人创作情境的体认,把诗人创作时的具体心境,与所谓的"宏大叙事"机械连接起来,把"雨巷诗人"戴望舒所创作的这首名诗,说成对"大革命前途"的某种期盼,是明显的误读。

如此误读的原因就在于对所谓"写作年代"的了解,作品写于什么时候,与作品所要表达的思想就只是一种"线性"关系吗？事与愿违的是，用这样的方式去解读作品，带来的不仅是认识的"扁平化"，而且还会削弱作品的思想与艺术力量。它会对"美"的艺术造成极大破坏，会对学生的审美趣味产生误导，对学生思维方式、思维习惯的形成产生负面的影响。

爱默生说："因为形成一首诗的，不是韵律，而是由韵律所组成的主题，是一个如此热烈奔放和生气蓬勃的思想，像草木或动物的精灵一样，有它本身的构造，用一种新的东西来装饰自然。"我们需要让学生去把握其中的"旋律"与"思想"，去认识那独特的"构造"，去欣赏那"装饰自然"的"新的东西"，而不是脱离文本的"背景知识"。

31. 不必"到处逢人说项斯"

宋朝诗人杨敬之有一首诗《赠项斯》非常出名:"几度见诗诗总好,及观标格过于诗。平生不解藏人善,到处逢人说项斯。"大意是说:每次看到项斯的诗都发现写得非常好,他令我赞颂的不仅仅是他的诗,更主要的是他美好的品行和气节。我这个人平生不愿意隐瞒别人的优点,不管在哪里,总喜欢和人谈论项斯。

杨敬之因项斯的品德好、诗文好而到处称颂项斯,充分体现了他虚怀若谷、奖掖后进、揄扬人善的美好品格,演绎了文坛的一段佳话。语文教师在课堂上适当地引导学生"走近作者",向学生介绍课文的作者,"了解与作品相关的作家经历"(《普通高中语文课程标准》),也的确能够帮助学生对文本进行全面、准确、深刻的理解。但问题是,"走近作者"一旦成为某种教学"定律",不顾内容选择恰当与否,不顾实际教学需要,与文本理解严重脱节,就不能发挥其应有的作用;至于一些教学资料或教师所介绍的作者情况本身出现知识性错误,作了很不恰当的表述,那就不仅对文本解读无益而且有害,与杨敬之说项斯判若云泥了。

由于教科书中的文学作品是一篇篇选文,而所能供编者选择、适合学生阅读的经典作品的种类与篇目又是较为有限的,所以在不同年级段的教科书中就难免会出现一位作家多篇作品入选的情况。而同一位作家的入选作品之间似乎除了考虑到学生阅读的难度之外,就几乎缺乏有机、必然的联系。具体到"作者介绍",不同年级段的教科书或教学参考书中就不可避免地全部出现对同一位作家的介绍。这在客观上使不同年级段的教师教学时不可能去考虑学生以前对作者的一些认识情况,也就是不会去考虑学生的学习需要,而依然按照预先设想的"教学需要"带领学生"走近作者"。

以对唐代大诗人李白的介绍为例,苏教版语文二年级上册有《英英学古诗·静夜思》一诗，与之配套的教学参考书中是这样介绍诗人的：

李白（701—762），唐朝大诗人，字太白，号青莲居士。自称祖籍陇西成纪（今甘肃静宁西南）。隋末其先人流寓中亚碎叶城（今属吉尔吉斯斯坦），李白出生于此。幼时随父迁居绵州昌隆（今四川江油）青莲乡。少年时即显露才华，吟诗作赋，博学广览。25岁离川，漫游各地。天宝初年曾供奉翰林。晚年漂泊困苦，卒于当涂（今属安徽省）。李白的诗飘逸壮丽，雄奇豪放。想象丰富，语言不拘于格律，一切统一于自然，是继屈原之后我国古代积极浪漫主义的新高峰。

时隔十年，学生在苏教版高中语文必修四《蜀道难》中读到的是这样的介绍：

李白（701—762），字太白，号青莲居士。中国古代伟大的诗人，有"诗仙"之誉。祖籍陇西成纪（今甘肃静宁西南），生于碎叶城（唐时属安西都护府，在今吉尔吉斯斯坦共和国境内），少时随父客居绵州昌隆（今四川江油市）青莲乡。曾任唐玄宗翰林供奉，晚年客死安徽当涂（今安徽马鞍山市）。他一生壮游天下，特立独行，诗风豪逸浪漫。有《李太白集》。《蜀道难》原是乐府诗《相和歌辞·瑟调曲》的旧题，多写蜀道险阻。宋郭茂倩《乐府诗集》卷四十引《乐府解题》曰："《蜀道难》备言铜梁、玉垒（蜀中两座山名）之阻。"南朝梁、陈间已有人拟作。据说李白初至长安，贺知章前往探望，见《蜀道难》，赞叹不已，称为"谪仙"。

很明显，这段文字除了"有《李太白集》"后面的几句话外，与小学二年级的介绍并没有大的区别。如果这种情况出现在年级段跨度很大的教科书中还可以理解的话，那么同样的知识竟然出现在同一个年级段的教科书中就有点匪夷所思了。苏教版选修教材《唐诗宋词选读·梦游天姥吟留别》中对李白是这样介绍的：

李白（701—762），字太白，号青莲居士。祖籍陇西成纪（今甘肃静宁西南），生于碎叶城（唐时属安西都护府，在今吉尔吉斯斯坦共和国境内），少时随其父迁居绵州昌隆（今四川江油市）青莲乡。中国古代伟大的诗人，有"诗仙"之誉，与杜甫并称"李杜"。有《李太白集》。此诗又题作《别东鲁诸公》。唐玄宗天宝三年（744）李白因遭排挤，离职去京。第二年，由东鲁（今山东）南游吴越，行前写了这首描绘梦中游天姥山的诗与朋友作别。

这一介绍除了"此诗"以下的三句话外，基本上是对上两段文字的简单复制。稍加比对不难看出，即使是同一个年级段，对同一个作家的介绍之间，其关系也是不相通的，内容上有很多重复之处。事实上，如果学生在小学阶段就对李白的情况有了基本的了解，那么在高中阶段学习《蜀道难》与《梦游天姥吟留别》时，就不再需要学习这些了，因为它们作为某种固化的知识，已经存留于学生的脑海中了，再搞所谓的"走近作者"（关键是没有多少新鲜内容），势必会造成课堂学习时间与精力的浪费、教学内容与环节安排的机械、学生认知的无趣甚至疲沓。

要解决这一问题，教科书的编者就必须对中小学教科书进行通览，坚决剔除那些重复的知识；也可以仿照美国中学课本的编排方式，以历史发展为线索，选编不同时代的具有广泛社会影响及文学代表意义的作家作品。

在信息化时代，学生每天接受的信息都是海量的，信息多了必然会对正常的阅读与思维形成干扰，一些可有可无的信息更是如此。在入选为课文的作品中，还有为数不少的是一般作者所写的，这些作者的基本信息的知识价值是很小的，对学生阅读文本也没有多少帮助。但由于受传统思维的影响，不少教师"逢人说项斯"，有作者必介绍，这种非常机械的做法显得很笨拙，只是"为介绍而介绍"，是在学习文本不需要之时说的不恰当的话，没有明确的目的性，对学生的学习根本没有什么作用。

32. 要把"水草"放到"水中"

作为课堂教学中的一个有机组成部分,"走近作者"理应成为引导与帮助学生解读文本的很好的抓手。涉及"作者"情况的信息有很多:生平经历、著作概况、创作背景、作品风格、文本体式、内容概述、创作意图、他人评价……在有限的课堂学习时间内,教师不能面面俱到,必须作筛选。筛选的"标准"只能是:与文本学习有关联,对文本理解有帮助。有的教师为了显示自己的"知识渊博",在课上耍花样,玩噱头,吊胃口,跟学生大谈特谈作者的趣闻轶事,不在引导学生学习文本上花力气,不在对文本语言形式的研习上下功夫,严重干扰了学生的正常学习,实为舍本逐末之举。

以前面所说的对李白的介绍为例,既然是为了学生阅读理解《静夜思》,那出现的相关作家知识就应该与《静夜思》有关,而不应该是纯粹的知识罗列,更何况对二年级的小学生来说,其所涉及的朝代、地域、创作艺术特色、在文学史上的地位等知识明显偏于深奥难懂。同样的道理,"走近"《蜀道难》的作者,就应该是"《蜀道难》原是乐府诗"等下列知识内容供学生了解;"走近"《梦游天姥吟留别》的作者,也就只能是"此诗又题作《别东鲁诸公》"等后面的内容对学生的学习才有切实的意义。这是"走近作者"的正确路径。

在有了正确的路径之外,我们还要考虑所介绍的内容与文本学习的契合度、黏合度,阎昭典先生对《蜀道难》所涉及的诗人情况是这样介绍的:"这首诗,大约是唐玄宗天宝初年,李白第一次到长安时写的。《蜀道难》是他袭用乐府古题,展开丰富的想象,着力描绘了秦蜀道路上奇丽惊险的山川,并从中透露了对社会的某些忧虑与关切。"简短的几句话,既介绍了李白创作此诗的情况,又交代了诗作的体式特点及其艺术手法,还对其内容作了非常精准的概括。稍加对照,我们就不难发现语文教科书上的介绍基本上还是游离于文本内容之外的,学生想从中得到理解上的指示与点拨基本上是不可能的。

在这点上，美国的语文课本做得就比较好，如在《在弗吉尼亚州大会上的演讲》的"阅读指导"中虽也有对作者帕特里克·亨利的介绍，但几段文字中都只涉及其"演说"的效果与影响，并没有说他是怎样的一个人，他有哪些经历，紧扣住文本内容，重点非常突出。

木心说："《红楼梦》中的诗，如水草。取出水，即不好。放在水中，好看。"作为小说的重要组成部分，无论是作品中人物所作的诗，还是作为叙述者所作的诗，都必须放到小说中去理解与欣赏，离开了小说之"水"，再优秀的诗这一"水草"也没有什么好欣赏的了。同样的道理，作者的一些情况也好比"水草"，它也必须放置在文本这一"水"中才"好看"，才有意义，才有价值。但在课堂中，教师毫不顾及文本阅读之"水"而把作者这一"水草"从"水中"取出来让学生了解、掌握的现象却比比皆是。在一次评优课活动中，有三位教师同时执教苏教版七年级上册的《七颗钻石》，他们分别这样向学生介绍列夫·托尔斯泰：

1. 列夫·托尔斯泰，俄国作家、思想家。主要作品有长篇小说《战争与和平》《安娜·卡列尼娜》《复活》等。

2. 列夫·托尔斯泰，19世纪俄国最伟大的作家。主要作品有：自传体小说《童年》《少年》，长篇小说《战争与和平》《安娜·卡列尼娜》《复活》等，也创作了大量的童话。

3. 列夫·托尔斯泰，19世纪俄国最伟大的作家，他出生于贵族之家。在上大学期间，他受到法国启蒙运动思想的影响，对沙皇的专制制度不满。1881年，他完成《忏悔录》，1910年10月28日夜，他从家出走，病逝于一个小站。他一生勤奋，在60年的笔耕生涯中留下大宗遗产，但使他登上欧洲批判现实主义文学的高峰的，还是三部里程碑式的作品：《战争与和平》《安娜·卡列尼娜》《复活》。

三位教师没有一个人提到所要学习的《七颗钻石》，都没有考虑学生阅读文本的现实需要，他们都把作者情况这一"水草"从文本学习这一"水中"提取了出来，且进行了沥干。有一位虽提到了他创作了大量的"童话"，快要接近所处的"水"了，却没有接续的内容。"思想家""最伟大的作家"这些头衔，学生根本没有办法弄得明白，什么"法国启蒙运动""沙皇的专制制度""欧洲批判现实主义"，学生更是一头雾水，对绝大多数七年级学生而言，《战争与和平》《安娜·卡列尼娜》《复活》这三部"里程碑式的作品"可说闻所未闻，即使读了也不懂。这些知识既没有经过精心的选择，又没有得到必要的"激活"，完全是一种生拉硬扯，离开了文本这一源头活水，是僵化的知识，是没有任何生命力的知识。这种教学行为，完全是教师按照某种固定的教学模式在"走程序"，而没有考虑这样做的真正目的，忘记了"为何出发"。

叶圣陶先生在《中学国文教师》中曾经毫不客气地批评过这种现象："有些国文教师喜欢发挥，可是发挥不一定集中在所讲的那篇文章。……如选文的作者是梁启超，就说梁启超的演说，从前曾经听过。他的头顶秃了，亮亮地发光，上唇有一撮灰白的短须，他的说话带着广东音，不容易听清楚，只看他那气昂昂的神态，知道他是抱着一腔热诚来演说的。他的儿子梁思成，现在是我国建筑学专家。他的女儿梁令娴，是个很有文才的女子。诸如此类，也滔滔不绝。"

遗憾的是近一个世纪过去了，叶老所批评的现象却屡见不鲜，君不见教学汪曾祺的《金岳霖先生》时，不是仍有许多教师眉飞色舞、唾沫四溅地大谈特谈所谓的金岳霖、梁思成与林徽因的"三角恋爱"吗？

33. 擦亮自己的双眸

受诸多因素的影响，教师带领学生"走近作者"时，经常出现一些知识性错误，沿用错误说法照本宣科、以偏概全地介绍、毫无根据地推断等现象时有发生。这些"不恰当"的话，不仅学生无法判断其准确性，而且对学生正确、精要、全面、深刻地理解文本有看不见的"杀伤力"，对学生通过阅读而建构意义是一种严重的制约与误导。

错误来源于惯性思维。如在学习苏轼的词作时，不少教师罔顾词作本身的内容、情感及其表达技巧，一律称呼苏轼为"豪放派词人"，把他的词作都看为"豪放词"。结果一读到他的《江城子·十年生死两茫茫》《水龙吟·似花还似非花》和《卜算子·缺月挂疏桐》等几首词作时，学生就有很多的疑问，甚至对什么是"豪放词"，什么是"婉约词"都有些糊涂了。教师也只能胶柱鼓瑟，含糊地掩饰过去。这种为作家贴"标签"的做法比比皆是，比如说陆游是"南宋爱国诗人"，可"一个陆放翁，活过八十多年，在疆场披霜，在情场流泪，写下上万首的诗，小词也填得沁人肺腑。这样一个人，岂肯被'南宋爱国诗人'六个字套牢？""世上没有一生80年、一年365天、一天24小时的'爱国诗人'。陆游只是写他的诗，只是记录他的心情"。至今还有教师甚至不清楚叙事作品中"真实作者""隐含作者"与"叙述者"的区别，在遇到运用第一人称叙述的文学作品时，经常混淆他们的关系，直接把作品中的"我"等同于"真实作者"自己，出现了常识性错误。

错误来源于信息的不完整。有教师在教学《兵车行》时，让学生读课本上的注释并联系诗歌作适当的理解：

杜甫（712—770），字子美，河南巩县（今河南巩义）人。中国古代伟大的诗人,有"诗圣"之誉,与李白并称"李杜"。唐肃宗时期曾任左拾遗、检校工部员外郎等官职。后世称为"杜工部"。有《杜工部集》。关于此诗的创作背景,有两种观点。单复认为是讽刺唐玄宗对吐蕃的用兵(见单复《读杜诗愚得》卷一);钱谦益认为是讽刺唐玄宗天宝十年(751)对南诏的用兵,此时杨国忠专权,谎报军情,弄得民怨沸腾(见《钱注杜诗》卷一)。两说皆可通。《兵车行》是杜甫自创的一个乐府新题。元稹认为是"即事名篇,无复倚傍"(《元氏长庆集》卷二十三《乐府古题序》)。

这一大段文字中,"关于此诗的创作背景"前为"知人",后为"论世"("知人"的内容没有重复的必要且不说了)。有学生对所谓的"此时杨国忠专权,谎报军情,弄得民怨沸腾"提出了疑问,认为这种说法容易误导:1. 老百姓是拥护对外用兵的,只不过是因为杨国忠"专权",那么百姓怨恨的不是朝廷,而是奸臣;2. "民怨沸腾"不是因为强行征兵,而是因为杨国忠"谎报军情",如果不是他的这个行为,那么百姓就会"踊跃参军";3. 杜甫与百姓一样,都对杨国忠的"专权"和"谎报军情"深恶痛绝,所以他的这首诗主要是对杨国忠这两个方面的抨击。而事实是,天宝年间"制大募两京及河南、北兵以击南诏。人闻云南多瘴疠,未战,士卒死者什八九,莫肯应募。杨国忠遣御史分道捕人,连枷送诣军所。……于是行者愁怨,父母妻子送之,所在哭声振野"(《唐诗鉴赏辞典》)。很显然,学生的质疑是很有道理的,因为说"杨国忠专权,谎报军情"确实没有抓住问题的要害,没有能够概括出诗歌对"天宝以后,唐王朝对西北、西南少数民族的战争越来越频繁。这连年不断的大规模战争,不仅给边疆少数民族带来沉重灾难,也给广大中原地区人民带来同样的不幸"这一现实的反映,没有把诗歌中揭露唐玄宗长期以来的穷兵黩武,连年征战,给人民造成了巨大的灾难这一深刻的思想内容概括出来,削弱了诗歌对社会现实的批评力量,误解了诗歌的主题和诗人的情感。

错误来源于胡乱嫁接、望文生义。有一位教师在教学余光中的《乡愁》时,出示了这样的内容:

余光中,1928年生于南京,祖籍福建永春,台湾十大现代诗人之一。已出版诗集、散文、评论和译著40余种。20世纪60年代起余光中创作了不少怀乡诗,故而被人们称为"乡愁诗人"。代表作有:《乡愁》、《乡愁四韵》、《春天,遂想起》。1971年创作《乡愁》时,余光中时而低首沉思,时而抬头远眺。他说:"随着日子的流失愈多,我的怀乡之情便日重,在离开大陆整整20年的时候,我在台北厦门街的旧居内一挥而就,仅用20分钟便写出了《乡愁》。"几十年的乡愁情结,仅仅用了20分钟就一气呵成的短短的小诗,却广为流传,甚至成为诗人余光中的代名词。温家宝总理访美期间,在纽约会见华侨华人时,引用了《乡愁》的诗句。他说:"浅浅的海峡,国之大殇,乡之深愁。"道出了我们中华儿女的心声,这首歌再次引起了海内外广泛的关注。

有一位著名特级教师对此作了这样的点评:"作者简介虽然文字不长,但选的内容比较精,特别是温总理的话能收到很好的效果。"这段300多字的作者简介不可谓"不长",关键还不在于其"长"与"短",而是其中有明显的错误:一是"余光中时而低首沉思,时而抬头远眺"不是在他"1971年创作《乡愁》时",而是他在2011年1月6日接受中国新闻网记者采访时的情景,时空出现了错乱。二是温家宝说"浅浅的海峡,国之大殇,乡之深愁"并非引用《乡愁》的诗句,他的原话是:"祖国要统一,香港和澳门的顺利回归洗刷了中华民族的百年耻辱,现在只剩下台湾问题。'浅浅的海峡,是最大的国殇,最深的乡愁!'我们坚持'和平统一,一国两制',只要有一线希望,就会尽最大努力促进和平统一。"这些话在各种媒体上都可以查阅到,教师的推断失据。三是把"诗"说成"歌",虽然我们可以把"诗"说成"诗歌",但那是指各种体裁的诗,而不是指某一首诗;在单独提到"歌"的时候,只能是"歌曲"或"唱",教师把两个基本概念混淆了。如果这是指著名歌唱家佟铁鑫演唱的同名歌曲,那么"再次引起海内外广泛的关注"的就不是余光中的诗了,这又会使所介绍的内容发生偏移。在"名师"的课堂上竟出现了如此以讹传讹的表述,实在是太不应该了。

语文教师要擦亮自己的双眼,清楚相关知识的来源,准确判断知识的正确性,作出合理的推断与想象,万万不可以讹传讹,误人子弟。

34. 让学生自己去学会利用

将作者的生平用来解释阅读文本本身，这实则是建立在"作者是文本意义的唯一可靠来源"这一认识上，这是"作者中心论"的具体表现。而阅读文本，对文本进行意义阐释，应该是读者自己的事情，正所谓"一千个读者有一千个哈姆雷特"。

一般而言，作者的一些基本情况，在信息检索比较方便快捷的现代生活中，学生要想获取是没有多少困难的。合理利用课程资源，不应该只是教师的"专利"，也应该成为学生学习的重要方式；学生在文本学习中，利用文本注释、工具书和网络环境，随文了解并掌握一些必要的知识，不仅是一种需要，也会成为可能。教师应该引导并指导学生主动获取这些必要的知识，而不是包办代替，越俎代庖。

让学生自己去"走近作者"，他们就会按照自我的学习需要、按照对文本的理解去进行，拥有知识的欲望就会被诱发，积极思维的热情就会被激活。如果是教师带领学生"走近作者"，那学生所接受的是教师所呈现出来的现成知识，是已固化的知识，也是被教师有意无意过滤过的知识。这样的知识还因为没有学生的自我劳动，没有学生的主动参与，也就只能是无需或阻抑学生思考与发现的知识。这种"把馒头嚼碎了喂"的教学方式，长此以往，易使学生养成"桑树底下等枣子吃"的学习习惯，不利于他们进行积极思维。

有教师在教学刘鸿伏的散文《父亲》时，让学生这样"走近作者"：

本文发表于《名作欣赏》，反映的是我国社会转型期的人文思考。在这一历史时期，传统的农业文明、工业文明和后工业文明同时存在，这样也必然带来价值观念的多元化。生活在偏僻山村的刘鸿伏与从未出过远门，在泥土里劳作了一生的父亲走出了山村，走出了县城，来到繁华的大都市，在这里作者看到了工业文明对人与自然和谐关系的冲击，看到了喧嚣对宁静的取代，从而发出真诚的呼唤。

这一大段文字中出现了一些抽象的也是学生无法理解的政治化、社会化术语："社会转型期的人文思考""后工业文明""价值观念的多元化""工业文明对人与自然和谐关系的冲击""喧嚣对宁静的取代"等。这样的"走近"，只能是教师的"走近"，甚至也不是教师的"走近"，而是教参的"走近"，因而不可能成为学生的"走近"。这样的"走近"，已经远离了学生的认知水平，也远离了学生的学习需要，甚至远离了文本自身所表达的意义。这样的"走近"，学生被教师牵着鼻子走，教师又被教参牵着鼻子走，不要说学生是无法"走近"的，恐怕连上课的教师本人也不能做到完全"走近"，因为他所提供给学生吃的"馒头"中有许多"骨头"，他自己也没有能够"嚼烂""嚼碎"了。

有位教师教学白居易的《观刈麦》时，这样要求学生深入阅读诗歌：

我们读这首诗，不但要读出白居易对劳动人民的深切同情，还要读出他作为知识分子的那个良知，那个担当。我们说白居易"铁肩担道义，笔下写良知"，才有了我们今天所读到的《观刈麦》。

让初中学生"读出同情""读出良知""读出担当"，这样高的要求能达到吗？"劳动人民""知识分子"到底指的都是谁？"知识分子"是不是"劳动人民"的一部分？白居易诗中所说"今我何功德，曾不事农桑""念此私自愧，尽日不能忘"就是"接受并负起责任"（"担当"一词的意思）了吗？是不是过分地拔高了？如果真是这样，恐怕更加要让白居易"念此私自愧"了。

教学中，教师先入为主，用概念化的语言介绍作者，产生的效果除了贩卖现成的知识，或将一些知识故弄玄虚，并借以维护自己"知识权威"的身份之外，不会对学生的学习产生任何积极影响。这恐怕是一些教师不让学生自己"走近作者"的一个说不出口的理由。

除上述情况之外，有的教师还通过介绍他人评价让学生"走近作者"，这种教学方法虽有可取之处，但问题也很明显。比如在教学余光中的《乡愁》时，许多教师都会介绍说余光中是"乡愁诗人",这是人们对余光中的一般评价,这诚然有一定的道理,但诗人是怎么认识自己的呢?他对这一称呼语又是怎么评价的呢?我们是不是应该让学生通过查阅相关资料,去更加全面地认识诗人呢?学生如果读到下面这段文字的话,认识可能会有所不同:

"大家都说我是乡愁诗人,到后来我就烦了。"他解释说,乡愁固然很美,可是乡愁也不一定是绝对正面的价值,因为一个人一离故乡就发愁、想家的话,有可能这个人没有出息。按照中华传统文化的训示,他应该在外面有所贡献,有一番功劳,使得他的故乡因他而自豪,远远胜过他回到家里守株待兔。

……

今天在现场采访的一位十分敬重和喜爱余光中老先生的媒体记者表示,余老还有许多好作品,人们不应该只是一味关注《乡愁》。(王辛莉《余光中:对"乡愁诗人"的头衔有点烦》)

虽说我们的教学,是想让学生去理解诗歌本身,但这种理解应该是完整的,是有学生自己的见解和发现的,也是有学生自己的思想认识和人生体悟的。很明显,这样的介绍,会使学生对诗歌主题与情感的理解更加全面,也更加客观,能够从中读出别样的东西,思考别样的意义。这就是要让学生自己去"走近作者"的意义与价值之所在。

虽说学生自己去"走近作者"时,也有可能会出现上述的问题,但总比教师的"硬行"甚至"强行"灌输要有意义,因为说到底,学习的主人应是学生,能够独立地收集、整理、筛选、辨别、分析、运用各种课程资源,正是语文学习能力的体现。我们要做的应该是指导学生学会如何利用这些课程资源,逐步形成学习能力。

35. "走近作者"要适逢其时

每一个教学环节，都有其具体的学习任务，都应该对学习起到一定的作用，都为达成教学目标服务。几乎成了一种刻板的套路，"走近作者"这一环节大多数情况下都被安排在上课伊始，在一些实施"学案"教学的课堂上，也有被当作"预习"内容让学生了解的。这样做的好处是，让学生在接触具体的文本之前，对作者有一个初步的印象，形成一些感性认识，借以激发学生的学习兴趣。但缺点也非常明显，因为教师所介绍的内容与即将学习内容的关联度往往很小，更何况在没有阅读文本之前，让学生去了解那些抽象的知识，不可能达到预期的目的，形成预期的效果。

比如教学《呼兰河传（节选）》，上课伊始，教师出示了如下内容：

萧红（1911—1942），现代小说家。呼兰县人。1911年6月2日出生于地主家庭，中学时代喜爱绘画和文学，因反抗包办婚姻离家出走。1932年在哈尔滨与萧军相识，并开始为报刊写稿。她与萧军合著的小说散文集《跋涉》于1933年自费出版。在鲁迅的关怀与扶持下，萧红成为30年代文坛上活跃的女作家。她的代表作品《生死场》，列入鲁迅主编的"奴隶丛书"，1935年12月出版，鲁迅亲自校阅并写了序言。

《呼兰河传》是一部回忆性、自传性的小说。作者仍以她惯用的散文手法，疏疏落落地写出儿时难忘的记忆。它再次打破了以人物为中心的传统小说模式，而以呼兰城的公众生活和环境为中心，辐射出生活的种种方面，正如书名所示，它是为整个小城的人情风习作传。

这里面有活泼的"我"和慈爱的祖父，显示出一点天伦之乐，但这里更有着悲苦的人生。可以说，它实际上是沉默的国民灵魂的别传。

会设计，提升思维能力 ◆ 123

这一大堆文字，涉及作者的内容很多：身世经历，创作情况，小说体裁、题材，小说主题等等；涉及的人物有萧红、萧军、鲁迅、"祖父"，几乎全是陌生的信息。这么多的信息一下子涌入学生的眼帘，再加上又是多媒体课件演示，一闪而过，学生能有多少印象呢？特别是在学生还根本没有接触过《呼兰河传》这部小说之前，对小说所作的这么多评价，学生怎么会有感觉呢？这一大段文字，内容陈旧（如说其"出生于地主家庭"）、知识错误（如说"写出儿时难忘的记忆"，完全把小说混同于"散文"）、理解困难（如"反抗包办婚姻"，"打破了以人物为中心的传统小说模式"，"沉默的国民灵魂"）、脱离文本（与"节选"部分关系太远），属于无效而高耗的介绍。

在教学《安恩和奶牛》时，有一位教师在导入新课时这样介绍作者：

约翰尼斯·延森（1873—1950），丹麦小说家、诗人。出生于丹麦德兰半岛西岸的西玛兰。1944年，"由于他借着丰富有力的诗意想象，将胸襟广博的求知心和大胆的、清闲的创造性风格结合起来"，获得诺贝尔文学奖。代表作品有：小说《丹麦人》《德拉夫人》《车轮》《国王的没落》《失去的天国》等。

这是属于缺少"温度"的介绍，非常机械，只做到了客观，但没有考虑到学生学习的主观愿望，与所要学习的文本的距离较远，学生不会对这一知识内容产生什么兴趣。

而另一位教师就做得比较巧妙。同样是在课堂导入环节，他首先让学生对作者有一个初步印象：

有这样一位小说家，从事创作半个世纪，其长篇系列小说《漫长的旅途》（1908—1922）六部曲更是从远古冰河时代的北欧写到哥伦布发现美洲大陆，具有史诗般的宏大气魄和优美奇特的风格。1944年他获得了诺贝尔文学奖，他就是丹麦小说家约翰尼斯·延森。他有一篇短篇小说，不但经常在广播中被朗诵，还被选入丹麦语文教材，给无数心灵以感动、教育和启迪，它就是我们今天要学习的《安恩和奶牛》。

这就避开了作者的生平经历，直接介绍其文学上的成就，使学生对其产生敬仰之情。并很快把学生的注意力吸引到所要学习的文本上来，不枝不蔓，重点突出。

不仅如此，这位教师还在引导学生把握人物形象特征的环节之后，又进行了这样的概括性、延伸性与总结性介绍：

100多年前，约翰尼斯·延森以日德兰半岛北部故乡风光人物为背景，把幼时听到过的各种故事和逸闻进行文学加工写成短篇故事集《希默兰的故事》。在这些短篇小说中，他热情讴歌希默兰的农民，赞美他们日出而作、日入而息，简朴却健康的生活。《安恩和奶牛》是其中最出色的短篇。安恩身上所散发的人性之美，感动着一代又一代人。

这就把《安恩和奶牛》的故事主题及其所讴歌的人物品格放置在一个更加广泛的背景之下，便于学生对人物形象的典型意义有所理解，也便于学生对作家的精神与情怀有鲜明的认识。

所以，何时"走近作者"并不重要，重要的是学生在什么时候需要什么样的知识，在文本学习的什么阶段需要什么样的内容，在什么时候介绍才对文本学习更有效果。把这些问题思考清楚了，教师在课堂上就会少做一些吃力不讨好的事情。

36. 为需要而"知人论世"

作者的哪些情况需要介绍给学生,哪些又是不需要介绍的,教师心中要有数,不能"捡到篮里都是菜"。对所收集的资料,要进行整合、分类、辨别,要有选择性地使用。在这方面,首先要注意所介绍内容的指向性。

有位教师在教学《呼兰河传(节选)》中,为了让学生明白"我"为什么怀念孩时的美好生活,"链接"了这样的材料:

萧红的一生是一直被冷落被忽略的一生,是一直寻找"爱"和"温暖"的一生。20岁的时候为了反抗父亲指定的婚姻,萧红离家出走,从此开始了漂泊流浪、极不安宁的生活。国难之际亡命香港,一再受到感情挫折,病魔缠身,最后孤独一人客死在孤岛香港,年仅31岁,长篇小说《呼兰河传》就在去世前一年完成。

这则材料,介绍的是作家的生平及其创作情况,但这是现实生活中的萧红("真实作者"),而不是创作中的萧红("隐含作者"),两者不可等同。在读小说时,创作时的萧红我们无法得知她的思想状况、情感体验,我们只能通过对她创作出来的作品去了解她对现实世界和对现实生活的态度和认识。可以说,小说中所描写的生活除了是萧红创作出来的以外,与现实生活中的萧红是没有关联的,把两者混淆起来的结果,就是使教学的指向性发生了偏移。

接下来的环节就是因为教师没有明白"真实作者""隐含作者""叙述者(作品中讲故事的人)"三者之间的区别而出现的:

师:现实是冰冷的,我们读到的却是温暖的笔触,萧红的这些温暖来源于什么呢?

生:来源于她的祖父。

师:萧红的祖父是一个什么样的祖父?(出示PPT)

链接材料一:等我生下来了,第一给了祖父无限的欢喜,等我长大了,祖父非常地爱我,使我觉得在这世界上,有了祖父就够了,还怕什么呢?父亲的冷淡,母亲的恶言恶色和祖母的用针刺我手指的这些事,都觉得算不了什么。——萧红

链接材料二:从祖父那里,知道了人生除掉了冰冷和憎恶而外,还有温暖和爱。所以我就向这"温暖"和"爱"的方面,怀着永久的憧憬和追求。——萧红

这样的身世介绍,确实可以对学生理解文中所表达的情感和其中所刻画的"祖父"形象有更为形象的认识,却没有尊重文本的体式特征,把小说当作散文来教了。如果稍微改动一下,把"萧红"都改成"小说中的'我'",把所链接的资料来源都注为"《呼兰河传》",那情况可能会好得多。

在教学胡适的回忆性散文《我的母亲》时,有一位教师出示了这样一些"链接资料":

1. 在组织学生讨论"为什么母亲对'我'的学习和做人的教育如此严格"的时候,链接的资料是:胡适的父亲胡传与母亲冯顺弟的情况。

2. 在让学生明白母亲很有长远目光和她的良苦用心时,链接的资料是:胡适的母亲对"我"的学习舍得投入的情况。

3. 在介绍母亲持家之不易时,链接的资料是:胡适的母亲在家庭中的特殊身份和尴尬地位的情况。

4. 在讨论胡适的母亲如此教育自己的孩子,产生了什么样的效果时,教师让学生了解胡适是一个什么样的人,所链接的资料是:胡适生平经历及其在哲学、文学、史学、古典文学考证诸方面所取得的成就,以及他的治学、为人格言。

5. 在理解"如果我学得了一丝一毫的好脾气,如果我学得了一点点待人接物的和气,如果我宽恕人,体谅人——我都得感谢我的慈母"这句话的意思时,

链接的资料是：梁实秋对胡适为人的评价，他的婚姻生活。

6.在讨论胡适的"宽容精神"时，所链接的资料是：蒋介石与胡适的关系及对胡适的评价。

如果仅从教学环节的安排来说，这样的"链接"起到了贯穿与串联全课的效果。如此"链接"，资料不可谓不丰，内容不可谓不全，角度不可谓不新，视野不可谓不广，但问题是，我们教学一篇散文的真正目的是什么？我们引领学生去品读的到底是那只美味的"鸡蛋"，还是下了这只"鸡蛋"的"母鸡"？对于具体的某一篇散文来说，其教学意义难道就只是去熟悉了解文本的写作内容？就只是花许多时间与精力完全脱离文本去进行所谓的"知人论世"？我们是不是可以丢开文本的语言形式，不去引导学生思考"写得怎么样"和"为什么这样写"，而只注重于文本"写了什么"？

在这方面，美国同行的做法可以给我们以启示。以《独立宣言》这一课来说，课文中只介绍了《独立宣言》作者托马斯·杰弗逊在为国家赢得独立方面所作出的杰出贡献，介绍了被称为"自由的呼声"的《独立宣言》在撰写和签署过程中，托马斯·杰弗逊的非凡勇气和坚定的斗争态度（《美国语文》）。这样的"走近作者"内容集中，表述精炼，是完全为文本学习的需要而进行的。

只有明白了教的需要和学的需要，"知人论世"才有价值，其内容选择也才更加精当，方法指导才会更加有效。

37. 寻找难易的平衡点

"走近作者"还碰到一个有难度的问题：内容过于浅显，或教师表述比较俗套，始终在诸如生平、创作情况等方面纠缠，学生所接触到的往往是一些冷冰冰的知识，自然没有学习的兴趣；内容过于艰深，距离学生的实际需求和认知水平较远，学生也不可能有学习的热情，达不到预期的教学效果。这就要求我们能够在难易之间寻找到一个平衡点。

例如，苏教版必修与选修教材中都有对杜甫的介绍，其中提到了其作品集的名称：一为"有《杜少陵集》"，一为"有《杜工部集》"。问题是教材中对"杜工部"有介绍，但对"杜少陵"没有说明。对学生而言，可能会产生认知上的困惑："少陵"指什么？为什么杜甫的诗集叫作《杜少陵集》？《杜少陵集》与《杜工部集》是一本诗集，还是两本诗集？如果教师仅停留于课文中的介绍，学生对这一问题的认识就始终是不够完整，也不够深入的。为此，就要作适当的补充说明，使学生对知识的了解更为全面。

在学习李商隐的《无题·相见时难别亦难》一诗时，教师让学生去读课文下面的注释：

> 诗人不愿标明主题，故意用"无题"名篇；有的诗就用开头的两个字为题，也属无题诗，如《锦瑟》。

这一注释中，我们要注意两点：一是李商隐的"无题诗"的情形是比较复杂的，将其原因全部归结于"不愿标明主题，故意用'无题'名篇"，是不是有些片面与武断？二是其《锦瑟》一诗明明用了诗开头的两个字为题，为何还要称为"无题诗"？是不是凡是用诗开头的字为题的诗如《诗经》中的诗都是"无题诗"？对于第一个问题，教师不能照本宣科，可以适当补充一些有关"无题诗"的知识，特别是李商隐的"无题诗"，让学生对这一知识点有比较全面而深入的了解。对于第二个问题，教师更不能人云亦云，而要通过查阅其他资料，以形成正确认识。

关于这个问题，周汝昌先生是这样认为的："诗题'锦瑟'，是用了起句的头两个字。旧说中，原有认为这是咏物诗的。但近来注解家似乎都主张：这首诗与瑟事无关，实是一篇借瑟以隐题的'无题'之作。我以为，它确是不同于一般的咏物体，可也并非只是单纯'截取首二字'以发端比兴而与字面毫无交涉的无题诗。它所写的情事分明是与瑟相关的。"（《唐诗鉴赏辞典》）周汝昌先生说得很明确，这是一首以"瑟"为写作主体的抒情诗。

既然如此，"锦瑟"作为诗题就应该是确凿无误的事实，那为什么还要说它是一首"无题诗"呢？循着这条思路，教师在教学《锦瑟》这首诗时，完全可以引导学生认真仔细地研读诗句，从中寻找每句诗与"锦瑟"的关联，体会诗人借托某一具体事物，抒发自己无限悲感、怨愤情绪的写法，体味其中生离死别的"奇情深恨"，进而理解诗人以"筝瑟为曲，常系乎生死哀怨之深情苦意"的独特匠心。

不难想象，如果教师仅仅依靠教科书本身，对文本中出现的一些语言现象不进行认真思考和深入研究，所提供给学生的就有可能是一些肤浅的、片面的甚至错误的知识，对学生理解文本没有实质性的帮助。当然，我们在教学中，还应防止另一种情况的发生，就是过难、过深地介绍作者情况，这同样不能起到应有的作用。比如有位教师教学白居易的《观刈麦》，用非常动情的语言说了这样的话：

白居易有这样一个主张，他认为"文章合为时而著，歌诗合为事而作"，所以他写了这样一首诗，一方面要揭露当时的赋税给劳动人民带来的沉重负担，要把他对劳动人民的同情和作为知识分子的那一份担当表达出来。白居易的想法很简单，用他自己的话来讲，"惟歌生民病，愿得天子知"，所以这首诗不单单是一首叙事诗，它还是一首讽喻诗。

他希望天子能读到这首诗，能体谅一下百姓的甘苦，知道天下的老百姓在赋税的压榨之下生活何其不幸，想让当朝者知道"苛政猛于虎""赋敛之毒有甚是蛇者乎"，所以，他写了一组这样的诗。同学们，以后还会读到《卖炭翁》《秦中吟》……还会读到他的《杜陵叟》，同样是写赋税对老百姓的毒害的。"长吏明知不申破，急敛暴征求考课。典桑卖地纳官租，明年衣食将何如？剥我身上帛，夺我口中粟。"所以，这首诗是叙事诗，也是讽喻诗，还是一篇用血和泪写就的心灵的乐章。

　　这位教师为了证明白居易的这首诗不仅是"叙事诗"，而且是"讽喻诗"，进行了拓展性引用，涉及了白居易的好几个方面：创作主张，写作意图，"新乐府"的创作情况，"新乐府"的主题，对诗歌的评价等。这位教师恐怕已到了非常"忘情"的地步，恐怕已经完全忽略了坐在下面听课的还是一些刚步入少年的孩子，不然为何要向涉世不深、阅历很浅、认识有限的初中生介绍这么多艰深的知识呢？这已经不只是"走近"了，而是"走进"了，"走入"了。这些知识内容，即使是普通的高中生也难以掌握。

　　由此我们可以这样来认识"走近作者"，它不仅是文本学习的需要（确实与文本有关的），也是学生阅读理解的需要（对学生学习有帮助），还是教师的教学需要（一种教学策略）。我们要能够恰当地体现文本意义，恰当地反映学生学习实际，恰当地演绎教学行为，真正使这一环节最大可能地发挥效益，真正对学生理解文本有所裨益。

38. 避免犯"低级错误"

教师所传授的知识，必须是正确无误的，这是教学的底线要求。课堂中常见有教师犯"低级错误"，把某个知识讲错了，因而受到学生的讥评。如果说因为"照本宣科"而出现错误尚可以原谅的话，那么由于教师自己理解或认识的偏差，出现了任何书本均无据的错误，那就要认真地反思了。

有位教师在教学戴望舒的《雨巷》时，这样介绍诗歌中的"意象"知识：

我们在讲前边的诗歌时说起过，诗歌是通过具体事物来传达情感的，这个具体事物我们用了一个专门的术语：意象。所以，这首诗歌中出现的意象，从人物方面来讲，就有"我"和"姑娘"，诗人用了大量的篇幅来描写姑娘，描写姑娘的动作，描写姑娘的情绪，还用了许多别的意象来衬托这个姑娘，你能找到吗？

所谓意象，就是客观事物经过诗人运用独特的情感活动而创造出来的一种艺术形象。意象是"意"与"象"的组合，"意"指诗人的情感，"象"是客观事物，意象就是寓"意"之"象"，就是用来寄托主观情思的客观事物。简单地说，意象就是融入诗人思想感情的"物象"，是赋有某种特殊含义和文学意味的具体形象。既然如此，那么"人物形象"是不能归于"意象"之中的，教师也许是清楚这一点的，所以他在讲述概念本身时，说的是"诗歌是通过具体事物来传达情感的，这个具体事物我们用了一个专门的术语：意象"，但他在列举本诗中的意象时，却又很不应该地"从人物方面来讲"，而说出"我"和"姑娘"都是意象的错话。这样的错误一旦发生，就很难以纠正，学生在以后的诗歌鉴赏中，就会以讹传讹，以错就错。这不是教师的一时口误，因为他在后面的活动中，要求学生找出诗中的意象，而他自己所出示的"意象"有：雨巷、丁香、油纸伞、篱墙、姑娘、"我"。可见教师对"意象"的了解是有缺陷与偏颇的。

有位教师在教学范仲淹的《岳阳楼记》时，为了探究其"劝勉"这一写作意图，出示了这样的材料：

材料一：据《岳州府志》记载，嘱托范仲淹写《岳阳楼记》时，滕子京因被人诬告挪用公款贬官岳州。当时的滕子京悲愤愁苦，牢骚满腹，打算岳阳楼竣工之后，凭栏痛哭以泄其愤。

运用相关的历史知识，来探究文章的写作意图，并得出"借被嘱托写《岳阳楼记》的机会，劝勉滕子京"的结论，这一做法是正确的。问题是，所提供给学生的知识必须是准确无误的。但此段话至少有四个问题：

一是根据此种说法，滕子京"嘱托范仲淹写《岳阳楼记》"时，他正"因被人诬告挪用公款贬官岳州"，这给人一个误导：好像两件事发生于同一个时间里。而事实是滕子京贬官岳州是"庆历四年春"，而范仲淹写文章是在"庆历六年九月"，距他被贬已过去两年多了。正因为他"贬官岳州"，才有"重修岳阳楼"之举，也才有"嘱余作文以记之"之事。而"打算"云云也都应在这之前，而非"嘱余作文以记之"之时。

二是根据《宋史》记载，滕子京被贬官，并非被人诬告，而是因为"知泾州（今甘肃泾川），用公使钱无度，为台谏所言，朝廷遣使者鞫之"（司马光《涑水纪闻》）。

三是很难想象，如果滕子京一直"悲愤愁苦，牢骚满腹"，那他怎么会有"政通人和，百废俱兴"的辉煌政绩？应该说他虽遭谪徙，愤郁满怀，却励精图治，不计个人荣辱得失，以国事为重，勤政为民，"知命乐职，庶务毕葺"（范仲淹《滕待制宗谅墓志铭》），所以取得了"治最为天下第一"（宋·王辟之《渑水燕谈录》）的美誉。

四是理解上有偏颇，"悲愤愁苦""牢骚满腹""泄其愤"这些说法都是教师的臆测，宋人周辉在《清波杂志》中所云为"忧悲憔悴之叹"，而"忧悲""憔悴"显然不能等同于"悲愤"与"牢骚"，一个人在"牢骚满腹"时也不会用

"大恸"来显示出来;"泄其愤"一般而言是"泄其愤恨或愤怒",而此处之"悲"当为"悲伤""悲愁""悲痛""悲郁"之意。更何况在封建时代一个臣子又怎么可能、怎么敢公开表现出对皇帝的"愤恨"与"愤怒"呢?

这些知识介绍,传递的是错误的信息,不利于学生对历史和社会认知能力的形成,影响了学生对文本准确的感受力和审美力,也影响了学生对社会现实的思考力和判断力。

这位教师在引导学生探究文章的主题时,认为范仲淹运用了隐喻的手法,为此有了如下教学:

师:先看材料三,杨恽隐喻了谁?又为何被腰斩?
材料三:西汉杨恽在《报孙会宗书》一文中,有"田彼南山,芜秽不治,种一顷豆,落而为萁"一句,后被汉宣帝腰斩。
明确:杨恽用"农夫"隐喻汉宣帝。汉宣帝无法接受这个形象而腰斩了杨恽。

教师兜了一个很大的圈子,就为了引出"隐喻"的手法,可谓得不偿失;而如此挖掘文章主题的做法其悖谬处也很明显,在此且不论。对杨恽的这首短诗作如此理解,则是完全错误的。

这首诗的背景是,杨恽因为乱发议论而触犯了汉宣帝,被迫辞官回家。他在成为庶人后,整天高朋满座,讽刺官场。后来其好友孙会宗看到他这样,给他写了封信,劝其收敛些,免得惹祸。杨恽却满不在乎,回了信,信中有"田彼南山,芜秽不治,种一顷豆,落而为萁。人生行乐耳,须富贵何时"(《汉书·公孙刘田王杨蔡陈郑传第三十六》)的诗句,借以发泄牢骚,讥刺官场。其诗意为:南山有一块地,杂草丛生,种了百亩豆,只剩下没用的豆秸,人生就是行乐罢了,要到什么时候才算富贵呢?据《汉书》颜师古注引张晏说,南山为"人君之象",芜秽不治"言朝廷之荒乱",豆实零落在野,"喻己见放弃"。此诗后来还被陶渊明巧妙地引用了:"种豆南山下,草盛豆苗稀。晨兴理荒秽,带月荷锄归。"(《归园田居·种豆南山下》)杨诗的整体意思是讽刺汉宣帝把国家治理得乱七八糟,并为自己狂放不羁的行为辩解,而不是"用'农夫'隐喻汉宣帝",汉宣帝也不是因为"无法接受这个形象而腰斩了杨恽"。

这样的错误，往往不容易被学生发现，因为它是由"知识权威"——教师讲述的，且又与正确的知识夹杂在一起，其中的乖谬很难被发现。语文教师要做细致的案头工作，特别是在涉及自己平时接触不多的历史知识时，不能因为所看到的材料比较新就不加选择、不加分析地运用，而要特别谨慎，要能判断，有辨别，善取舍，巧运用。

39. 切合实际的才是最好的

《语文课程标准》明确指出:"在阅读教学中,为了帮助理解课文,可以引导学生随文学习必要的语文知识。"在学习过程中,"要避免脱离实际运用,围绕相关知识的概念、定义进行'系统、完整'的讲授与操练"。也就是说,学习语文知识要对学生理解课文有帮助,否则教再多的知识也是无意义的。

有位教师在教学《皇帝的新装》时,向学生介绍了这样的知识:

童话是儿童文学的一种,这种作品通过丰富的想象、幻想和夸张来塑造形象,反映生活,对儿童进行思想教育。童话的语言通俗、生动,故事情节往往离奇曲折、引人入胜,往往采用拟人的手法,举凡鸟兽虫鱼、花草树木,整个自然界以及家具、玩具都可赋予生命,注入思想感情,使它们人格化。

单纯地向学生介绍这样的知识,对学生阅读《皇帝的新装》有什么价值呢?如果真要让学生对"童话"这一文体知识有所了解,正确的做法应该是:通过对作品中所运用手法的理解,进而归纳出"童话"的相关知识,而不是像现在这样本末倒置。

有位教师教学《呼兰河传(节选)》时,这样介绍作家知识:

童年的画卷就此合上,她走出园子,走进了另外一种人生。
写下彩色童年的萧红,她的世界是黑白的;写下温暖童年的萧红,她的世界是冰冷的;写下自由童年的萧红,她一生不断逃离,直到无处可逃。(出示PPT)

链接材料:

萧红的一生是一直被冷落被忽略的一生,是一直寻找"爱"和"温暖"的一生。20岁的时候为了反抗父亲指定的婚姻,萧红离家出走,从此开始了漂泊流浪、极不安宁的生活。国难之际亡命香港,一再受到感情挫折,病魔缠身,最后孤独一人客死在孤岛香港,年仅31岁,长篇小说《呼兰河传》就在去世前一年完成。

这些作家知识,与作家所写的长篇小说不能说完全没有关系,但这样的介绍对学生理解文本却是没有任何作用的。更何况学生所读到的节选部分,表现的是"我"(而非萧红自己)无忧无虑、自由自在、幸福快乐的童年生活,其中只有"彩色",没有"黑白",只有"温暖",没有"冰冷",只有"自由",没有"逃离",只有"爱"和"温暖",而无"冷落"和"忽略"。教师所介绍的内容与文本所呈现给学生的,无论是描写的景象还是所传递的感情,都完全是风马牛不相及的。尽管萧红的《呼兰河传》带有浓厚的自传色彩,但它毕竟是小说,是以虚构、想象、塑造为主要手段而演绎出来的艺术作品。小说中所反映出的艺术生活,不能等同于作家的现实生活;作家个人的生活经历也不可能与作品所描写的生活景象完全一致。

有位教师在讲到白居易《观刈麦》中的"复有贫妇人,抱子在其旁"这两句时,说了这样的话:

师:你想想,他们家的丁壮哪去了?
生:可能饿死了。
生:被国家抓去当兵了
师:哦,被官府征去当兵了。
生:给别人家收麦子去了。
师:哎,做麦客去了?
师:看过《白鹿原》吗?到麦收季节,大户人家要请很多的人去割麦子,有些穷人就去大户人家做麦客,做雇工去了。

(读幻灯片内容)

由于藩镇割据,中央统治区域面积缩小,需要加税;两税中户税部分的税额是以钱计算的,因政府征钱,市面上钱币流通量不足,不久就产生钱重物轻的现象，农民要贱卖绢帛、谷物或其他产品以交纳税钱，增加了负担；两税制下土地合法买卖，土地兼并更加盛行，富人勒逼贫民卖地而不移税，穷人到后来无法交税，只有逃亡。

我们看到唐代有很多文学家写这样的故事，柳宗元的《捕蛇者说》写道："殚其地之出，竭其庐之入，号呼而转徙，饥渴而顿踣，触风雨，犯寒暑，呼嘘毒疠，往往而死者相藉也。"他们没有办法交税，只能去逃荒，很多的农民流离失所，无家可归，无地可种，只有死路一条。这就是晚唐时期农民生活的真实的状况。

这几段话中，所涉及的有生活知识"麦客"，有阅读知识《白鹿原》，有唐代晚期历史知识，有唐代的经济税收方面的知识，内容非常丰富，但问题也很明显。既然"丁壮"去做麦客了，但又怎么能说其"逃亡"了呢？为什么"贫妇人"的丈夫不是生病或"死亡"，而一定是"逃亡"呢？他又能"逃"到哪里去呢？教师的说法依据并不充分。至于《捕蛇者说》中的"亡"与本诗中的不见"丁壮"之景也完全不是一回事。用这些似是而非的知识来解释"复有贫妇人，抱子在其旁"，既缺乏逻辑上的支撑，也不能揭示她生活惨状的原因，更把学生的思维限制在一个固定的框框之内。特别是教师为了证明是"逃亡"，出示了有关唐代"两税制"的知识，其表述抽象难懂，学生理解极其困难。至于引用还没有学过的《捕蛇者说》，学生更不会明白其中的意思，这样的知识介绍除了直接"灌"给学生之外，还有什么好的办法呢？

不少教师教学时，总想通过大量的知识，对所学的内容进行一些拓展，以便于学生理解与把握，这样的出发点是好的。问题是要与文本紧密联系，要与学生的阅读实际完全吻合，要对学生的思维发散起到真正的作用。

40. 在不知不觉中受用着

叶圣陶先生曾经指出："语法、修辞法、作文法、思想方法都不作孤立的教学，孤立的教学徒然研讨一些死知识，劳而少功；必须就实际的听、说、阅读之中相机提出教材。"《语文课程标准》也明确要求："语文知识的学习重在运用。"对语文知识要"随文学习"，要"根据语文运用的实际需要，从所遇到的具体语言实例出发进行指导和点拨"，以便"帮助学生更好地识字、写字、阅读和表达，形成一定的语言应用能力和良好的语感"。所以，知识教学的最佳状态，是与文本内容紧密结合，巧妙联系。

有位教师在川端康成《父母的心》的教学设计中，出示了这样的知识内容：

川端康成（1899—1972），日本小说家。出生在大阪。一生创作小说 100 余篇。主要作品有《伊豆的舞女》《雪国》《千只鹤》《古都》等。1968 年获诺贝尔文学奖。1972 年自杀。

问学生：你觉得这段资料中哪些对你是有效的信息？

有关作家的这些纯知识介绍，是较为刻板的知识，也是没有任何"体温"的知识；知识呈现的主体完全可以是学生，因为其中没有什么"知识含量"。更不好理解的是，教师的问题要指向什么？此段资料涉及作家姓名、生卒年、身份、出生地、整体创作情况、主要作品、文学影响、死亡方式等，但就是没有涉及所要学习的文本。如果"有效"是指与文本学习相关的内容，那这段话与文本却是没有任何关联的，全是"无效"的。教师暗示学生这些是"有效的信息"，那"有效"与否如何判定？教师先入为主式的认识，学生是否赞同？提问本身是一种"开放式"的，要求学生的回答也应该是"多元"的，因为学生的回答可能五花八门、无法取得一致，可这样的知识性问题，却又是不需要什么"个性化理解"的。所以，这种不随文介绍的知识，离开了具体的语言实际，对学生的学习起不到指导和点拨的作用。

有位教师在教学《岳阳楼记》中的"不以物喜，不以己悲"这句话时，为了防止学生把它简单地翻译成"不因外物而欣喜，不因自己而悲伤"，巧妙地设计了两种解决方法：

一是提示互文的修辞手法，联系旧知来揣摩翻译，在《木兰辞》中有"东市买骏马，西市买鞍鞯，南市买辔头，北市买长鞭"等，《捕蛇者说》中也有"叫嚣乎东西，隳突乎南北"。上下两句互相交错，翻译时往往融合在一起翻译。

二是结合语境来翻译，作者观览悲喜之景物，有悲有喜，因此可以推断，"不以物喜，不以己悲"正确的翻译应是"不因外物的好坏和自己的得失而或喜或悲"。

这位教师介绍的知识是与具体的语境相联系的，他没有机械地讲"什么是互文"，"互文修辞手法有哪些基本特征"，"运用互文手法有什么艺术效果"等知识，而是充分调动学生的知识储备，运用温故知新的方法，让学生借助已有的"互文"知识来理解并翻译文中的难句，化难为易。同时，他又提示学生联系全文来理解文句，用整体阅读文本的知识来提示学生，要注重对文章整体的理解，翻译时能做到"字不离句，句不离篇"，这样的教学效果是非常显著的。

在这方面，不少教育名家为我们提供了很多的经典课例。如于漪老师在教学《晋祠》时，考虑到学生对课文所介绍的对象"晋祠"几乎没有什么了解，为了激发学生的阅读兴趣，在导入新课后，她指导学生听写了《中国名胜词典》中介绍晋祠的一段话：

晋祠在山西太原市西南25公里悬瓮山下晋水发源处。北宋天圣年间，追封唐叔虞为汾东王，并为大母邑姜修建了规模宏大的圣母殿，殿内有43尊宋代彩塑，殿前鱼沼飞梁，为国内所仅见。殿两侧为难老、善利二泉，晋水主要源头由此流出，常年不息。水温17℃，清澈见底。祠内贞观宝翰亭中有唐太宗撰写的御碑"晋祠之铭并序"。祠内还有著名的周柏、隋槐，周柏位于圣母殿左侧，隋槐在关帝庙内，老枝纵横，至今生机勃勃，郁郁苍苍，与长流不息的难老泉和精美的宋塑侍女像被誉为"晋祠三绝"。

这则材料可说是课文的"缩略版"，因为它基本概括了课文所写的主要内容。它的出示，为学生具体了解课文所写对象"晋祠"提供了知识背景，调动了学生的学习热情，引发了学生对文本学习与探究的兴趣，为教学活动的后续展开打下了良好的基础。

于漪老师的高明之处不仅在此，她不像一般教师所做的那样，直接出示这段知识内容，而是巧妙地将知识介绍变成听写训练，这对学生的语言运用能力的培养是极有好处的。她也没有仅仅局限于知识介绍本身，而是将其贯穿于课堂学习的始终，她紧密结合材料，指导学生进行比较、概括、归纳、阅读、思考。她要求学生认真阅读课文，把知识介绍的有关内容和课文中的有关描写一一对应起来，让学生去发现二者的异同点，并对两种文体作出自己的阅读判断。在这一过程中，强化了学生对文本的细读，使学生深入了解了文本所传递的信息，帮助学生认识了不同文体的存在价值和确立了语境写作的意识，锻炼了学生的思维能力。这就使教学活动始终围绕对语言的学习和培养学生的语言能力展开。

叶圣陶先生曾经告诫我们："阅读和写作的知识必须化为技能，养成习惯，必须在不知不觉之间受用着它，才是真正的受用。"语文知识"只有在学习和运用语文的实践过程中，才能牢固、扎实、灵活地掌握"（洪宗礼语）。毋庸置疑，学生获得语文知识的基本途径是课堂学习与训练，但这种学习与训练绝不是刻板的纯知识的机械传授与操练，而是"与生活、语境、情境紧密结合，重在综合，重在应用，重在探究，重在发展思考力和创造力，它应当融入语文教学的全过程和各个环节，亦即让语文'站'起来，'活'起来"（洪宗礼语）。唯能如此，知识教学才有意义，才有价值。

41. 以旧启新,打开思维通道

明代的谢榛在《四溟诗话》中比喻写作开头的作用时曾说:"起句当如爆竹,骤响易彻。"作为课堂教学起始环节,导入也当如此。课堂导入,也叫导入新课,它是指教师在教学伊始,根据教学实际需要,有明确的目的和具体的指向,运用一定的方法,采取一定的手段,把学生的注意力吸引到学习上来的一种教学方式。

导入语的基本作用是进行"新知"与"旧知"的链接,能够使学生从"已知"到"未知",使学生的思维能够沿着教师预设的方向畅行无阻。联系旧知的目的,主要是为了引出新知,使新知的出现比较自然,不至突兀。新旧知识,可以是间接的书本知识,也可以是直接的生活知识,但两者之间必须有必然的联系,这种联系应该是具有某种同质特点的知识,是一种能够由此及彼、由近及远、由浅入深、举一反三的知识,是容易使学生产生某种阅读期待,促进新旧知识联系,进而能够触类旁通的知识。于漪老师教学《晋祠》一课时,她先用充满激情的语言要求学生介绍自己所知道的一处名胜古迹,学生依次发言后,于老师说了这样一段话:

刚才我们花了不到两分钟的时间,把自己熟悉的名胜古迹初步检阅了一下,已经巍巍乎壮哉!我们祖国无处没有名胜古迹,真是美不胜收。我们祖国究竟有多少名胜古迹呢?我给你们介绍一本书(出示书),大家看:《中国名胜词典》。这本书里介绍的都是我国名胜古迹,我们今天要学习的《晋祠》,这里也有介绍。"晋祠",你们学过地理,"晋"是指什么地方?

于老师先让学生介绍自己所了解的名胜古迹,这是调动与激活学生已有的生活经验和阅读经验，拉近学生与新课的认识距离，引发学生对所要学习课文的情感期待，并自然地将学生的阅读兴趣引入需要关注的对象之中，使得教学环节如风行水上，过渡自然。

对旧的知识而言，还必须是学生所熟知的、与学生的学习水平和状态较为吻合的，否则就成了某种"新知"，不能唤醒学生的学习或生活记忆，达不到以"旧知"引出"新知"的目的。

有位教师在教学梁衡的《夏》时，运用间接的书本知识设计了这样的导入语：

请大家来欣赏一段文字："麦子黄了，大地再也不像大地了，它得到了鼓舞，精气神一下子提升上来了……太阳在天上，但六月的麦田更像太阳，密密匝匝的麦芒宛如千丝万缕的阳光。阳光普照，大地一片灿烂，壮丽而又辉煌……是的，麦子黄了，该开镰了。庄稼人望着金色的大地，张开嘴，眯起眼睛，喜在心头。"

这是作家毕飞宇先生在小说《平原》中对我们苏中农村夏天的描述。金黄的麦穗是农民心中最美的风景，那么，在作家梁衡的眼中，夏又是一幅怎样的画卷呢？让我们一起走进散文《夏》，感受夏天的独特魅力。

从新旧知识的内容看，两者是同质的，所描写的都是"夏天"的景象，这样的思考方向是对的。教师试图通过这一导入语，激发学生的学习兴趣，这一意图也无疑得到了实现。但如果从"新知"与"旧知"的联系看，则存在明显的不足。这样的导入初听很新鲜，但因为大多数学生并没有读过毕飞宇的小说《平原》，也就是说这与所要学习的课文一样，都属于"新知"。这就不能激起他们的阅读回忆，难以找到学习的感觉，无法打通新旧内容的关系。从所写对象看，两位作家对夏天的描写，只不过角度不同，语言表达方式有差异，但其所描画的夏的特点并没有本质的区别，所以这样的导入语，不能使学生的学习向纵深发展。从引入内容看，教师引导学生学习的着眼点应该是其语言的魅力，而不是所写的对象与内容本身，所以应该引领学生"走进"的不是"夏天的独特魅力"，而是梁衡高超的描写艺术。正确的做法应该是：先让学生回顾所读过的描写"夏"的诗文，由此概括出"夏"的特点，体会其描写艺术，再自然引出所要学习的课文。这样的思维链接比较自然顺畅。

我们再来看一个运用直接生活知识来导入的案例。一位教师在教学徐志摩的《再别康桥》时，这样导入：

来自荷藕之乡的同学们（授课地点——江苏扬州宝应县——素有"全国荷藕之乡"的美誉），大家好！今天老师将和大家一起驾一叶扁舟，在芬芳袭人的阵阵荷香里，在初夏习习清风的吹拂下，沿岁月的河流漫溯而上，在大洋彼岸康河的柔波里，追寻千古诗人徐志摩的身影，重温他的康桥之梦……

作为一次借班上课，教师巧妙地与学生拉近距离，这样的语言方式确实容易使学生对教师产生亲切感。这段导入语很生动，也很优美。"驾一叶扁舟，在芬芳袭人的阵阵荷香里"，"沿岁月的河流漫溯而上"等话语也非常煽情，"荷藕之乡""阵阵荷香"这样的字眼确实能够唤醒学生的生活记忆。但问题是，"袭人"的"荷香"特指荷花的香味，荷叶是没有香味的，"阵阵荷香"的景象要到荷花盛开的时候才会有，而荷花盛开要到7月中旬左右，也就是农历的6月份（民间称农历6月为"荷月"），初夏是不可能有"芬芳袭人的阵阵荷香"的。学生已有"芬芳袭人的阵阵荷香"的生活记忆，从其性质来说，拥有的是喜悦与快乐，而徐志摩的诗歌所抒发的则是感伤与怅惘，两者之间没有必然的逻辑联系。

再说，徐志摩所写的康河的"柔波"里只有"青荇"与"浮藻"的"招摇"，并没有"荷"的影踪，"康河"与"接天莲叶无穷碧"的荷塘也相距甚远，两者的审美视野、审美趣味也完全不同。这些异质的毫无关联的内容被教师硬是组合到一起，试图引起学生的阅读兴趣，却经不起逻辑上的推敲。"驾一叶扁舟，在芬芳袭人的阵阵荷香里"嬉戏，对于众多的城里孩子来说，恐怕还只是一种美好的幻想；徐志摩是不是"千古诗人"，也还需得到历史的评价与认可。这样的导入，远离现实生活的"虚拟"情境设置，看起来很美，其实并不能"召唤"学生的思维向未知领域前进。

导入的作用首先是要能够温故知新。"温故"之"温"是"重温"之意，"重温"不是简单的重复旧知，它是对已有学习状态的一种回顾，其目的除了引起学生学习联想之外，还有为后面的学习作好准备的作用。"知新"之"知"是有新的发现、新的认识，这样的"新"要能自然而然地呈现出来，在学生不知不觉之中，"随风潜入夜，润物细无声"，不露任何痕迹。在皮亚杰看来，"旧知"是完全能够被同化的材料，它本身不会产生任何学习。要想使学习发生，材料需要部分已知和部分未知。已知部分将会得到同化，未知部分将必然会导致学生认知结构的轻微改变，这种改变可以大约等同于学习。所以，要使学生从"温故"顺利达到"知新"，对"故"的内容的选择就显得特别重要，对"故"与"新"的紧密联系就要有足够的把握，否则再精彩的导入语也达不到导入新课的目的。

42. 为新的学习定位

课堂导入的另一个作用是为新的学习设立目标，使学习的重点内容得到初步概略的呈现。让学生初步了解学习新课的目的，在课上要解决什么问题，哪些内容是学习的重点等等。使学生有较为明确的学习方向，也会对学习的重点予以更多的关注。所以在设计导入语时，我们还必须有非常明确的指向与目标，不能跟学生"兜圈子""捉迷藏"，搞故弄玄虚式的"遮眼法"。

有位教师在上白居易的《观刈麦》时，这样导入：

出示梁衡《夏》的片段："那春天的灵秀之气，经过半年的积蓄，这时已酿成一种磅礴之势，在田野上滚动，在天地间升腾，夏天到了。"

师：大屏幕上这段文字，大家熟悉吗？我们一起来读一下。

师：嗯，读得真好。孩子们看到了没有，现在这个季节，咱们这个地方的麦子都快成熟了。昨天我看到油菜已经割完了，大麦也已经割了。接下来就该收割什么了？

生：（齐）小麦。

师：嗯，小麦。我今天要和大家玩一回"穿越"。我们一起回到唐朝，看一看唐代诗人白居易写的麦收季节的故事。

不难看出，这段导入语的目的是引出所要学习的《观刈麦》这首诗，但兜的弯子却不小。用梁衡的《夏》来导入，好像能够起到温故知新的作用，对调动学生的学习积极性也应该有一定的作用，但问题是，梁衡的《夏》与白居易的《观刈麦》在主题表达、情感抒发上有很大的差别，教师营造如此热烈、紧张、急促的气氛和展示如此磅礴、壮阔、充满喜庆的情景，与所要学习诗歌的情感基调会产生很大的冲突。再说，梁衡的《夏》不仅写了"收获"，还写了"耕种"，不仅写了紧张与忙碌，还写了农民的勤劳与喜悦；而白居易所写的只是农民的痛苦、悲惨与不幸。梁衡是对生活的由衷歌颂与热情赞美，而白居易则是对现实生活的无情揭露，对苦难中人们的无限悲悯与同情。梁衡与白居易写的"麦收季节的故事"，无论是内容还是主题表达，无论是表现手法还是语言风格，都有本质的不同。教师尽管费了很多的心思，转了很大的弯子，但学生还是不明白教师说这些话的目的，也不会知道将要学习的目标在哪里，重点是什么。

同样是古代诗歌教学，有位教师在上《念奴娇·赤壁怀古》时，导入的效果就非常好：

宋词在我国古典文学史上占有重要地位，苏轼的词开一代豪放壮阔词风的先河，一扫过去词作的脂粉气、缠绵情，他的词作是宋代词坛上的璀璨明珠。《念奴娇·赤壁怀古》是苏轼豪放壮阔词风的代表作。当时，人们评论苏词，曾这样说：柳永词，须十七八岁妙龄女郎，手持红牙板，浅斟低唱"杨柳岸晓风残月"；而苏学士词，则须关西大汉，手持铜琵琶、铁绰板，高唱"大江东去"。在这鲜明的对比中，突出了苏轼词的豪放风格。那么，这首词在写景抒情方面是怎样体现他豪放壮阔的风格呢？我们还是先"读"为快吧！

教师的这段话，不仅非常明确地向学生交代了苏轼的词风特点，激发了学生的探求欲望，而且为学习新课设定了方向，确立了目标，使学生能够明白学习的重点在哪里。

玩凌空蹈虚、不着边际式的导入，在教学实践中可谓比比皆是，有位教师为朱自清的《绿》设计了这样的导入语：

除《春》《背影》之外，你们还读过朱自清的哪些散文？1924年秋，作为浙江省立第十中学的一位国文教员，朱自清先生写下了游记《绿》，从此这道风景连同这篇散文一起蜚声于海内外，拥有无数粉丝。

这段导入语，文字较为平淡，情感元素不太丰富，与文章充沛感情的勃发姿态不相吻合；内容不够集中，语言表述不够清晰。"1924年秋""浙江省立第十中学的一位国文教员"这样的信息，要告诉学生什么？这样的年代、作者的身份与写这篇文章之间有密切的意义关系吗？"浙江省立""国文教员"这样的名词术语，现在的初中学生能懂吗？"从此这道风景"由于前面没有前置主语，不知道指什么，虽然从"连同这篇散文"可以得知是指梅雨潭，但明显不符合语法。再说梅雨潭的"绿"作为自然和历史的遗存，难道直到有了朱自清的这篇文章才开始为人所关注吗？从文章中的描写文字可以看出，仙岩的梅雨潭是一个非常著名的景点，作者自己不就是去游玩之后而写下了这篇著名游记的吗？至于说这篇散文和梅雨潭"蜚声于海内外"，其判断的依据是什么呢？"拥有无数粉丝"的是梅雨潭这一风景名胜，是朱自清本人，还是朱自清写的这篇散文？"拥有无数粉丝"只能指人，而不能指风景或文章；至于说"拥有无数粉丝"的情景描绘，既没有历史的记载，也缺乏现实的调查，这样的认识的结论又是怎么来的呢？特别是这段话根本没有涉及所要学习的内容，学生要从中明白需要学习的目标、把握学习的方向，真是"难于上青天"。

如此导入，就好像一次不成功的海上航行，由于一开始没有把航向设定好，课堂就如在茫茫的海面上飘忽不定，左右摇摆，学生被搞得晕头转向，如堕烟雾，不能顺利地到达目的地。所以，课堂导入应该起到定向、指引、定位的作用，要有的放矢，瞄准靶心，弹无虚发。否则再华丽的语言，也只会使学生如盲人摸象，云里雾里。从某种程度上看，这样的导入只是一种单纯的活动，它"并不构成经验。这样的活动只是分散的、有离心作用的、消耗性的活动。作为尝试的经验包含变化，但是，除非变化是有意识地与变化所产生的一系列结果联系起来，否则它不过是无意义的转变"（杜威《民主主义与教育》）。

43. 建构起深入学习的辅助体系

作为教学的首要环节，课堂导入还应该能为将要学习的内容作铺垫、打基础、埋伏笔，要能担负起牵线搭桥、铺设道路的任务，使得后面的学习较为顺畅，使学生乐于学习与思考。所以导入语不应该有难以理解之处，否则学生就会在其中纠缠，而不能迅速打开学习的思路，踏上文本研习的旅程。

有位教师在教学刘鸿伏的《父亲》时，这样导入：

播放音乐崔京浩的《父亲》。

师：李白来到黄鹤楼时，不敢轻易题诗，认为眼前有景说不得，因为前有崔颢的题诗。而我们学过的朱自清的《背影》，几十年来曾经惹过多少读者热泪盈眶呀！无形中，它也成了一座无人逾越的高峰，横亘于前。让人只有仰视，不敢"效颦"。然而青年作家刘鸿伏却说："十年前我还没有读过朱自清的《背影》，后来读了，我感到一种震撼，但并不如何感动。"那刚才大家所听到的是一首颂扬父亲的歌曲，非常感人。对父亲充满感恩、感谢、感激的文艺作品古往今来可谓汗牛充栋，我们在初中就学过朱自清先生的著名散文《背影》。那么青年作家刘鸿伏又写了怎样的父亲呢？让我们一起走进课文。

现在打开课文，父亲正在向我们缓缓走来。

这段话的逻辑层次非常混乱，其表意也含混不清。教师的本意是以歌曲《父亲》营造一种情境，渲染一种氛围，为新课学习作情感上的准备，同时她又想通过对已经学过的《背影》的回顾达到温故知新的目的，这本来是比较好的做法。但是她却非常突兀地提到了李白在黄鹤楼题诗的事，这题诗与本课学习有什么关系呢？是说刘鸿伏如李白一样不敢写有关"父亲"的文章，还是想通

会设计，提升思维能力 ◆ 149

过他的《父亲》去取代朱自清的《背影》在文坛上的地位？从全文看，作者根本没有这样的意思。接着她又提到了朱自清的《背影》以及刘鸿伏在文章中所说的几句话，既然已经对《背影》作了很高的评价，那么引用刘鸿伏的话所要表达的是什么意思呢？是刘鸿伏对朱自清的文章不够佩服，还是他认为《背影》写得不好，他要写一篇文章来超过朱自清？其实，这几句话指向的并不是刘鸿伏对朱自清作品的某种评价，而是他自己的阅读感受，是说他自己以前没有这方面的切身的生活体会，不知道如何对"父亲"的所作所为"感动、感激、感恩"，这才会自然地引出自己所要写的《父亲》。还有，既然前面已经说了朱自清《背影》一文的重大影响，后面就不应该再重复让学生回忆初中的学习情况了。为这段话，教师确实动了不少脑筋，作了大量的准备，但所呈现出来的内容却又如此的混乱不堪，可谓"两个黄鹂鸣翠柳——不知所云"。对这一导入，我们可以这样修改：

方案1：播放音乐崔京浩的《父亲》。

师：刚才大家所听到的是一首颂扬父亲的歌曲，听了以后有什么感觉？

古往今来表现对父亲充满感恩、感谢、感激主题的文艺作品可谓汗牛充栋，我们在初中就学过朱自清先生的著名散文《背影》，那份浓浓的父爱惹过多少读者盈眶的热泪呀！那么青年作家刘鸿伏又写了怎样的父亲，表达了怎样的情感呢？让我们一起走进课文。

方案2：出示朱自清《背影》片段。

师：这是我们曾经学过的朱自清先生的著名散文《背影》中的一段文字。这是怎样的一个父亲？作者对父亲充满了怎样的感情？

在文学作品中，表现父亲，对父亲充满感恩、感谢、感激之情的是非常多的，我们今天要学习的刘鸿伏的《父亲》就是其中的一篇。那么，他又写了怎样的父亲，表达了怎样的情感呢？让我们一起走进课文。

以上两个方案的指向比较清晰，开宗明义，要求学生对"写了怎样的父亲，表达了怎样的情感"这两个问题进行阅读与思考。要完成这样的学习任务，就必须借助于已有的学习经验，在原有的知识经验的基础上，去展开对文本的具体研习。这在一定程度上降低了阅读的难度，使学生在接触到一篇较长的文章时也有较为明确的思路。

　　导入语的这种作用，还要与后面的学习内容和学习环节有紧密的联系，前后内容不能脱节，要努力拉近学习内容与学生之间的距离，要完全能够为后面的学习服务，不然，它的铺垫作用就无法得以体现与发挥。我们来看老舍《断魂枪》一课的导入：

　　阅读文学作品，一定要重视初读感受，因为这是我们阅读文学作品真切的个体体验。同学们读完这篇小说之后，有怎样的感受？
　　阅读不能只停留于阅读初感。"夫缀文者情动而辞发，观文者披文以入情，沿波讨源，虽幽必显。——刘勰《文心雕龙·知音》"（PPT展示）今天我们便"披文以入情"，细读老舍的经典名作《断魂枪》，来把握作品的内在意蕴。

　　这一导入的内容层次有两个，一是运用提问的方式让学生谈谈自己的初读感受，二是明确学习重点引导学生去深入细读文本，"把握作品的内在意蕴"。这样的设计是有明显的梯度的，学习任务也比较明确，对引导学生进一步学习和启发他们的思维展开，应该能够有所作用。但问题是如何才能"重视初读感受"，教师在课上并没有具体的提示或指导，也不知道学生到底"重视"了没有；结合前后两段话看，教师自己其实也没有"重视"，这就会使导入的前一个层次的内容落空。

　　在后一个层次中，教师所引用的《文心雕龙》"披文以入情"一语中的"情"就是教师口中所说的"作品的内在意蕴"吗？显然不是。原文中"夫缀文者情动而辞发，观文者披文以入情，沿波讨源，虽幽必显"这几句话应该翻译为："作者先有了情思再发为文辞，读者先看了文辞再了解情思，沿着波流向上追溯源头，即使隐微的也一定会使它显露。"（周振甫《〈文心雕龙〉译注》）此处的"情"是"情思"之意。而所谓的"意蕴"是指蕴藏在作品中的文化含义和人文精神，可以体现为哲理、诗情或神韵，与"情思"有本质的区别。从这位教师所设计的几个教学环节（梳理情节，感知形象；解读背景，探究主旨；拓展延伸，探究意义）看，课堂学习中并没有涉及所谓的"情思""形象""主旨""意义"等属于作品的"意蕴"。所以该教师在此处引用《文心雕龙》中的话，是文不对题，对后面的学习无法形成有效的引导与帮助。

从以上的实例中我们不难形成这样的认识，导入语应该立足于学生的学习状况和认知水平，立足于整节课的学习内容，建构起"导"与"入"的辅助体系，为学生的后续学习作好充分的准备，打下坚实的基础。从皮亚杰的观点看，导入语与课堂上的其他学习内容一样，应该是能够同化到学生认知结构中的材料，否则对于学生的学习就没有任何意义（赫根汉、奥尔森《学习理论导论》）；从教学的过程看，导入与具体教学内容的不统一、不一致，势必造成导入的无效，不能发挥导入之"导"与"入"所应发挥的作用。

44. 准确概括学习内容

总结是课堂教学的最后一个环节，它是指教师引领学生一起对课堂学习内容进行归纳、总结和提升，对学生在课堂中的学习表现进行评价，激发学生的学习热情，对学习成果进行转化、创新，或通过实践巩固、学以致用等方式结束课堂教学任务的一种教学活动。

课堂总结的主要任务之一是对所学习内容的归纳、概括与提炼。课堂教学中学生在教师引领与启发下，展开了具体的学习，他们对文本的接触与了解、理解与感悟，还都是比较零散的，不够集中，需要进行有条理的梳理；他们所接受的文本信息较为丰富，需要进行筛选、归类与提升。这样做的好处是使所学习的内容概括化、条理化与系统化。而达成这一目标的前提条件是对文本内容的概括要正确，不管是教师自己概括，还是教师指导学生概括，都要满足这样的条件。

课堂教学中，常见有教师根据自己的理解去帮助学生梳理文本，提出了所谓的"个性化解读"，但由于认识水平与解读能力有限，往往出现误读的情况。有位教师在教学刘鸿伏的《父亲》一课时，这样总结道：

其实人生奋斗的最初动力就是心中有父母，只要你总想着不让父母没面子，并且想着让父母有面子，我们的努力就会成功。因为我们每个人都拥有一份伟大的父爱！我们再来听听刘和刚演唱的歌曲《父亲》。铭记住父爱，我们今天的学习会更有动力，我们人生的篇章会写得更加清楚和完美！父爱难忘，父爱永远，父爱万岁！

（播放刘和刚的《父亲》，在音乐声中结束本课。）

我们完全可以想象得出，这位教师在说这番话时，情绪是非常饱满的，情感渲染也是到位的，学生是能够受到感染的。教师试图激发学生学习愿望的设想是好的，但是，他却把文本的主体内容归结为"面子"问题，这就有了很大的偏差。刘鸿伏所写的《父亲》一文，其主要笔墨一直花在"父亲"身上，即使写到了自己，也是为了丰富父亲的形象；文中没有写自己是如何努力的（倒是写了父亲的不少"努力"），更没有去表现什么"人生奋斗的最初动力就是心中有父母，只要你总想着不让父母没面子，并且想着让父母有面子，我们的努力就会成功"的主题。作者笔下的父亲对泥土充满崇拜，他是勤劳、本分的，但也是自卑的，他的生活是苦涩的，但也是温馨的，从他身上，作者能够"体验人生的凝重，生命的悲苦欢娱以及至善至美的人间亲情"。离开了这样的基本理解，对文本的主题把握就会出现偏差。把学生的学习目的归结为"想着让父母有面子"，使学习意义变得非常狭窄，这已不仅是对文本解读的错误了，而是教师对教育理解的偏颇；至于说"只要你总想着不让父母没面子，并且想着让父母有面子"，只能是一种精神上的力量，说由此"我们的努力就会成功"是对这一力量的无限放大，与"人有多大胆，地有多大产"的妄语没有什么区别。更何况现代社会家庭生活状况比较复杂，也并不是"我们每个人都拥有一份伟大的父爱"。

有时这种误读则表现得较为隐蔽。有位教师教《岳阳楼记》的结束语是这样的：

同学们，《岳阳楼记》这篇课文我们已经学完了，现在我来重点总结一下。第一，本文所表达的中心思想是：以为岳阳楼作记为名，借题发挥，表达了作者"不以物喜，不以己悲"的旷达胸襟和"先天下之忧而忧，后天下之乐而乐"的政治抱负。第二，在写作特点上，本文将叙事、写景、抒情和议论结合在一起，先以叙事带出景物；又由景物生出情感，做到了情景交融；最后又由情而议，点明了文章主旨。文章环环相扣，层层蓄势，自然流畅。第三，我们从文中表现出的中心思想得到什么启示呢？本文是古文名篇，不仅仅是因为它的写景，语言优美，更重要的是文章表达了作者"先天下之忧而忧，后天下之乐而乐"的政治抱负，在一千多年前的封建时代里，作者有着这样的思想是难能可贵的。今天让我们以范仲淹"先天下之忧而忧，后天下之乐而乐"的思想共勉，努力学习，为了祖国的繁荣，为了社会的进步发展，而不懈奋斗。

这段话分别从对文章主题的认识与评价、对文章写作特点的概括、对学生进行"思想教育"、渗透"人文"主题等几个方面对课堂学习进行了总结，这样做的思路是没有什么问题的。但仔细推敲，却不难发现其对文章的理解是有偏颇的。

"不以物喜，不以己悲"的进退亦忧观与"先天下之忧而忧，后天下之乐而乐"的忧乐观两者之间并无本质的区别，前者陈说的是一种具体表现，后者是对这种表现所体现的某种情怀、品质特点的提炼，一者为"实"，一者为"虚"，一者为"个性"特征，一者为"共性"品质，把两者分开来说是没有必要的。

这位教师反复说"作者如何如何"，而全然不顾及文章中有三处明确交代："予尝求古仁人之心""其必曰""微斯人，吾谁与归"，这是作者的探求，也是作者对探求结果的总结，更是作者的慨叹，其中当然不排除他自己的思想认识与情感，但文中明确说的是"古仁人"而非作者自己。把"不以物喜，不以己悲"与"先天下之忧而忧，后天下之乐而乐"的表现与情感都完全归于范仲淹一个人，并从"一千多年前的封建时代"这一角度作出"难能可贵"的评价，这是对他形象的过分拔高，因为"家国情怀""忧患意识""天下兴亡，匹夫有责"的思想与情操为历代仁人志士所共有，范仲淹只是其中的一个代表而已。

至于说"以为岳阳楼作记为名，借题发挥"属于写作手法（特点）而非"中心思想"的范畴。这位教师对文本内容不够准确的概括，会对一般学生理解文本产生误导，也会使一些喜欢思考的学生产生迷惑，进而对学习效果产生不良的影响。

对学习内容的概括一旦出现偏差，就会与课堂学习的内容发生冲突，直接消解了课堂学习的效果，使学生刚刚形成的一些认识难以集中与强化。课堂总结的语言要力求简洁凝练，核心内容要非常明确，切忌拖泥带水、胡拉硬扯，要能给学生留下鲜明、深刻、难忘的印象。

45. "结语"要能映照目标

就某一节课而言，教师到底要引导和帮助学生学习什么，达到什么效果，应该有具体的目标，目标是教学过程的基点和归宿，它"在方向上对教学活动设计起指导作用，为教学评价提供标准和依据"（钟启泉主编《课程与教学概论》），对整个课堂教学中师生的教与学的活动过程具有导向作用，并引领和控制着教和学的过程有序展开。作为教学过程的一个环节，课堂总结应该对课堂学习目标进行全面的回顾与呼应，对学习目标的达成情况要有总体的评价。遗憾的是，不少教师在这一环节中考虑更多的是使课堂有一个"漂亮的尾巴"，而罔顾其应与学习目标前后映照的要求。

请看一位教师为朱自清《绿》的教学所设计的"结语"：

透过绿，透过文字，我们感知到文字背后的温度，文字背后作者对自然、对美、对生命的热爱和向往。朱自清先生一生平淡为人，朴实为文。时间有限，他的佳话与佳作不能在今天继续分享，请同学们把本堂课作为一个起点，继续走进朱自清和他的散文。

这段"结语"的关键内容是："透过绿，透过文字，我们感知到文字背后的温度，文字背后作者对自然、对美、对生命的热爱和向往。"其主要是对行文中所体现出来的作者情感的提炼与评价，这是对课堂学习目标达成情况的一种回顾与判断，而这种回顾与判断是把学生的思维引向对作品情感的把握上，这是远远不够的。因为教师设计的"教学目标"有两个：一是通过学生自主展示交流点评精读第三段，提炼"绿"的特点，感悟作者强烈的情感和语言魅力；二是通过多环节的读写活动设计，激发学生阅读和写作的兴趣。"结语"只关涉到第一个目标中的一个小点，其他的目标都没有涉及，这就使课堂总结非常片面。从中可以看出教师对文本学习的某种理解，这种理解没有认识到语文学习的主体内容是对文本语言的学习，离开了对语言的学习而只是去关注文本所抒发的情感等非主体内容，是"捡了芝麻丢了西瓜"，其最终结果是使文本的教学意义受到严重的消减，文本的教学价值得不到完全的体现。

这样的例子还只是属于"学习目标"丧失了一部分"领地"，严重的还有全面失守，完全终结其使命的。有位教师在胡适《我的母亲》的教学结尾，安排了这样的环节：

师：最后，请一位同学总结一下，散文自读要读什么？

生：可以从内容、人物形象、语言、情感，有时选材也是很重要的，艺术手法上也要学会鉴赏，更重要的是读散文，要了解作者，体会他的写作目的，以及文章背后的深刻意蕴，这样可以提高自己对这篇文章理解的深度。

师：总结得真好！（生齐鼓掌）

（教师板书：1. 了解内容，感知形象。2. 品味语言，体会情感。3. 关注选材，鉴赏手法。4. 对话作者，探索意蕴。）

师：希望今天所学的自读方法能给今后我们的阅读带来点启发。下课！

教师启发学生运用课上学到的知识和方法，总结、概括"自读方法"，这样的教学思想很正确，可以使学生举一反三，实现知识的迁移，但问题是这一堂课是不是"自读方法"运用与指导课？把一堂课的学习最后归结到"自读方法"的了解与把握上是不是恰当？或者说仅从一篇写人散文的学习是不是就能概括出所有散文的"自读方法"？判断一节课的基本性质以及主要内容，我们首先要看的是"学习目标"的具体内容。这位教师为该课学习所设计的"目标"是：

1. 引导学生自读散文，体会母亲对胡适的影响。
2. 引导学生掌握巧用对比衬托等刻画人物的方法。

不难看出，教师所设计的"目标"指向的是学生对文本中所抒发的情感、所刻画的形象特征的感知与把握，以及对形象刻画方法的了解与掌握，这是课堂学习的主要任务，教师引导学生总结的应是对这些内容的把握与了解情况，即使"学习目标"中用了"自读"这样的字眼，也不是指向"自读方法"的。

"学习目标"是引导学生"欣赏什么"，"课堂总结"则是启发学生"怎样欣赏"（方式、方法、途径等，有点类似文学类文本阅读的"解题指导"），好比旅游，前者是观赏某些景点，后者则是如何才能观赏到那些景点，两者目标有别，任务不同，重点相异。很明显，教师的"课堂总结"与"学习目标"本应紧密的关系被生生地剥离了，两者各有其面，互不相关，致使"学习目标"对学习过程、阶段的引领与控制作用完全丧失。这个案例还具有一定的迷惑性，它在表述上容易使学生以为前后说的是一回事，而忽视了"学习目标"所指向的重点应该是通过对文本的阅读与欣赏，"掌握巧用对比衬托等刻画人物的方法"。

总之，"课堂总结"顾名思义应是对"整堂课"的总结，它要建立在整堂课的内容之上，要与教学目标实现无缝对接，而不能游离于其外，画蛇添足或"旁逸斜出"都会使得对构思精妙、浑然一体的课堂的追求成为泡影。

46. 进一步拓展思维空间

课堂教学中，学生的思维始终处于动态前进的状态。在这一状态中，他们的思维主要是围绕学习内容本身来展开的，但仅有这些是远远不够的。我们还要让学生的思维向纵深发展，向广度挺进，向高度攀升。在一定程度上，教师思想认识的高度必然影响或制约学生的思维质量，所以，好的课堂总结语会提示学生整范思维，会对他们形成正确的思维方向起到启导作用。

著名特级教师黄玉峰老师执教《世间最美的坟墓》，结束语是这样的：

回归自然，回归平凡，追求平等，追求民主，追求自由，对人类的博大的爱，对人类前途的思考和忧虑——这就是茨威格这篇《世间最美的坟墓》要告诉我们的。

黄老师的寥寥数语，精炼、精辟，要言不烦，切中肯綮。他启发学生从"自然""平凡"的角度，从"平等""自由""博爱"等方面去认识与理解文本的主题，这是文本内容的关键之处，它使学生分散的思维得到了提炼。他没有局限于文本所写的内容本身，而是站在一个"读者的立场"上对文本的意义进行总结性评价，这为学生如何形成、整合与提升自己的阅读见解提供了一个范例。更重要的是，黄老师的这番话，已经不仅仅是对文本内容的总结了，而且是在启发学生由此生发开去，深入思考一个人与"自然""社会""自我"之间的关系，去摆正自己的人生位置，这是为学生进一步打开思路，使他们的认识得到升华。遗憾的是，这样精彩的点化式总结在我们的课堂中还不多见。

还以前文《岳阳楼记》的教学结束语为例。教师说："今天让我们以范仲淹'先天下之忧而忧，后天下之乐而乐'的思想共勉，努力学习，为了祖国的繁荣，为了社会的进步发展，而不懈奋斗。"这样的语言比较空洞，并没有什么实质内容，不会给学生留下什么印象；其内容上与范仲淹的"先天下之忧而忧，后天下之乐而乐"也不能完全形成对应，"努力学习""不懈奋斗"的内涵与"忧乐"情怀、忧患意识所体现的意蕴可谓风马牛不相及。

再看一位教师教学白居易《观刈麦》的结束语：

作为一个伟大的诗人，白居易心怀悲悯，胸有良知，肩有担当，他的亲民思想、担当精神，穿越茫茫时空，依然响彻在我们耳畔，流淌在中华民族的血脉中。将来你成为一位官员也好，诗人也罢，我们到任何时候都不会忘掉这样一份责任，这样一份担当。带着对这首诗的理解，我们一起把《观刈麦》背诵一遍。

从诗歌所抒发的情感来评价白居易"心怀悲悯，胸有良知"是较为恰当的，他有"亲民思想"也是公认的事实，但因此说他具有"责任"意识，能够"肩有担当"，有"担当精神"，则属于不恰当的拔高。中国传统文人"穷年忧黎元，叹息肠内热"（杜甫《自京赴奉先县咏怀五百字》）的忧国忧民情怀与"责任""担当"意识，是完全不同的内涵，前者只是情感上的同情，后者则强调行为上的付出。这样的总结语，学生见多了，就会跟着说类似空乏而苍白的语言，长此以往，学生的思维就会出现"扁平化"的现象，当学会了"喊口号""说大话"时，他们的思维也就走入了一个相当逼仄的空间。由此可见，课堂总结不能有方向的失误，否则就是把学生思维带到岔路上乃至死胡同里。

曾经有一节被广为炒作的公开课，教师用所谓的"中国文化"去解读孙犁的《荷花淀》，其在课堂"小结"中这样说：

中和（适中和谐）精神与中和之美，是中国文化的基本精神和基本审美观念，它的基本思想是教人处理好人与自然，人与人，人与自我之间的关系，使之处于谐调状态，即教人学会诗意地生活，诗意地栖居。

难道《荷花淀》的艺术价值就是表现了"中和文化"？如果这样去理解《荷花淀》，那么我们所读到的作品又有哪一篇不是"教人处理好人与自然，人与人，人与自我之间的关系"的呢？用这种大而无当、空泛无物的"文化概念"去给作品罩上"文化"的光环，而置作品本身的艺术价值于不顾，学生的阅读思维习惯一旦由此形成，他们又怎么能够去细致品味语言，具体感受形象，形成科学的审美观，拥有一定的审美能力呢？

为了避免把学生的思维引入歧途，有时我们的阅读思维必须回到认识的"原点"，从对"常识"与"变式"的认识入手，作出正确的判断与恰当的评价。

还以前面介绍的那位教师教学《呼兰河传（节选）》为例，他的最后一段话是这样说的：

祖父、后园、呼兰河小城……对于漂泊困顿中的萧红意味着什么？祖父、后园、呼兰河小城，尽管萧红再也回不到童年，甚至找不到回家的路，然而在她的心底深处，这个院子始终存在，它是萧红生命的精神家园。

萧红，在悲惨的现实中，用她温暖的文字告诉我们，"人间可以有不幸，但爱永不缺少"。萧红的生命在她给我们的文字中永存！我们一样忘却不了她美丽的文字，难以忘却她——一代才女萧红！

这段话说得非常有感情。教师的主观意图是想把学生的思维从文本本身引导到文本之外，从对作品的认识引导到对作者的了解，从对作品的阅读引导到对作者的悲悯与同情，这一做法无可厚非。它可使学生的思维不局限于文本本身，能够拓宽他们的认识视野，借助于文本之外的材料，帮助他们去深入理解文本。但问题是，这种方法的运用，要视具体的文本而言，特别是一些体式特征比较独特的文本，我们就不能运用某种通行的方法去套。

很明显，教师把该文当成了散文，用欣赏散文的方法来欣赏小说，而忽视了其独特的文本体式。作为"自传体小说"，作品中的"我"与散文中直接抒发感情的"我"不同，它不能与现实中的萧红完全等同起来，"我"是作品中的一个人物，也是故事的"叙述者"，与"真实作者"（萧红）是完全不同的概念，正如《孔乙己》中的"我"不是鲁迅一样，这是常识。这样的常识性错误一旦发生，就会使学生形成错误思维，认识就变得较为肤浅。

其实，节选部分的主体内容并不是写"漂泊困顿"的处境，也不是写"悲惨"的生活状态，而是写温暖的生活场景，写祖父与"我"的欢乐和愉悦。内容理解的偏差，会使学生的思维走入歧路，而不可能形成正确的认识。

对于"童年"的"我"来说，这时还不能上升到"精神家园"的层面，而只是自然生命的"花园"和童年生活的"乐园"。过于超前的理解，造成了一种"阅读干预"，使学生"先入为主"，不利于他们形成自己的阅读体会与感受。好的课堂总结，应该把整范与提炼学生的思维作为基础性要求，而把激发、丰富、拓展、深化学生思维作为发展性目标，以此引领学生的思维始终保持前进的姿势。

要发挥课堂总结在训练学生思维能力方面的作用，我们还要考虑多让学生自己来总结，教师作好启发、引导就行了。教师总结得再全面、再细致，始终是教师的阅读经验与体会，而不是学生的；学生经过某一堂课的学习，其知识结构、思维品质、话语模式有没有发生变化，也只有通过展示思维成果才得以检阅。我们要让这个环节成为学生回顾课上所学内容、方法的概括、总结，甚至提炼，并集中展示学习体验、感悟、收获的环节，呈现出他们的阅读反思和阅读批判的成果。教师完全代替学生去思考、表达，学生就只能永远做课堂上的"旁观者"。

成功的总结不仅会直接影响到课堂教学的即时效果，而且还应富于启迪，激发学生思考，它对学生良好思维习惯的形成与思维品质的培养有着极为重要的意义。借用明代谢榛在《四溟诗话》中比喻写作结尾的话来说："结句当如撞钟，清音有余。"课堂总结绝不只是某一节课学习的终点，要进一步拓展思维空间，如"余音袅袅，不绝如缕"（苏轼《赤壁赋》），为学生留下无尽思考、想象与探究、创造的新天地。

47. 设计好到达目标的旅程

要培养和提高学生的阅读与写作能力，我们不能就文本读文本，就语言教语言，就方法讲方法，而要从所学文本拓展、延伸开去，通过对"整饬思想语言和获得表达技能的训练"（《叶圣陶语文教育论集》），而使学生获得"真知"，形成"真能"。

拓展首先要考虑到学生思想认识、阅读与表达技能的实际，对学生已有的状态和水平要有准确的把握，对通过拓展想使学生的认识、阅读与表达技能发展与提高到什么程度要有正确的定位，不然就不能达到预定的目标。

有位教师在教学戴望舒的《雨巷》时，安排的拓展环节是：

总结鉴赏现代诗歌的方法，其所提供的方法主要有：1.诵读，整体感知，读出情感。2.品味诗歌意象。3.知人论世。4.探寻诗歌主旨。

教师的初衷是让学生对已形成的认知予以总结并延伸，这无可厚非。但问题是，学生在课上只学了《雨巷》这一首现代诗，教师就要求学生能够学习所有现代诗；仅仅通过一首诗的学习，就要求学生总结出"鉴赏现代诗歌"的方法，这样的推而广之与总结是不是可靠？这样的要求符合学生的实际吗？如果真是这样，那么我们的语文课只要学习几篇不同体裁的文章就万事大吉了，何必安排三年几百堂课的学习呢？以所总结的这些"方法"而言，学生也不可能对其有具体的印象，因为他们不知道这些方法是单个使用还是综合使用，是在什么样的情况下使用，使用到何种程度。

相比较而言，下面的拓展就很有价值，也会达到预想的效果：

师：这篇小说（泰格特的《窗》）的结尾十分巧妙，既出人意料，又在情理之中。人们称这种结尾方式为欧·亨利式结尾。说到欧·亨利式结尾，我们就会想到美国著名小说家欧·亨利的许多短篇小说，如《麦琪的礼物》《警察与赞美诗》《最后一片叶子》等。

于是，这位教师又给学生介绍了《最后一片叶子》的结尾方式，并让学生课后自主阅读《最后一片叶子》。

这种延伸拓展，把学生的思维从有限的课堂阅读中引出来，引向广阔的课外阅读的空间。它基于学生已有的学习经验，已形成的学习能力，通过举一反三的方式，使学生"明白通晓，摄其精英"（《叶圣陶语文教育论集》），着力于对学生阅读能力的培养。

有的教师为了所谓的"情感渗透"，进行空洞的"政治说教"，全然不顾学生的认识程度，追求认识上的"高大上"，让学生跟着说些言不由衷的"假大空"的话。一位教师教学列夫·托尔斯泰的《七颗钻石》时，进行了以"深化主旨"为目的"拓展延伸"：

作者在这篇童话里给我们带来这样一个美好的爱心故事，请以"从这里，我懂得了……"的句式，写出你理解的爱的宽广含义。

（PPT显示：从这里，我懂得了：爱心是一片照射在冬日的阳光，使贫病交加的人感到人间温暖；从这里，我懂得了：爱心是一首飘荡在夜空中的歌谣，使孤苦无依的人获得心灵慰藉；从这里，我懂得了：爱心是一泓出现在沙漠的清泉，使长途跋涉的人品味滋润甘甜。）

师总结：同学们和童话中的小姑娘一样，也都有着一颗钻石般的爱心。最后，让我们在韦唯的《爱的奉献》中，再次感受爱心的美好！（播放歌曲《爱的奉献》）

对于刚入初中的少年来说，他们对"爱"有多少理解呢？除了跟在教师后面鹦鹉学舌之外，怎么会有切实的生活体验？又怎么会有真实的情感抒发？而从他们所说的话中，就得出他们"都有着一颗钻石般的爱心"的结论，依据也太不充分了吧？从大的方面说，《七颗钻石》确实是一个美好的"爱心"故事，但"爱心"的外延相当广泛，其内涵非常丰富，教师所呈现的几个排比句是不能完全包括进去的，这个故事所表达的是"只有舍弃自我才能实现对他人真正的爱"（列夫·托尔斯泰《生活之路》），所以这样的拓展也并不符合文本所要表达的意思，而使学生的思维偏离了原有的方向。

拓展还需要顾及学生的生活实际，如果所拓展的内容与学生已有的直接或间接经验不能形成"无缝对接"，那么，这样的拓展也同样是没有什么意义的。

如有的教师在教学《金岳霖先生》时，要求学生"结合现实生活中的事例，谈谈金岳霖先生的'真'对现实社会的意义和启迪"。学生对什么是"真"，"真"的具体表现，为什么要追求"真"等问题并没有多少直接的经验，特别是在精神萎靡、信仰缺失、物欲横流的社会生活中，讨论这样的话题虽然不乏意义，但由于缺乏必要的生活经验储备，学生又能拓展出什么来呢？

与此类似，有的教师在教学《最后一片叶子》时，让学生讨论："在现实生活中，如果你是贝尔曼，你将会怎么做？"这种设想除了训练学生的"奇思妙想"之外，也就只是要学生说假话、"讲故事"了，难道真能使学生的认识上升到道德的高度？诸如此类的拓展还有："如果你是文中的爸爸妈妈，你将会怎么做？"有的教师在教学《人为什么活着》时，让学生大谈特谈"我们应该怎么活着？"他们的生命之花刚刚绽放，对"怎么活"还没有切实的思考，对复杂的人生之路还没有直接的认知，他们又怎么知道"应该怎么活"呢？有的教师在教学《青年在选择职业时的考虑》时，让学生畅想未来的职业规划，对于刚入高中的青年来说，对什么是职业，什么是事业，什么是人生价值，还都一团糨糊，也就只能按照教师的要求"说说而已"了。有的教师在教学《获得教养的途径》时，让学生说说"获得教养的途径还有哪些？怎样才能成为一个有教养的人？"学生对什么是"教养"还没有搞清楚，自身的"教养"也还没有完全拥有，而现实生活中真正有教养的人又凤毛麟角，要他们来总结这样的"经验"，他们怎么总结得出来呢？

这些拓展都建立在一种"假设"之上，也就是说学生已经具有了某种思想认识，已经形成了某种人生态度，已经经历了某个人生阶段，已经拥有过某种生活状态，但这样的"假设"却是建立在学生认识与生活的沙滩上的，稍有风浪，便会消失得无影无踪。除了"假设"本身，没有任何意义。

48. 以实现文本意义为旨归

既然拓展是针对文本学习的，也是在文本学习的基础上进行的，那么紧扣文本进行适当的延伸，就应该是题中应有之义。可在实际教学中，有的教师的做法却适得其反。

拓展偏离了文本的内容。拓展的目的，是为了使学生对文本形成新的认识，有新的发现、新的见解，甚至新的创造。但所有内容的呈现，都应该围绕文本这一"根基"进行，不然拓展就成了无花之果、无根之木、无源之水，会使学生的思维走向歧路。

有位教师在教学《台阶》时，作了这样的"拓展延伸"：

我们从父亲的艰难创业还认识到了什么？

从生产力发展水平的角度：父亲创业之所以如此艰难，根源在于生产力水平低下。

这篇小说固然讴歌了父亲坚韧不拔的毅力和艰苦创业的精神，但是更有一种凄楚、辛酸的情感笼罩全篇。

父亲造的新屋，规格并不很高，不过是屋基高些，台阶从三级增至九级。但是他为此付出了大半辈子的辛劳。年轻时，三百来斤的石板一下子能背三趟，也没觉得花了太大的气力。新屋造好了，人也老了，身体也垮了。

小说告诉我们，父亲创业的艰难困苦，根源在于农村经济极端落后。小说深沉地响着时代对先进的生产力的呼唤。

这一拓展，本意是去充分挖掘文本意义，提升学生的认知水平，但教师对文本主题的把握却出现了极大的偏差，他把小说主题理解为："父亲创业的艰难困苦，根源在于农村经济极端落后。小说深沉地响着时代对先进的生产力的呼唤。"而无视作品所表现的主题其实是：在不彻底改变农民的生存状态的情形下，在农民的切身利益和基本权益不能得到完全保障的背景下，试图通过个人的奋斗，通过对某种物质条件的改善，去争取地位并以此拥有尊重是难以实现的。由此推广开来就是："我们的任何一个目标向我们提供的一劳永逸的保证，按照目标本身的意思，是不可能实现的。"所以，这样的拓展，内容越多，离文本的旨意就越远。

有位教师在教学刘鸿伏的《父亲》时，这样拓展：

作者认为自己的父亲有着深重的苦难，是他成长的力量。这是朱自清的父亲所没有的。那么文章最后其实还留有深思：父亲以后的路怎么走？这样的父亲能不能走进城市？留给人太多的思考。

现在国家对于农民是倍加关注的，尤其是对新生代农民工的生存状态更为关注。中国农民的影响力已经得到了国际的关注。而文中"我"的父亲则是一个有根的土农民，也许还是一种幸运。新生代农民工失去了土地，成了无根的漂泊一族，求生于城市和农村的夹缝之中。相信我们很多同学的父母都属于这样一个行列，那么身为子女，有没有去想过父母的苦？有没有想过自己对于父母的行为是否会增加父母的苦难？你们又是怎么做的呢？

希望从今天开始，我们都要敬畏那些农民工，因为他们都在为自己的子女和家庭奋斗，也许你们的父母在外也受着别人的白眼和鄙视。

教师所拓展的这几段话，属于典型的"脚踩西瓜皮——滑到哪算哪"，他的思维不断游走：先是对作者的"父亲"与朱自清笔下的"父亲"的比较，"比较"应该是题材选择、形象刻画艺术上的，而非凌空捣虚式的精神上的，这样的比较根本没有什么意义；比较的内容也缺乏说服力，因为其文本依据不足。接着是从"父亲"的农民身份、未来命运、与城市的融合等游走到了"农民工"的地位、处境，以及对待他们应有的态度。这些内容都不是文本所有的，而是教师硬"贴"上去的。这样的拓展，严重偏离了文本的主体内容，偏离了文本所要表达的意义，更离开了文本所重点刻画的"父亲"形象及为此抒发的思想感情。这对学生的文本学习除了增加干扰，别无任何作用。

拓展偏离了文本的形式。正常情况下，对文本形式的比较阅读，应该体现在同质文本之间进行，即学了一首古诗，就列举出另一首同类的古诗进行比较，学了一篇小说，就拿运用相同表现手法的小说进行比较，而不能进行跨文本体式的比较，否则比较本身就失去了意义，也不会有好的效果。

有位教师这样设计《在马克思墓前的讲话》的拓展内容：

与《我有一个梦想》进行简单比较，同为演讲词，在内容与语言上有什么不同？为什么有这样的不同？这就是教学的落点，在比较中进一步理解作者的言说意图。

演讲词和悼词分别是不同的两种文体，它们的差异很大：前者是为了表明自己的主张，阐明自己的见解，它要以精密的思想启发听众，以鲜明的观点影响听众，给听众以鼓舞和教育；后者是向死者体现追悼、缅怀与敬意，向听众评说逝者的一生经历、个性特点、主要成就等，阐述其历史地位和价值，以寄托哀思，并用逝者的事迹与精神激励参加葬仪的人们。它们的相同点只有一个，那就是通过"讲"的方式在大庭广众之下宣读。把"内容"和"语言"上本已完全不同的两类文章放在一起进行比较，还要求学生去讨究"为什么有这样的不同"，这样的教学落点必然是不实在的。

有教师建议可安排同类文章进行比较，如《巴尔扎克葬词》《矶田光一骨灰安放仪式上的悼词》，在比较语言和对象的基础上，身为好友，恩格斯没有极力赞美，语言客观公正又暗含痛悼崇敬，作为革命导师和辩证法大师的语言特色就显现出来了。或者与"马克思的生平简介"作比较，表达方式、情感特征、现场感等就会进入学习视野，为学生搭建深入理解的支架，促进学生理解本文的悼词体式。这样的设想是很有道理的。

49. 不能偏离预设的轨道

在有限的课堂学习时间内，师生围绕既定的教学目标，根据预设的学习重点，展开一系列的学习活动，包括拓展在内都应该在这样的整体框架之中，而不能发生偏移，否则就要影响教学的效果。但在教学时，有的教师不知不觉中就使拓展脱离了原有的轨道。有位教师在《呼兰河传（节选）》的教学中这样拓展：

借助评论，领悟情感。
文学家茅盾曾这样评论《呼兰河传》：它是一篇叙事诗，一幅多彩的风土画，一串凄婉的歌谣。
请你谈谈对这个评论的看法。

我们首先要搞清楚：是学习文本本身，还是学习茅盾的评论？学生对茅盾的评论又能作什么"评论"呢？再说，茅盾所评价的是整部小说，而不仅仅是针对"节选"部分，其"诗、画、歌"的特点在"节选"部分中没有得到完全而充分的体现，让学生来对这样的评论谈自己的看法，岂不是为难学生吗？再看茅盾的评论，其中用的是专业性的术语"叙事诗""风土画""歌谣"，学生能够明白其中的意思吗？如果他们没有相应的知识储备，那势必难以对其形成某种认识。

再看有位教师在《最后一课》的教学中的拓展：

师：一节法语课，都德却能将"爱国主义"这样一个大的主题融入其中，真可谓以小见大，独具慧眼，那么在我们今天这样的和平年代，我们应该用什么样的方式去爱我们的祖国呢？比方说，我作为一个教师，我把学生教好，将来为祖国输送人才，这就是爱国。

生：我认为努力学习，将来回报社会就是一种爱国的表现，这样会让我们的祖国变得异常强大。

生：我觉得不乱扔垃圾就是一种爱国的行为，节约资源，维持可持续发展，我们每一个中学生义不容辞。

生：去电影院看电影，看国产电影，支持中国的电影事业，这也是一种爱国的表现。

师：是啊，我们可以有这么多的方式去爱国。如果我们能够时刻牢记自己上的是"最后一课"，也许，不！你就是小弗朗士！那"无趣、无味、难懂、厌学"的课都变成了亲切、可爱、难忘的最后一课！为了体验这种奇妙的成就感，我们何不在心中点燃"最后一课"的希望明灯呢？这就要我们有"最后一课"意识。既然懂了这个道理，今后希望大家以更积极的热情投入到我们祖国的语言文字——汉语的学习中去。

不知道这位教师是怎么预设教学活动的，但这样的拓展已经完全从文本走向了另外的道路，难道学习《最后一课》的目的只是为了让学生懂得什么叫"爱国"？小说深刻的主题能这样被泛滥化、浅俗化地理解吗？

对于这种现象，叶圣陶先生早就进行了严厉的批评："有些国文教师忧世的心情很切，把学生的一切道德训练都担在自己肩膀上。而道德训练的方法，他们认为只须熟读若干篇文章，学生把若干篇文章熟读了，也就具有一切道德了。从这种认识出发，他们的讲解自然偏重在文章的内容方面。如讲一篇传记，所记的人物是廉洁的，就发挥廉洁对于立身处世怎样重要。讲一首诗歌，是表现安贫乐道的情绪的，就发挥贪慕富贵怎样卑鄙不足道。他们的热诚是很可敬佩的，见学生不肯用心读文章，就皱着眉头说：'你们这样不求上进，将来怎么能做个堂堂的人？'见学生偶尔回答得出一句中肯的话，就欣然含笑说：'你说的很有道理，很有道理。'仿佛那学生就是道德的完人了。"（《叶圣陶语文教育论集》）同样，也许这位教师想通过这样的活动，使每一个学生都知道如何"爱国"。天才知道！

在拓展阶段，我们还经常看到有的教师与学生"互动"，试图帮助学生去理解文本，但所谓的"互动"往往只是教师个人水平与才能的发挥和展示，对学生理解文本意义并无多大的帮助。有位教师在《老王》教学的最后一个环节，出示了这样一段话并让学生齐读：

在忘怀中念念不忘
时光夹带着纷繁的故事
被调成了溶液
心地的朴质和真诚便如同一张滤纸
留在记忆的瓶子里的
除去愧怍，就只剩纯粹
忘却了默存的腿不知怎么的走不得路了的辛酸与憋屈
忘却了自己常坐老王的三轮却最终至不敢坐的无奈与凄凉
忘却了酷爱文字的自己一直到"文革"后好多年才敢提笔的绝望与疼痛
却念念不忘没请老王坐下没真正关切询问的糊涂
念念不忘别人可以不顾一切干扰与己亲近而自己却不能的不安
念念不忘明明知道自己该怎么做也想做甚至能做却最终没做到的愧怍
一颗真正襟怀坦荡悲天悯人的灵魂
会忘却命运于己的不幸
而念念不忘生活恩赐于己的幸福
别人可以记屈记愤
自己只懂得记愧

这样的拓展，除了展示教师个人的才华，对学生理解文本真的有意义吗？既不是学生的阅读体验，也不是学生的阅读感悟，更不是学生自我的某种认识、见解、看法。拓展在这里成了课堂中的一种"装饰品"，成了教学中的"应景之作"。

有时，有的教师所安排的拓展活动甚至到了与教学初衷毫不搭界的地步，却浑然不觉。有位教师在教学朱自清的《绿》时，安排了这样一个"练笔实践"活动：

师：下面我们一起来看一段话：

〔普通版〕我非常爱绿！绿是那么可爱，那么富有魅力，我赞它不绝口，爱它不释手。

教师创作示范把普通版改为了甄嬛版：

〔甄嬛版〕方才看到那一方绿波，本宫很是喜欢。私心想着若是天天得见这绿，日日徜徉其间，想必是极好的。

师：下面请同学们小组交流推荐一下都教授版、柯南版、朱自清版都可以。

学生作品交流：

〔都教授版〕拥有流逝不尽的时间时，我从来不觉得时间是宝贵的。但是，如果可以得到你——绿，哪怕是一瞬间的相守，为此倾我所有，也没有关系。

〔朱自清版〕可爱的，我将什么来比拟你呢？我怎么比拟得出呢？……我舍不得你，我怎舍得你呢？……我送你一个名字，我从此叫你"女儿绿"，好吗？

〔曹操版〕复临碧潭，以观绿波。/厚积温润，犹若碧玉。/绿壁虽密，我言太浓。/秦淮虽柔，我言太暗。/唯有此绿，合我心意。/似带似眸，谓之"女绿"。

〔柯南版〕又发生凶案了，凶手不留痕迹地逃跑，哪里才有线索？嗯，花谢草枯全毁了，碧水仅存。真相只有一个！我爱你，绿，让你破案，势如破竹！

〔甄嬛版〕臣妾今日或有不适，适才去那后花园碧潭一走顿时无恙。看来，这绿不仅能怡情冶性，更让我神清气爽。不如让工匠把这绿化成那簪子，让臣妾插进发髻，想必是极好的。

教师小结：朱自清有自己的语言风格，从同学们的仿作里也看出大家对不同版本的语言风格进行了尝试，的确写出了对绿的爱意，应了一句歌词："我用我的方式悄悄地爱你"。

"练笔实践"是基于阅读基础之上的后续活动，安排这一活动有助于对所学内容的消化、吸收，有助于对所学内容的深入理解和有效巩固，更有助于对相关知识起到"举一反三"、迁移延伸的作用。毫无疑问，它是建立在所学内容的基础上的，是应该完全体现"目标"要求的教学行为与重要环节。

具体到本课的"练笔实践"，可以是揣摩朱自清作品的语言特点，用他所运用的一些写作手法来仿写一段话，以体会这样写的效果；也可以运用朱自清行文结构的方式来构思自己的作文，以掌握谋篇布局的艺术方式。

但这位教师如此"创新"设计，却远离了这些要求，形式上花里胡哨，表面上热热闹闹，内容上毫不相干，如此"搞怪"的教学安排，除了故意"标新立异"而企图吸引人的眼球之外，实际上没有什么效果。且不说想通过一个片段练习体现出不同的"语言风格"，本身即已脱离实际；而当所"练"与所"学"油水分离时，这样的活动就与教学的初衷背道而驰，且越行越远。

当我们能够正本清源，真正使所拓所展恢复其本来的面目，发挥其应有的作用时，当其能够与课堂上的其他活动一起，不是死记硬塞，也不是模仿迎合，而是科学地运用一些基本方法，实实在在地去拓开学生的思维、提升学生的认识、迁移学生的能力时，学生离我们所期望的能够拥有"真知"、形成"真能"的状态也就不远了。

50. 通过语言来进行

怀特海说过这样一句非常著名的话："通往智慧的唯一途径是在知识面前享有绝对的自由；但是通往知识的唯一途径是在获取有条理的事实方面的训练。"课堂训练的主要目的，一是掌握工具，二是发展能力。关于第一个目的，我们曾经有过认识与实践上的偏差，把刻板的纯知识纯技能的机械操练视为训练的主要方式，最为典型的做法就是让学生死记硬背，致使训练备受诟病。矫枉过正之下，我们又拾起了"发展能力"的法宝，但对什么是"能力"，"发展"怎样的"能力"，如何才能"发展能力"，我们却又不甚了了。于是在"发展能力"的旗号下，很多训练内容显得非常泛化、粗疏，训练的目的无法实现。

有位教师在教学泰格特的《窗》时，给学生布置了这样一道作业：

同学们，今天泰格特的这扇构思精巧的《窗》，让我们的思绪无限飞扬，在他细腻的笔触下，我们感受到了人物心理的每一个细微的变化。他让我们看到了人性的丑陋和善良。我想，虽然课文结束了，但我们的思考却不会结束，课后同学们可以再去看看这些小说，让优秀的文学作品陪伴我们成长。相信在优秀文学作品的陪伴下，同学们的心灵一定会洒满阳光，风景如画的！

教师布置这道作业的出发点，是想让学生巩固课堂学习的成果：掌握小说中细腻的人物心理刻画艺术；对小说所描写的情境和形象以及表现出来的内涵，能有自己的阅读体验与领悟。这样的思路是正确的，如果真能据此布置要求比较具体的作业，对学生文学作品欣赏能力的提高无疑是有意义的。但问题是，教师要求"课后同学们可以再去看看这些小说，让优秀的文学作品陪伴我们成长"，这句话中的"这些小说"是哪些小说？是泰格特的其他小说，是与《窗》

有相同主题、类似构思或表现艺术的小说，还是凡是写"人性的丑陋和善良"的小说？真是那样，那学生"看看"的数量又是多少呢？如果把"这些小说"理解为"这篇小说"的笔误，那"再去看看"的具体要求却又不够明确，是浏览、速读，还是随便翻翻？这里的"看看"与课堂中的"看"有什么不同呢？这样的作业要求非常的粗疏、笼统，学生课后根本不知道要做什么，即使有学生真的去做了，教师也没有办法检查与指导，交流与评价，作业的目的也就只能落空了。教师完全可以指定某一篇与《窗》的主题、表现手法类似的小说让学生课后进行比较式阅读，要求他们写下自己的阅读体会，以进一步培养他们感受、理解、欣赏、评价文学作品的能力。

有的训练粗看起来好像有抓手，但细究下去，却发现指向性并不够明确，具体任务也不够明朗。有位教师在都德《最后一课》的教学中，安排了这样的训练活动：

任选一种描写方式，以"我熟悉的一个人"为题写一段话。

鉴于《最后一课》中人物描写比较有特色，从不同角度看，人物描写的方法也有很多，如正面描写、侧面描写、外貌描写、语言描写、动作描写、心理活动描写，以及场景描写、细节描写等等，学生对这些描写方法及其效果已有了较为直观、感性的了解与认识，所以教师试图通过课堂训练来检验学生对这些方法的掌握与运用情况。选择的训练点是很好的，对学生阅读知识的巩固和能力的发展都有一定的作用。但问题是，既然学生已经对小说中人物刻画的一些方法有了一定的认识与理解，那为什么不明确地让学生运用其中的某一两种方法，去进行相关的练习呢？让学生自己"任选一种描写方式"，看起来是尊重学生的自主选择，但却会使训练的主题比较分散，训练的任务不够明确，训练的过程不会扎实与深入，训练的效果也就可想而知了。至于要学生"写一段话"，其篇幅长短有没有要求？再说想用"一段话"就把"我熟悉的一个人"写出来，这也是脱离实际的要求。对该训练，我们可以这样安排：

方案1：请同学们从外貌、语言、动作、心理活动等描写方法中任选一到两个，写自己所熟悉的一个同学或老师的某一个方面，150字左右。

方案2：请仔细阅读课文的第×段，运用其中的描写方法，写自己所熟悉的一个同学或老师的某一个方面，150字左右。

再看下面的课例，在刘鸿伏《父亲》的教学中，教师安排了这样的训练环节：

现在请同学们运用课文第二段中细节描写的方法，写一段话，篇幅200字左右。

课堂上学习的是一篇写人（父亲）的散文，训练就应该围绕写人来安排，以实现能力的迁移，不然课上学的刻画人物的一些方法就失去了作用，这位教师是这样想的也是这样做的，但她却没有提出明确的作业要求。要求学生"运用细节描写的方法"去写谁呢？写谁的什么呢？教师要求学生写的这"一段话"不对写作对象进行限制，学生就会犯迷糊，虽然知道了"怎么写"，但却不知道"写什么"。还有，课文的第二段是不是运用了"细节描写"的方法？"片段描写""局部描写"与"细节描写"是不是一回事呢？我们不妨来看一下课文的第二段：

一双赤脚在山地的大雪中跋涉，那是父亲；一把斧头舞出清寒的月色在猫头鹰的啼叫里荷薪而归，那是父亲；一支青篙逼开一条莽阔大江，那是父亲；一犁风雨阵阵野谣披蓑戴笠的，那是父亲；一盏红薯酒就可以解脱一切愁苦的，那是父亲。父亲哦，即使我手中的笔使得如你手中那根肉红的扁担一样得心应手，面对故乡苍凉的山影里渐渐凋谢的白发，我又能写些什么呢？

这段文字有两层意思，一是写了父亲的一些生活片段，二是写了自己对父亲的感情。既然原文有两层意思，那笼统地说该段文字是运用细节描写的方法来写父亲，就是不够完整的。而第一层中的一组排比句，其实都是对父亲的一种特写，这些特写镜头虽一一呈现，却一扫而过，属于一种片段式、概括式、白描式描写，刻画的基本上还是此类"父亲"的"共性"，而并不带有"我的父亲"的"个性"特征，不应该属于具体、细致的"细节描写"。教师要学生学这段文字的写作手法，那只能学片段描写的手法，学如何精选局部场景或者事物并能铺排开来的方法。该作业要求可这样表述：

现在请同学们运用课文第二段中排比句的描写方法，写一写自己的父亲或母亲，篇幅 200 字左右。

叶圣陶先生认为："语言文字的学习，出发点在'知'，而终极点在'行'；到能够'行'的地步，才算具有这种生活的能力。"(《叶圣陶语文教育论集》)"行"的能力的形成靠的是平时的种种训练。而训练是有媒介和有所依傍的，这种媒介和依傍就是"语言"，语文课堂上的一切训练，都要通过语言来进行，"通过语言训练，使思维由谬误而正确，由模糊而清晰，由肤浅而深刻。抓住语言文字的训练，推动思维能力的发展，这是多年探索出来的科学之路"（洪宗礼语）。而语言训练的内容、任务、要求、步骤等都必须具体细致、简洁明了，不能大而化之、笼而统之、含糊其词。

51. 把思维引向文本之内

阅读教学中训练活动的安排，其目的是为了引导学生进一步深入钻研文本，启发他们主动积极的思维，以加深对文本的理解，并拥有较为独特的感悟和思考，进而"受到情感熏陶，获得思想启迪，享受审美乐趣"。这就要求所训练的内容应与文本密切相关，或直接考查学生阅读文本的成果，或是要求学生能从已获得的文本阅读知识、方法与能力出发，做到举一反三，总之要"以文本为本"。这样才能"真实地了解学生的学习过程和学习状况，准确地判断学生的学业水平与发展需求"（《普通高中语文课程标准》）。

有位教师在学习完李白的《将进酒》后，布置了两道作业题：

1. 结合余光中的《寻李白》，写一篇不少于400字的感慨。

酒入豪肠，七分酿成了月光／余下的三分啸成剑气／绣口一吐就半个盛唐／从开元到天宝，从洛阳到咸阳／冠盖满途车骑的嚣闹／不及千年后你的一首／水晶绝句轻叩我额头／当地一弹挑起的回音

2. 背诵全诗。

第2项作业是与文本阅读紧密联系的，主要是培养学生养成诵读经典作品的好习惯，并能够背诵名篇，这样的作业很实在，也很有必要。但第1项作业却不同，其在内容上与文本发生了偏移。本课的学习内容是李白的《将进酒》，而不是余光中的《寻李白》，尽管余光中的《寻李白》写得也很好；如果要让学生写"感慨"（阅读体会），也应该是写读《将进酒》的感慨，而不是读余光中的《寻李白》的感慨。

从另一个角度看，本课学的只是李白的一首诗，而余光中对李白的赞扬

却是建立在对他全部作品及在古代文学史中的地位认识的基础上的，在没有对李白有全面了解的情况下，学生怎么能够有这样的认识高度呢？出示余光中的《寻李白》一诗，可以让学生从中学到的是怎样选择比较合适的文体去表达某种认识与看法，用不同于一般的表达方式呈现自己的学习收获，而不是让学生去写这不着边际的"感慨"。再说，刚刚学了一首诗就要写这么长的"感慨"，势必会使学生产生畏难情绪，更何况老师出示的又是一首需要好好阅读理解的现代诗。倒不如来点实在的，就让学生去写一写阅读《将进酒》之后的"感慨"好了，不必另起炉灶。

这种偏移，在所谓的"活动体验"与"拓展训练"中也表现得比较明显。

有位教师在教学高尔斯华绥的《品质》时，安排了这样的"活动体验"：

从做人的角度评价，格斯拉毫无疑问是一个成功者，而从经商的角度评价，格斯拉又是一个彻彻底底的失败者，那么怎样才能做到做人与经商的双赢呢？请你以经营顾问的身份为他出谋划策。

这样的"活动体验"在政治课《经济与生活》中是常见的，很明显这是把学生的思维从"文本之内"拉向"文本之外"。教师全然不顾课堂学习的重点应是阅读文本本身，是引导学生把握形象，品味语言，体悟感情，领悟作品的丰富内涵，了解其表达技巧，体会其艺术表现力，而不是远离文本学习，远离学生的生活实际去进行这样的"体验"活动。

《品质》这篇小说要告诉我们的是，手工制造所代表的传统文化受到了现代工业文明的强烈冲击，尽管生存很艰难，但在我们的生活中，却总不乏这样的坚守者，他们执着于自己的信念，他们始终追求着为人和做事的"品质"，不为利所诱，不为钱所动，一心做人，一心做事。教师应引导学生去敬佩这样的人，仰慕这样的人，学习这样的人，而不是试图去改变他们，去重新塑造他们的"品质"。

从课堂实施看，这一体验活动是失败的，因为学生对社会经济生活所知有限，他们只能说一些概念性的空话和套话；很多学生过多地批评与指责了格斯拉兄弟，而视他们的举动为"傻""痴""愚"，不能理解他们身上所体现出来的民族心理和时代精神，极大地削弱了文本的阅读意义。

有时，有的教师会通过对"学情"的了解，设计一些训练，却没有对"学情"做细致分析与甄别的工作，致使所谓"尊重学情"的训练发生了方向性偏移。如在《林黛玉进贾府》的教学中，有位教师安排了"拓展探究问题，训练思维发散能力"的环节：

有的同学在"预习所得"中提到"王熙凤是个人才，如果她生活在当下，会是一个了不起的女强人"。你怎样看待这个问题？

对此，这位教师的做法是：鼓励学生放飞思维各抒己见，教师参与到讨论的过程中，不轻易否决，以此为保护学生的好奇心和探究欲望的基本策略。

这位教师的教学策略很好，本意在"突出'学情核心'"，只可惜所展开探究的问题却是完全游离于文本之外的，思维训练的大前提出了问题。学生的问题是在仅仅读了《林黛玉进贾府》之后所产生的，而如果对《红楼梦》有较为完整的了解，他们就不会有这样的疑问，因为生活在贾府中的王熙凤本身就是一个"了不起的女强人"。

她"模样又极标致，言谈又极爽利，心机又极深细，竟是一个男人万不及一的"（冷子兴评价），"是个脂粉堆里的英雄"（秦可卿评价）。这从她在协理宁国府时，有条不紊地处治宁府五大风俗中就可以得到非常具体的认识：分派众人岗位，量才而为，苦乐均分，各司其职，责任到人；依法治理，赏罚分明；一视同仁，不徇私情；号令通畅，树立威信。其"大有淮阴侯用兵经济"（姚燮评价）。"五件事若能如法整理得当，岂独家庭，国家天下治之不难"（脂批）。王熙凤放在任何时代都是一个很不一般的"女强人"，这是一个不需要"探究"的问题，如此"放飞思维"将可能带来"放散思维""放乱思维"的结果。

为什么不让学生的思维集中到文本中对人物的刻画艺术的欣赏上去呢？这一活动的进行，恰恰没有关注"学情"，突出"学情核心"，学生在对王熙凤没有较为全面的认识、了解的情况下，又能"探究"出什么来呢？

对此的认识是，所有的训练都要与发现和建构文本意义相关，要与文本所展示的生活、所呈现的语境、所描画的情境紧密结合，唯此，才能充分发挥其在发展思维能力上的作用。

52. 目的应是为了语文

阅读教学中的训练，应把重点放在对学生综合理解文本能力的培养上，要重视学生的情感体验，要尊重学生的个性化阅读，培养他们创造性阅读理解的能力，"尤其重要的是要考虑到如何启发学生，把所学的应用到实际生活的各方面去"（《叶圣陶语文教育论集》）。训练内容与要求应是简洁明了的，而不是啰嗦繁复的；应是便于实践能够完成的，而不是无从下手的。不少教师好像故意要与学生为难，安排的训练数量多、内容杂，不讲训练的逻辑层次，学生不胜其烦。

请看有位教师为《呼兰河传（节选）》设计的课外作业：

1. 阅读萧红《呼兰河传》及其他作品，做关于她的卡片资料。
2. 回忆你的童年生活片段，写一段充满情趣的文字。（200字左右）

看上去这位教师只给学生布置了两道作业题，相较于数学等学科动辄五六道乃至七八道作业题来说，确实不多。但这是两道怎样的作业题呢？首先来看第一道。"阅读萧红《呼兰河传》"需要多长时间？恐怕没有一周是读不下来的，因为学生根本就没有多少课余时间用来阅读；再要阅读她的"其他作品"又要花多长时间？这"其他作品"又是指哪些呢？不仅如此，教师还要学生做"卡片资料"，这"卡片资料"怎么做？上面摘抄哪些内容？摘抄多少内容？退一步说，即使摘抄了，在实际的学习中，又有多少学生运用了"卡片资料"？如果不去运用，那摘抄了干什么呢？所以这项作业基本属于"无效布置"，因为学生没有办法完成，教师也没有办法对学生的完成情况进行检查，这样的作业布置除了一种教学形式的需要，是没有多少意义的。

再看第二道。学生懂得什么叫"充满情趣"吗？对是否"充满情趣"有没有一个基本的要求？对它的评价标准又是什么？从"童年生活"的复杂情形来看，每一个学生都会有自己"充满情趣"的童年生活吗？如果其生活得很不幸，或者对生活缺少一定的感悟，这样的作业学生又怎么完成？那就只好说假话、写假事、抒假情了。课上学了那么多的写作方法，为什么不让学生去学会运用呢？

作业布置要充分考虑到学生已有的认知状况，从学生实际出发，"靠船下篙""贴地而行""有序推进"应成为我们遵循的准则。有位教师在学习完柳永的《雨霖铃》后，布置了这样的课后作业：

用情景交融的手法来描绘一个你印象深刻的离别场面。

"情景交融"是诗歌中"景""情"关系处理所达到的一种艺术境界，它将环境描写、气氛渲染和人物思想感情抒发紧紧联结在一起，正如王夫之所说："情景名为二，而实不可离。神于诗者，妙合无垠。巧者则情中景，景中情。"（《姜斋诗话》）

"情景交融"的具体情形又有三：一是借景抒情，诗人要借助对客观景物的描写来抒发自己的主观感情，这种手法往往使情感含而不露，蕴藉深远，深切动人；二是触景生情，诗人受到眼前景物的触动，引发联想，从而产生某种感情；三是寓情于景，诗人的喜怒哀乐与写景状物结合在一起，诗人通过对景物的描写来表达自己的感情。

就《雨霖铃》而言，三种手法运用得非常充分，达到了炉火纯青、出神入化的地步，全词情随景生，景随情移，情景交融，感人至深，非一般写家所能及。教师让学生运用这一手法来写一个场面，其要求是非常高的。如果学生对这三种手法的认识还处于一种模糊、笼统的状态，他们就不可能恰当地把所学知识运用到写作训练中去。而学生所写有没有达到"情景交融"，则没有具体的把握尺度，学生和老师也不便作出恰当的评价。比较靠谱的做法是，让学生学习运用《雨霖铃》中"情景交融"的某一种手法写一个片段，待学生全部掌握"情景交融"的几种手法之后，再让他们综合运用到写作实践中。

有的教师安排训练的基点是自己的阅读经历甚至阅读喜好，而不去考虑学生的阅读需求与阅读心理，经常布置一些"高大上"的作业。请看有位教师为日本作家栗良平的小说《一碗阳春面》设计的训练题：

从小说《佐贺的超级阿嬷》或学术著作《菊与刀》中任选一本阅读，选取一章节，写读书笔记。

这道训练题有两个要求，一是阅读其中的一本书，二是选取一个章节写一篇读书笔记。看上去训练题很简单，其实学生很难完成。

学生遇到的第一个困难是，怎么去获得上述两本书？如果学校图书馆没有，那是不是要网购？即使能借到，图书馆里也不会有这么多的复本；如果网购，那势必增加学生的经济负担。

第二个困难是学术著作《菊与刀》学生能读懂吗？（此书又有几个教师读过？）如果读不懂，那又怎么去写"读书笔记"？

第三个困难是本课学习的是一篇小说，却要学生完成对一本学术著作的阅读，去写读学术著作的读书笔记，所用非所学，所学无所用，难度系数之大，学生只能"望题兴叹"。

第四个困难是，既然本课学习的文本不是"读书笔记"，那要求学生写"读书笔记"，就完全与所学内容和方法没有关联，这样的训练自然不能对学习情况起到检测、反馈、激励、发展的作用。

第五个困难是，对阅读日本作家岛田洋七的自传体小说《佐贺的超级阿嬷》的目的，学生不明白；对读美国学者鲁思·本尼迪克特的《菊与刀》的意图也不清楚，因为这本书论述的是日本文化的双重性，所揭示的是日本幼儿教养与成人教养的不连续性，与《一碗阳春面》所折射的日本人的精神和心理相距甚远。这样的训练完全脱离了课堂学习和"学情"实际。

这样的情况也同样出现在一些名师的课堂中，有位名师在执教孙犁的《荷花淀》之后，布置了一项"研究性学习"的作业，要求学生写一篇《〈老人与海〉与西方文化精神》的小论文。

这篇小论文所要研究的并不是所学课文《荷花淀》，也不是孙犁的其他小说，这首先偏离了本课的"教学主题"——从《荷花淀》看中国文化（这种

"文化"被这位名师归纳为"中和"），课后作业应该能够对教学主题起到强化、巩固、延伸的作用，所以必须围绕教学主题来设计。

我们且不论从《荷花淀》中能不能看出所谓的"中和文化"，即使能够看出，它是不是能够代表中国文化的所有内涵呢？如果确实需要对孙犁小说的文化内涵进行探究，也应该是让学生继续去读孙犁的其他小说，去研究其中所体现出来的"中国文化"，或者是读与孙犁《荷花淀》类似的小说，去发现其中所共同表现出来的"文化"，而不应该另起炉灶。

从另一个角度看，海明威的《老人与海》能不能完全体现出"西方文化"？或者说"西方文化"是不是就是《老人与海》中所表现出来的那样？学生对中国博大精深的"文化"尚且缺乏基本的了解，遑论对"西方文化"呢？他们又怎么能从小说中去发现、理解、挖掘出"西方文化"呢？更何况教者在课上对学生的思维进行了误导，他根据对《荷花淀》和高尔基的《海燕》的极为简单、粗糙的比较，竟然就得出了"西方文化中人与自然的关系是一种对立关系，中国文化则主张人和大自然和谐交融，呈现出一种天人合一的和谐美"的片面认识，戴上这一非此即彼的"二元对立"的"有色眼镜"去看西方文化，能形成全面、正确的结论吗？

退一步说，如果一定要写作《〈老人与海〉与西方文化精神》这样的论文，也应该是在学习过《老人与海》之后。而政治课中的"文化生活"方面的知识内容，学生要到高二"选修"课本中才能接触到，让高一学生课后去读这样一篇中篇小说就很不错了，让他们像研究生似的去"研究"如此"高难繁"的课题，除了白忙活一场，又能"研究"出什么来呢？

如此完全远离语文学习实际的训练，"它的直接后果，就是导致语文教学的泛人文化倾向"，"无论是设计动机还是活动的目的都不是为了语文，而是指向语文之外的什么地方"（倪文锦语）。对此，我们要有充分的警惕，并在教学实践中努力予以纠正。

53. 减少提问，增加活动

课堂提问要能够对学生的学习起到引领作用，激发学生的阅读兴趣，引发学生的积极思考，检验学生的学习成果，提升学生的思维质量。要达到这样的目的，就必须让它们能够"活起来"。但在课堂教学中，有的提问却存在着一些明显的问题，使其"不能活""活不了""活不长"。

有位教师教学鲁迅的《一件小事》，一上课就问了学生几个问题：

1. 同学们知道我们今天要学习的课文叫什么？
2. 课文的作者是谁？
3. 他的原名叫什么？
4. 他的身份是什么？

学习这篇课文之前教师对学生提出了预习的要求，并已发了"导学案"，"导学案"中有作者的具体介绍，课前教师也已把课题与作者写在了黑板上，所以上列四个问题的"答案"如"秃子头上的虱子——明摆着"，学生全是不假思索、异口同声地齐答。很显然，教师对学习伊始，到底要向学生了解什么，学生到底需要什么，是没有思考也没有设计的。如此浮于表面、过于浅显的问题，追求的只是课堂上的表面热闹，并没有真正的"交流"与"对话"。不仅对学生阅读理解文本没有任何意义，而且还带来了很严重的负面影响，这就是学生始终不需要进入思维的"深水区"，问题一旦提出即意味着学生思维遭受到可怕的阻抑。

要想使上述问题能够"活起来"，我们必须对其重新设计。以第三个问题为例，可以这样问学生：

课文的作者是鲁迅先生，这是他的真实姓名吗？那他为什么叫"鲁迅"呢？他是什么时候开始叫"鲁迅"的呢？

这一提问的目的有两个：一是让学生了解作家的"真实姓名"与"笔名"的知识；二是让学生去具体了解鲁迅的一些基本情况，特别是他的生平与创作之间的关系。而这些内容在课本、"导学案"中都没有，需要学生去查阅资料具体了解。问题一旦抛出，学生的学习兴趣自然会得到激发，课堂自然会得到激活。教师甚至还可以让学生课后继续思考并完成延续的问题：

请再写出三个作家的真实姓名和他们的笔名，理清它们之间的关系。并以此写成一篇知识小短文。

如果要通过提问检查学生对课文的预习情况，我们可以这样提问：

我们今天要学习的课文是《一件小事》，有谁可以跟大家说说，课文记叙的是怎样的"一件小事"？

这一提问的目的是了解学生对课文的初步学习情况，让学生学会用自己的语言去复述课文的主要内容，是学生对信息的全面获取、筛选能力的具体反映，可以起到整范学生思维的作用。

提问要避免肤浅，就必须有一定的"深度"，但这样的"深度"不是指问题本身的高难度，而是让学生"跳一跳就能摘到果实"，能够让学生的思维充分活动起来，让学生的思维过程得到充分的展现，让学生在对问题"答案"的探求中获取知识，享受学习的快乐。

提问一旦肤浅，必然就会琐碎。余映潮指出："它用非常多的没有经过整合提炼的随口而出的提问来让学生就课文内容教学肤浅地解答，这种'问'与'答'形成了课堂上教师与一个一个的学生分别进行的单个'对话'，从而耽误了集体训练的时间；这种'问'与'答'由于细碎而漫长、单调、机械，使语文学习过程中的情趣、情味损失殆尽，更不用说学生有深刻的思考、饶有兴味的赏析、生动激情的论析和奋笔疾书的写作了。"一位教师这样进行《云南的歌会》中"这是种生面别开的场所"语段教学：

对歌的地点在哪里？对歌的内容是什么？为什么说"多是"？对歌的方式有哪些？什么叫"见景生情"？"即物"是什么意思？这里的描写表现了对歌的人什么样的特点？对方为什么"哑口无言"？你能够读出"轻轻地打了个呃喝"的味道吗？谁能告诉我什么是"江米酒"？你觉得对歌时最要注意的是什么？

用余老师的话说，这种"脚踩西瓜皮式"的典型碎问，浪费了教学时间，是一种低效教学，是无备课准备的随意教学。余老师认为高效的课堂阅读教学，要追求提问设计的高层境界：要减少提问，增加活动；要大量减少碎问，多设计学生的训练活动。为此，他还设计了这样的课堂实践活动，给我们以很大的启发：

活动一：反复地朗读课文，注意体味并读出三种"感觉"：层次感，情境感，情味感。
活动二：整理出此段课文的"字词学习卡片"。
活动三：写一段话，诗意地概说本段内容并例说其语言表达之美。

用他自己的话说，这个设计，就是在利用课文"教"，是将提问"变成"训练的任务，也就是使提问能够在语言训练活动中获得生长、生存、生命。

余老师的话给我们很多启发，课堂教学不是"小货郎卖东西——走到哪响到哪"，应该有"主问题"（中心问题）设计，围绕"主问题"（中心问题）设计具体的学习内容，组织有阶段、有层次的学习活动。为了使对"主问题"的研讨得以顺利进行，还必须有一些"辅助性问题""铺垫性问题""阶梯性问题"来支撑，使课堂学习能够"螺旋式上升""波浪式前进"。

54. 所问要能方便应答

有的教师对文本缺乏认真仔细的解读，对学生的认知水平与状态缺少具体的了解与把握，课堂提问如"雪地走路——深一脚浅一脚"，心里没谱，嘴上没数。学生对老师所提问题，如"两个黄鹂鸣翠柳——不知所云"，又如"老虎口中拔牙——难以下手"。有位老师在教学托尔斯泰的童话《七颗钻石》时，对学生这样说：

刚才大家自由朗读了课文，下面我请一位同学为大家把这篇课文读一遍。举手的同学还真不少，但我有一个问题，有谁能用一颗童心读出童话的味道吗？

正如这位老师所说，老师的话说到一半的时候，举手的学生非常多，但听完老师的话后，一个举手的学生也没有。这是为什么呢？问题就出在"用一颗童心读出童话的味道"的要求上。何谓"一颗童心"？"童心"能用具体的语言显现出来吗？"童话的味道"是什么？要"读出童话的味道"有哪些具体要求？怎么去评价学生的朗读是否读出了"童话的味道"？可以说，这是一个说起来简单做起来很难的问题，不用说学生，即使教师本人恐怕也难以回答这样的问题。事实上，这位教师自始至终也没有范读过课文；对学生的朗读，也没有围绕所谓的"用一颗童心读出童话的味道"作出评价，所提问题完全没有得到落实。

与此类似的提问还有："你能有表情地为大家朗读这段话吗？""你能用几句话简要地概括这个故事吗？""有哪位同学能把这个故事讲得更加有趣一点？""哪个同学能说得更准确、更生动、更形象？"这样的提问往往都成了"走过场"而不了了之，因为如何才能"有表情"，怎样做到"简要""有趣""准确、生动、形象"，学生根本就稀里糊涂，教师既没有具体细化的要求，也缺乏切实的指导。

这位教师还问了下面一个问题：

列夫·托尔斯泰为什么让七颗钻石升腾为大熊星座？可以换成我们更为熟知的牛郎织女星吗？

在学生七嘴八舌地回答之后，教师作了如下解释：

作者别具匠心地让七颗钻石升腾为大熊星座，是因为：1. 北斗七星与七颗钻石在数量上是一致的。2. 北斗七星成勺形，与童话故事中的水罐有一定的联系。3. 北斗七星中的两颗指极星可以帮人们在夜间辨认方向，也意味着在人们陷入困境时帮人们指明前进的方向。4. 希望爱心像大熊星座一样普照人间。

这一提问的难度在于：一是学生缺少大熊星座、北斗星、牛郎织女星等星座知识，二是学生缺乏俄罗斯民族的星象文化知识，三是学生缺少童话作品独特表现手法的知识。所以，课堂上学生虽七嘴八舌，但回答都不得要领。对这些认知上的难度，教师浑然不觉，只是按照自己的预设直接将所谓的"知识"灌输下去。这位教师所灌输的这些内容，除最后一点"差强文意"之外，其他都有程度不同的错误：大熊星座不是"北斗七星"，北斗七星只是其中七颗最亮的星；"水勺"与"水罐"外形上没有一点相似，说勺形的北斗七星与水罐有一定联系完全是牵强附会；北斗七星中的两颗指极星的作用与文本中的七颗钻石风马牛不相及，托尔斯泰所要表达的主题是"对他人真正的爱只有舍弃自我才能实现"，而不是"在人们陷入困境时帮人们指明前进的方向"；至于能否换成"我们更为熟知的牛郎织女星"，完全脱离了文本话语的文化环境，属于无厘头的问题。

有不少教师总喜欢让学生去"探究作者的写作意图"，学生的回答往往不得要领，教师就只好直接灌输。其实仅根据所阅读的单篇文章，我们是不能全面地了解"写作意图"的，它需要通过对诸如作者的"创作回忆录""创作访谈"和作者的一些生平经历等相关资料的综合阅读才能作出判断。所以，这样的问题不妨改为"文章告诉了我们哪些道理"或"从文章内容看，它所表达的思想是什么"。这样既紧扣了文本，又降低了问题的难度，容易激发学生的探究欲望。

教师所提问题一旦繁难，学生就会茫然无措，找不到思维的出口，也没有思考与探究的方向，这在客观上就会阻抑学生的思维，从而无法实现提问的目的。

教学中常有这样的现象：从所提问题本身看，质量是高的，但教师所预设的"答案"却往往与所要问的相左，即使学生使出了浑身解数，所回答的也没有办法让老师"满意"。有位教师教学《面包》一课时，这样提问：

丈夫"处心积虑"偷吃自家面包，该情节比对现实常态较为"反常"，作者为何如此设置情节？

学生讨论后，教师这样告诉学生：

正是该情节的"反常"，暴露此家庭生活的拮据，促使读者聚焦于当时的社会环境。读者会在质疑和解疑的过程中深入了解战后德国的"废墟"状况。

该教师提供的"答案"说的是作者这样设置情节的作用或好处，不是作者如此设置的原因或意图，也就是说所答的是"写得怎么样"而不是"为什么这样写"。同样的情况还出现在他所问的后一个问题中：

作者为什么要设置"撒谎"这一"反常"的情节呢？

教师明确告诉学生：

1."撒谎"使故事情节更曲折，吸引读者。2.作者通过"撒谎"这一情节的设置，让人物之间产生了矛盾。正是在矛盾升级和解决的过程中，人物的情感和心理才淋漓尽致地表现出来。正是在"撒谎"和"圆谎"的过程中，我们看到了夫妻之间深沉的感情。作为"旁观者"的我们不难发现其实他们都在撒谎，丈夫撒谎是为了不让妻子难过，不想让妻子感到为难；妻子撒谎也是因为深爱丈夫，她在努力维护丈夫的尊严。

很明显，教师所提供的"答案"都指向了作者这样设置情节有什么作用或妙处上。所以上列两个提问都应该表述为：作者这样设置情节在表达上有什么作用？这位教师在"多元解读主题"这个环节又给学生布置了一个学习任务：

在理解小说中夫妻情感的基础上回答，如果让你对生活在"废墟"中的其他夫妻说几句话，你会怎么讲？

该教师所提供给学生的"参考"是2010年广东省高考卷中的"答案"：

小说通过饥荒中妻子为了维护丈夫尊严并为他省下口粮的小故事，不但表现了患难与共的真情，也歌颂了二战后的饥荒中，人们互相砥砺、互相关爱的精神。

这是典型的"答非所问"：高考卷中的答案说的是小说所表达的"主题"（原题目就是"小说的主题是什么？"），而教师所提问题则是要求学生有自己的阅读感受与体验，强调的是个性化阅读，是一种创造性阅读。

所问与所答如此相左，师生之间只能各说各话，学生即使有自己的认识或见解，也不会得到教师的认同。这样的提问，是无法存活的。

55. 在暗处寻找亮光

要让课堂提问具有某种生机与活力，使它在教学活动中"穿针引线"的预设成为可能、作用得以发挥、进程自然顺畅，能够有长久的生命力、穿透力、扩张力，就要能够设计一些精妙的问题，这样的问题往往存在于一些较为独特的语言之中。

如有些文本，在对某个人、某件事、某处场景、某种心理状态进行描写时，前后常有一些粗看相似细读有异之处，比如鲁迅的《祝福》中对祥林嫂的三次肖像描写，特别是对她眼神的描写，朱自清的《绿》开头和结尾的两句话，这种"微殊"，正便于我们设计精妙的课堂问题。我在教学苏轼的《石钟山记》一课时，问了学生这样的问题：

文中三次写到了"笑"，它们分别出现在文章的开头、中间和结尾："余固笑而不信也"、"因笑谓迈曰"、"盖叹郦元之简，而笑李渤之陋也"，这三次"笑"的含意一样吗？它们在行文上有什么作用？

经过阅读、思考、讨论，学生明白了：同样是"笑"的表情，但其表意功能与作用却有很大差别。第一个"笑"是基于对李渤说法的漏洞的认识，是一种自信、否定的笑；为下文"莫夜"探访石钟山作了有力的铺垫，使下文的记叙成了必然。第二个"笑"是有所发现之后会心、得意的笑，是对前面记叙、描写部分的总结和概括，由记叙、描写转入了议论，呼应了文章前面的内容。第三个"笑"是对李渤浅陋的做法及其所形成结论的嘲笑，照应了开头对李渤说法的怀疑、记叙部分对寺僧做法感到好笑，用抒情性笔调再次阐发了"事不目见耳闻，而臆断其有无，可乎"这一中心。通过对"三笑"同中有异、异中有同含意的研讨，学生不仅了解了一个极富启发意义的科学考察故事，而且欣赏到了文章大家行文的自然、流畅、整饬、缜密的高超艺术。以这样的"微殊"之处组织教学，确能贯通全篇，既能关顾整体，又能突出局部。

在引导学生分析鲁迅《药》中的人物形象时，我抓住文中的三处"微殊"，设计了这样几个问题：

1. 一般客人到来后，华老栓夫妇只是"泡茶""冲茶"，而对康大叔却不仅"一手提了茶壶，一手恭恭敬敬的垂着；笑嘻嘻的听"，还笑嘻嘻地"加上一个橄榄"，这是"敬""畏"还是"谢"？为什么"满座的人，也都恭恭敬敬的听"康大叔讲话呢？

2. 小说中写小栓的"咳嗽"共有几处？"一阵咳嗽""又是一阵咳嗽""合伙咳嗽""不住的咳嗽""拼命的咳嗽"分别说明了什么？

3. 同样是为儿子上坟，华大妈很平常地举行了祭奠的仪式，而夏四奶奶在见到她时却为什么"有些踌躇"？脸上为什么会现出"羞愧的颜色"？还要"硬着头皮"才能走到儿子的坟前？

这样的提问，直击看似细微却又有明显差异之处，引领与启发学生精读、细读文本，便于学生准确把握人物形象、理清人物关系，并形成对文本主题和审美特征的具体认识。

这种"微殊"有时在字词运用的选择上也有充分的体现，而传达出不同的意蕴。我们正可以加以利用，引导学生细加琢磨。如叶圣陶先生曾经举欧阳修《泷冈阡表》中第一句里"始克表于其阡"的"克"字为例。"'克'既然作'能够'讲解，'始克表于其阡'可不可以写作'始能表于其阡'呢？"这是一个很有价值的问题。"克"是古字，而"能"是今字，在通常情况下表示"能够"意义的就不会用"克"。那作者"丢开常用字不用，而特地用那同义的古字，除了表示相当意义之外，往往还带着郑重、庄严、虔敬等等情味"。由此可见，"作者对于'表于其阡'的事情看得非常郑重，不敢随便着手，这正与全文的情味相应"。但是作者为什么在另一些句子中又都用了"能"字呢？"吾何恃而能自守邪"，"然知汝父之能养也"，"吾不能知汝之必有立"，"故能详也"，"吾儿不能苟合于世","汝能安之"。联系文本内容可知,"这些语句都是转达母亲的话,无须带着郑重、庄严、虔敬等等情味;并且,用那常用的'能'字,正切近于语言的自然"。围绕"克"所提问的两个问题,对学生把握文章的语言特点乃至全文的情感基调,是极有意义的。

在表达"微殊"处提问,其实就是放大其"不同点""相异点",引导学生的思维聚焦到独特的表达上,在启发学生关注细节的同时,揣摩语言中所蕴涵的思想与情感。

从另一方面看,文学作品的语言,往往又是精确与模糊的统一。在一定意义上,模糊往往比精确还要"精确",因为它更能表现出生活的实际情形,如鲁迅说"大约孔乙己的确死了",就形象地刻画了社会环境对孔乙己冷漠的程度,给读者留下了极大的想象空间。这样的语言,其"有深意存焉",要引起我们的关注。如果问学生"到底孔乙己有没有死呢"这样的问题,课堂上学生积极思考、热烈讨论的程度,我们可以想见。

我在教学鲁迅的《祝福》时,发现小说对四叔的描写"极其俭省",直接描写其语言的地方并不多,但"可恶""然而"这两个词语,却先后出现了三次,并用了三种不同的句式来表达。如此闪烁其词、含糊其词的语言,如果不加注意,学生根本就不知道四叔要说的是什么意思。为此,我设计了这样一个课堂讨论问题:

四叔说谁"可恶"?"然而"后面他想说什么?

学生议论纷纷,众说纷纭:祥林嫂的婆婆"可恶",因为她竟敢带人来抢讲理学的老监生家的佣人。卫老婆子"可恶",她既介绍人来做工,却又带人来抢人,三方(祥林嫂、鲁四老爷家、祥林嫂的婆婆)得好处。祥林嫂"可恶",她竟敢私自跑出来,还守不守妇道?四叔在听说祥林嫂的堂伯来寻找祥林嫂时,他就"皱一皱眉,道:'这不好,恐怕她是逃出来的。'";当祥林嫂的婆婆来向他说明情况时,他并没有询问祥林嫂,而是立即明确表态:"既是她的婆婆要她回去,那有什么话可说呢?"这些均可以看出他的鲜明态度。抢人者"可恶",封建礼教的尊严还要不要维护?这等人公然放肆地无视自己的尊严,在堂堂的鲁府门前竟做出如此有违礼规的野蛮动作,闹得整个鲁镇"沸反盈天",使自己大大地丢失了面子。"然而"语气急转直下，句中的省略号不言自明："然而"祥林嫂不应该自己逃出来；"然而"祥林嫂的婆婆有权处置自己的儿媳，所以她带人捆走自己的儿媳是符合礼义规定的；"然而"祥林嫂的婆婆是为了维护封建族权和封建家长专制制度的，只不过方式方法上与"礼"不合而已。由此可见，他对祥林嫂的婆婆捆走祥林嫂的行动是完全支持的。

学生还进一步认为，"可恶"后的感叹号明确地表示了四叔内心的气愤和不满；而"然而"后的省略号则包含了非常丰富的内容，其中支持维护封建族权迫害祥林嫂是其核心，暗扣了祥林嫂悲剧命运的社会根源。但由于其极度自尊、虚伪与冷酷，所以他始终没有把这层意思明确说出来，曲折反映了他既反对抢人，又要极力维护族权的矛盾心理。鲁迅用极其经济含蓄而又富于变化的语言，揭示了人物丰富复杂的内心，形象展示了人物的性格特征，真可谓只言知著，片语传情。

对这一问题的讨论，不但使学生对四叔的性格特点有了全面而完整的认识，而且对文本独特的言语方式也有了具体的印象，甚至对学生如何鉴赏小说语言都有非常积极的意义。

在语言模糊处提问，是使文本中因独特表达需要而有意模糊让其处于"黑暗"之中的内容得到敞亮，是使阅读理解中认识可能比较模糊的多种、多层意思逐一得以明确和展现。研讨模糊问题的过程，同样也是启发和引导学生进入文本深处感悟形象、品味语言、领悟丰富内涵、体会艺术表现力的过程。

56. 让好问题一直活下去

有些文本在展现某种生活现象、刻画某种心理状态、表达某种情感时，往往有一些看似矛盾的地方，这样的情形是很多的。如古乐府诗《孔雀东南飞》，其中刻画了刘兰芝对爱情的忠贞、对专制家庭的反抗、对幸福美满生活的热切追求和向往，特别是她的坚强性格给学生留下了深刻的印象，但诗中却多次写到了她"流泪"的情景，好像又显得很软弱。这样的相悖处，正透露出作者对人物的某种情感，应该是引导学生深入研析处。我们可以这样提问学生：她流的是什么泪？诗中为什么在刻画她坚强的同时还要写她流泪？这样的提问，可以引导学生探究人物形象丰富的情感世界，努力挖掘诗歌所蕴涵的民族心理和时代精神。

鲁迅的《记念刘和珍君》中有这样几句充满矛盾的话：

1. 可是我实在无话可说。2. 我也早觉得有写一点东西的必要了。3. 我正有写一点东西的必要了。4. 我还有什么话可说呢？5. 但是，我还有要说的话。6. 呜呼，我说不出话。

在预习时，学生提出了这样的疑问：鲁迅到底是"有话"，还是"无话"？如果"有话"，为什么又说"无话可说"？如果"无话可说"，又为什么"有写一点东西的必要"且"还有要说的话"？这些前后看似矛盾的表达，给学生的阅读理解带来了极大的难度。

由此我以学生的这些疑问组织学生讨论并明确：课文的行文上有一个"无话—有话—无话"的曲折变化过程，残酷的现实使得鲁迅先生"无语"，现实斗争的需要又驱使他不得不拿起手中的笔，寄托自己的哀思，反思斗争的教训；但这一切对死难者都没有什么实际的意义了，逝者长已矣，活者且偷生。

在学生讨论的基础上，我进一步问学生："无话—有话—无话的曲折变化过程说明了什么？""无话"表明了他的极度悲愤；"有话"，显示了他化悲痛为力量的战斗行为；他的话虽说得不少，但始终没有说完，而这便成为最好的话，既抒发了一个战士的情怀，也是对刘和珍最好的纪念。这一矛盾心理活动，是他悲愤、悲怆与愤怒的集中体现，正因为如此，他才写下了这一沉痛而不伤感、悲悼却催人奋起的名篇佳作。

除此，文本中有些语句还承担着非同一般的任务，其往往处于表意的肯綮处，发挥着极其重要的作用。比如要认识《林黛玉进贾府》中林黛玉的外貌特征，就不能忽略"泪光点点，娇喘微微"这八个字，因为它写出了林黛玉的病态美，写尽了她的"愁"、她的"娇"；而要了解她在贾府中的心态，就不能不抓住"步步留心，时时在意，不肯轻易多说一句话，多走一步路，惟恐被人耻笑了他去"这几句话，这既是她寄人篱下时的心理状态，更是她孤芳自赏、追求"质本洁来还洁去"的个性使然。在这样的地方提问，往往能够抓住语言的要害，有牵一发而动全身之效。

以鲁迅《拿来主义》的教学为例，我在学生自主阅读课文的基础上，与学生一起重点探讨了这样一个问题：

在课文的第 7 段，鲁迅说了这样一句话："所以我们要运用脑髓，放出眼光，自己来拿！"这里的"所以"表示的是一种结果，那他这样说的原因是什么呢？请你还原鲁迅的论证思路。

学生对这样"不按常理出牌"的教学切入感到很新鲜，他们通过细读课文，并运用"逆推法"，很快就理清了作者的行文思路。这要比从头至尾、逐段分析的方法所取得的效果好得多。

有时，这样的肯綮处在文中不止一处，它们共同作用于所要表达的意思。欧阳修的《秋声赋》中有三个感叹句，分别是："异哉！""噫嘻，悲哉！""嗟乎！"它们是行文中的感情线索，串联起了文本的主体内容。教学中，我与学生研讨了这样几个问题：

1. 作者究竟听到了什么样使他惊叹的声音？它是怎样出现的？请用自己的语言描述你所读到的文字。

2. "噫嘻，悲哉！此秋声也"这句话在行文上有什么作用？为何童子眼中的树间之声，作者却会有如此的感喟？

3. "嗟乎"所领起的内容有哪些？对作者的感慨你怎样认识？

经过课堂讨论，学生明白了，作者用"异哉！""噫嘻，悲哉！""嗟乎！"三个感叹句，不仅有过渡衔接之妙用，更重要的是时时事事处处都以浓烈的主观感情贯穿于文章的始终，他的情感变化过程成了贯穿全文的线索，所叙、所议、所感的内容有如这条线索上的珍珠熠熠生辉，呈现出一种回环摇曳、一唱三叹的风神。而这正是欧阳修文章突出的艺术风格之一，因此极富感染力量，使人咀嚼再三而感慨万千。

对上述三个感叹句的研讨，目的就是引导学生梳理出文章的思想感情线索，这不仅有助于学生对文章情感基调和主旨的把握，而且可以使学生能够在对文章的整体内容和基本框架的把握上提纲挈领、纲举目张。如此取舍，删除了繁枝冗叶，既可给课堂带来生机，也可大力提高教学效率。

我在教学方苞《左忠毅公逸事》时，发现文章叙事的一个特点：每一件事的最后都有人物的一句话。为此，我设计了这样三个问题：

1. "吾诸儿碌碌，他日继吾志事，惟此生耳。"他为什么这样说呢？

2. 史可法为什么用"吾师肺肝，皆铁石所铸造也"这样的话来评价他的老师呢？

3. 史可法说："吾上恐负朝廷，下恐愧吾师也。"为此，他是怎样做的呢？他的这句话与前面的哪些话相呼应？

这三个主体性问题从文章中人物的三句话出发，正是深入了文章的"精髓"，把握了文章的"经脉"。通过引导学生读书、思考、探究、体味，让学生反顾本段或全文，看似抓了"片言"，实因方位"居要"，因而能担得千钧，且以轻运重，带动了学生对全篇内容的领悟，对人物思想感情和精神品质的感悟，激发了学生主动探究的精神，并由此掌握了阅读文言文的一些基本方法。课堂上学生思维活跃，见解深刻，兴味盎然。

文本的精髓，往往隐含于文本深处，需要深入研究方能把握。老舍先生在《想北平》中这样说："言语是不够表现我的心情的，只有独自微笑或落泪才足以把内心表达出来。我爱北平也近乎这个。"我们不妨把老舍先生的"微笑"理解为北平给他带来的喜悦和他对北平的赞美，把他的"落泪"理解为对北平的愧疚不安、担心忧虑。理解了这两点，也就把握了文本内容，领悟了作者的感情。于是我这样问学生：

"微笑"与"落泪"在文中起到了怎样的作用？它们又分别表现了作者怎样的思想感情？

经过讨论，学生形成了这样的认识：老舍先生巧妙地借助于"微笑"与"落泪"的比喻形式，把文章所要表现的内容和要表达的情感，用"微笑"与"落泪"的形象比喻串联了起来，强烈抒发了对北平的挚爱眷念之情，渗透出刻骨铭心的一缕深情。正是这种眷念故土的热情，深深地打动和感染了我们，激起了我们的情感共鸣。

教师要深钻文本，读懂、读通、读透文本。"应该按照作者的认识认识作者，遵循作者的思路探究思路，紧扣作者的语言理解语言"（柳印生语）。这样才能抓住文本的精髓，设计出"活得精彩"的课堂问题，力求"能让好问题一直活下去"（《布鲁纳教育文化观》）。

知聚焦,明确语文根本

文本不会像一个"你"那样对我讲话,我们这些寻求理解的人必须通过我们自身使它讲话。

——[德]伽达默尔

57. 抓住"凤头"教语言

刘熙载认为:"文之神妙,莫过于能飞。""飞"者,笔法之灵动也,笔力之高超也,这在大家文章的开头中往往有非常惊艳的表现。这些开头,常常不囿成规,出言奇特,先声夺人,对读者形成了强大的语言冲击力。

李森祥《台阶》的开头这样写:"父亲总觉得我们家的台阶低。"(着重号为笔者所加,下同)粗看这句话很突兀,但如果联系"父亲"的生活经历、行为特点、心理状态等来看,我们就会明白这句话在全文中的崇高位置和独特作用。这是文中的父亲对现实的不满,这种情绪一直陪伴着他,致使他"这句话不知说了多少遍"。

因为农村的文化习俗告诉他:"台阶高,屋主人的地位就相应高。"而"父亲老实厚道低眉顺眼累了一辈子,没人说过他有地位,父亲也从没觉得自己有地位",这萌发了他要建造新房屋、砌高台阶的愿望,这种"原动力"是小说主体部分刻画父亲所有行为的基点。而这一愿望和行动的背后,却又必然隐含着"父亲"不愿回顾的过去:他因为自己家的台阶低而遭受种种白眼、蔑视、嘲弄、侮辱。更让他想不到的是,当他辛苦了大半辈子建起了新房屋,拥有了高台阶之后,他却没有因此获得高的地位,这使他成天"若有所失",陷入了新的烦恼之中。

这句话着眼于人物的现在,延续到人物的以后,勾连住人物的过往,关乎着人物的未来,其时空穿透力非常强。这样的语句有如树的主干,其他内容都是它的枝叶,主干决定了枝叶的生长方向与发展状态,枝叶则紧紧围绕主干伸展它的手脚,不至于旁逸斜出。

教学时,我们可以设计这样的一些问题,组织学生展开对文本的研习:

1. "总觉得"是什么意思？如果去掉"总"或改用"常""有时"行不行？
2. 父亲为什么"总觉得我们家的台阶低"？
3. 为了砌高台阶，父亲作了哪些努力？
4. 建起了九级高台阶之后，父亲的情绪怎么样？
5. 这句话在全文结构上有什么作用？

  这几个问题是沿着这样的路径来引导学生把握文本的：人物有某种心理状态—这种心理状态的背后—由此产生的行为—行为的后果—作者这样着笔的妙处。在对这些问题的研讨中，带动了对小说情节的概括，对人物形象的分析，对作品主题的认识。这是带领学生往"活处"阅读文本，进入文本的内部，触摸人物的肌体，感悟人物的灵魂。

  鲁迅的散文《秋夜》，起笔是这样写的："在我的后园，可以看见墙外有两株树，一株是枣树，还有一株也是枣树。"在一般人看来，这样的开头完全可以写成"在我的后园，可以看见墙外有两株枣树"或者"在我的后园，可以看见墙外有两株树，它们都是枣树"。看上去，作者好像是要把一句话分成两句来说，但这绝不能视为语句的重复与拉杂。虽然说成"两株枣树"或"它们都是枣树"并不影响语意的表达，但其语气却显得急促与匆忙，语意也显得平淡无奇。所以从表达来看，这样写具有舒缓语气、迥环语意的作用。而且也写出了视线的转换，作者触目所见就是这两棵树，或者说他所能见到的也就是这两棵树，故而从表达效果看，这样的表述显露了作者孤独寂寞、百无聊赖的心境。

  不仅如此，从语意来看，作者是为了反复强调这两株"枣树"。作者在文中把他对寒冷黑暗的现实的深刻憎恶，对阳光灿烂的美好明天的热烈渴望，都寄托在勇敢反抗黑暗现实、热情追求美好明天的战斗者——枣树身上。由此就不难认识作者用复沓的句式来写枣树的真正目的是为了突出它的形象。研读这样的范例，不仅对学生全面、深入把握形象有直接的作用，而且能够对学生作文中所描写形象不够鲜明、突出的问题进行有效的矫正。

  "文中用字，在当不在奇。"（刘熙载《艺概》）莫泊桑的名篇《项链》，人教版的开头是这样的："她也是一个美丽动人的姑娘，好像由于命运的差错，生在一个小职员的家里。"小说起笔即着一"也"字，令人感到突兀、疑惑。

从全文看，玛蒂尔德作为一个"美丽动人的姑娘"，本来应该生在一个富裕的家庭，应该过上上流社会奢侈而豪华的生活，"因为在妇女，美丽、风韵、娇媚，就是她们的出身；天生的聪明，优美的资质，温柔的性情，就是她们唯一的资格"。但命运的"差错"却未能使她如愿以偿；她虽然拥有了那些"出身"与"资格"，但她没有得到命运的惠顾，使她没有得到其他"美丽动人的姑娘"所得到或应该得到的一切：生在一个小职员家庭；没有多少陪嫁的资产；没有一个有钱的体面人认识她，爱她，娶她；只得跟一个小职员结了婚；她不能够讲究打扮，只好穿得朴朴素素……所有这一切，都使她极度沮丧和失望，成天地感到郁闷、苦恼和痛苦。她一心向往"得人欢心，被人们艳羡，具有诱惑力而被人追求"的生活，而要达到这一人生目的，她唯一的"资格"就是"美丽动人"，所以她自觉颇有姿色，能跳出平庸的家庭，爬进上流社会，这也正是她对现实生活状态忿忿不平、强烈不满的真正原因。一个"也"字，反映了她内心的极度不平衡，可谓"羡慕、嫉妒、恨"，这是她追求奢华、艳羡虚荣心理的基础。她的这种被扭曲了的灵魂，为她的悲剧故事埋下了伏笔。

但如此提纲挈领、着眼于全局布子、意蕴丰厚的开头，苏教版却是这样的："世上有这样一些女子，面庞儿好，风韵也好，但被造化安排错了，生长在一个小职员的家庭里。"译文的高下立显，上述美妙、精妙之处荡然无存。虽然同为翻译，但毕竟人教版是"以几种中文译文为基础，并根据法文本校订"，其可信度和可读性更强。

这为我们的语言教学提供了一个契机：组织学生进行比较性阅读，深入体会两种开头的优劣。具体说来，除了着重品味"也"字的神奇之外，还应比较"美丽动人"与"面庞儿好，风韵也好"，"好像由于命运的差错"与"但被造化安排错了"等词句在表达意思上的区别："美丽动人"语言简洁，它涵盖了下文所涉及的"美丽、风韵、娇媚""天生的聪明，优美的资质，温柔的性情"等词语或短语的意思，给读者留下的想象空间很大，"面庞儿好，风韵也好"虽然具体化了，但概括力明显不行，再说"风韵"就是"优美的姿态"，加上一个"好"字，反而"不好"了；"好像"一词，强调的是人生中有很多不确定因素，这与作家在文中的议论"人生是多么奇怪，多么变幻无常啊，极细小的一件事可以败坏你，也可以成全你"形成了呼应，能够充分体现出语言的匠心。关键还在于苏教版的开头，只是一种没有情感因素的客观性叙述，不能给人以先声夺人之感，不能形成阅读的悬念，难以调动读者阅读和探究的兴趣。

这些经典作品的开头，"如云龙雾豹，出没隐见，变化无方"，"无端而来，无端而去，殆得'飞'之机者"（刘熙载《艺概》）。个中所传达出来的写作智慧和语言艺术魅力值得学生学习与借鉴之处甚多。教学中我们要启发和引导学生仔细揣摩，认真咂摸，注重感受，强调自我体验和感悟，并能在写作中做到"运用之妙，存乎一心"（《宋史·岳飞传》）。

58. 在范本学习中培养语感

文章大家深谙为文"材料选得精当一点儿，话说得确切一点儿周密一点儿"，"说话要没有多余的话，作文要没有多余的文句"（《叶圣陶语文教育论集》）之理，精当、确切与周密是他们所作之文的共同特点。但他们并不机械恪守这样的信条，因为"文之所尚，不外当无者尽无，当有者尽有"（刘熙载《艺概》）。在"当有"与"当无"之处，正显出经典之作的精妙。

汪曾祺曾经说过："一个作家应该自觉地使自己受到限制。人的思想不能汗漫无际。我们不能往一片玻璃上为人斟酒。"朱自清的《背影》是一篇歌颂父亲的美文，讲述的是自己与父亲交往的人生片段。但随着时间的久远，许多事情可能都已淡忘了，留存于作者脑海中的却只剩下了那难忘的"背影"。但我们的认识不能仅停留于此，而忽略了作者选材与剪裁的高妙之处。

叶圣陶曾经这样评析朱自清的《背影》："父子两个到了南京，耽搁了一天，第二天上车，也有大半天的时间，难道除了写出来的一些事情以外，再没有别的事情吗？那一定是有的，被朋友约去游逛不就是事情吗？然而只用一句话带过，并不把游逛的详细情形写出来，又是什么缘故？缘故很容易明白：游逛的事情和父亲的背影没有关系，所以不用写。凡是和父亲背影没有关系的事情都不用写；凡是写出来的事情都和父亲的背影有关系。"

作者没有写背影以外的事情，绝不是"背影以外"没有事情，而是有意避开那些事情，用有限的笔墨集中写背影，并使"背影"反复贯穿文章首尾。这是一种"自觉地使自己受到限制"的写作行为。无疑，学生一旦明白其中的道理，就能在写作文时注意收束自己的思维，对所写内容进行有意识的选择和裁剪。

不少经典之作，"描摹物态，求其穷形尽相；刻画心理，能使细致入微"

(周先慎《简笔与繁笔》)。如《林教头风雪山神庙》中对"雪"的描写:"正是严冬天气,彤云密布,朔风渐起,却早纷纷扬扬卷下一天大雪来。那雪早下得密了。""大雪下的正紧。""那雪正下得紧。""看那雪到晚越下得紧了。"施耐庵写"雪",只用了三个词:"卷""密""紧",可谓"当无者尽无";但是一个"紧"字却又连用了三次,正是"当有者尽有",不仅写出了雪之巨大与猛烈、繁密与持久,而且写出了雪之"境界",所以"鲁迅先生赞扬它富有'神韵',当之无愧"。

我们可以启发学生去思考这样的问题:为什么"紧"字要反复用?雪下得"紧"与故事叙述节奏是什么关系?与林冲的心理情绪有没有关联?与密布的彤云、怒号的朔风、破败的草料场、孤寂的古庙、冲天的熊熊烈焰构成了怎样的氛围?与最后林冲的奋起反抗、手刃仇敌的行为又形成了怎样的美学效果?作家没有用其他词语来写雪,绝不是因为语言贫乏,而是有意避开那些词语,用最有表现力的词语集中写雪,并使"紧"的特点反复贯穿文章首尾,这是一种"自觉地使自己受到限制"的写作行为。通过赏析,学生也就不难明白个中之理,就能在写作时注意收束自己的思维,对所写内容、所用语汇进行有意识的选择和裁剪,努力写出有"神韵"的词语和句子。如果教师仅仅把文中对雪的描写归结到对"景物描写"的一般性认识,那学生就无法体会其中的"神韵"。

无论是选材,还是表现形式,经典之作往往能够另辟蹊径、另寻他途、刻意求新,"独任天机摧格律","志在新奇无定则"。唐代的朱庆馀在参加进士考试前,虽然平时向水部郎中张籍"行卷"已经得到他的赏识,但还是担心自己能否踏上仕途,于是写下了《近试上张水部》一诗呈给张籍:"洞房昨夜停红烛,待晓堂前拜舅姑。妆罢低声问夫婿,画眉深浅入时无?"以此征求他的意见并试探其心理。此诗以新妇自比,以新郎比张籍,以公婆比主考官,内容来自现实生活,取材新颖独特,视角非同一般,语言调皮活泼。特别是"入时无"一句为全诗之"眼",将自己紧张不安的心绪刻画得活灵活现,寓意自明,颇值得玩味。

有趣的是,他所呈献的诗获得了张籍明确的回答,张籍也用比体写了《酬朱庆馀》一诗:"越女新妆出镜心,自知明艳更沉吟。齐纨未足时人贵,一曲菱歌敌万金。"诗中"将朱庆馀比作一位采菱姑娘,相貌既美,歌喉又好,因此,必然受到人们的赞赏,暗示他不必为这次考试担心","朱的赠诗写得好,张也答得妙,文人相重,酬答俱妙,可谓珠联璧合,千年来传为诗坛佳话"(《唐诗鉴赏辞典》)。

有了对这些范本的认识,学生就会逐渐培养起自己的语感,拓展开阅读与写作的思维,形成熟练运用语言进行具体描写、形象呈现和深刻分析的能力。

59. 教语文就是教语言

典范的语言作品，对其事其人其情其理的表述往往不拘一格，或含蓄，或直白；或浅显，或深奥；或热烈，或冷峻……可谓出神入化，炉火纯青。"言外无穷者，茂也；言内毕足者，密也。"（刘熙载《艺概》）"茂"与"密"各得其所，相得益彰。而茂密之象得以体现，全凭一支生花的妙笔。

文学巨擘司马迁非常注意行文的前后关联，如《鸿门宴》中前后三次提到次要人物曹无伤："沛公左司马曹无伤使人言于项羽曰""项王曰：'此沛公左司马曹无伤言之。'""沛公至军，立诛杀曹无伤"。其分别出现于故事的开端、发展和结局部分，借助对这一人物只言片语的描写，交代清楚了事情的来龙去脉，可见其笔法的周密程度，真所谓"精神气血，无所不具"（刘熙载《艺概》）。教学中我们切不可将这样的语言忽略过去，而要引导学生去体味其极强的表现力。

朱自清先生的散文《春》在对"春草""春花""春风""春雨"等几幅图景进行具体描摹之后，这样来收束前面描写的内容："春天像刚落地的娃娃，从头到脚都是新的，它生长着。春天像小姑娘，花枝招展的，笑着，走着。春天像健壮的青年，有铁一般的胳膊和腰脚，领着我们上前去。"作者连续运用三个比喻兼拟人化的句子进行铺排式描写，新鲜而活泼、透脱又通灵的语言分别写出了春天的"无限生机""无比美丽""无极生命力"的特点，尽情洋溢着对春天的讴歌与赞美之情。这样的结尾与文章的开头遥相呼应，对文章的主体部分高度概括且有所拓展和升华，可谓一气呵成，神完气足。对如此精妙语言的欣赏，既可加深对文本的理解，可让学生充分体会到作者在文中所体现出来的立场、观点与态度，又可学到文章的结尾之法、照应之技、总结之道。

刘熙载认为："文之道，时为大。"其可为"一时"，也可着力于文章的"久远"。为使文章能够"入时"，就必须有一个明确的"主脑"，"主脑既得，则制动以静,治烦以简,一线到底,百变而不离其宗,如兵非将不御,射非鹄不志也"。

"主脑"可以在文中明确昭示,如范仲淹的《岳阳楼记》,虽是为修建名楼而写,记其盛景,描其胜景,但该文能够流传至今,主要还是其结尾处升华主旨的语句"先天下之忧而忧,后天下之乐而乐",其中所体现出来的博大胸襟、伟大的政治抱负以及心系天下的家国情怀,产生了无比巨大的感染力和感召力。

"主脑"也可以在文中隐晦提出,如欧阳修的《醉翁亭记》,表面看,全文围绕"乐"字写自己的"醉":一是醉于山水美景之中,"山水之乐,得之心而寓之酒也";二是醉于与民同乐之中,"太守之乐其乐也"。但写"乐"并非其真正的目的,他的言外之意是借山水之乐来排遣谪居生活的苦闷。我们要引导学生通过品味语言,揣摩作家的真实情感,逐步加深对个人与国家、个人与社会、个人与自然关系的思考和认识,进而提升自己的人生境界。

南宋著名思想家陆九渊曾这样告诫读书人:"读书切戒在慌忙,涵泳工夫兴味长。未晓不妨权放过,切身须要急思量。"对学生而言,经典之作中有许多"未晓"之语,需要有涵泳的工夫,去沉潜其中,反复玩味和推敲,不然就难以体会到个中的"兴味"。这也正是教学中需要用力、费力之处。

这在特别强调"炼字"、主张"意胜"的古代诗歌中是极为常见的,典型的例子如"春风又绿江南岸"之"绿"、"红杏枝头春意闹"之"闹"等等,不细加品味,学生是不能知晓"绿"和"闹"其义和运用之妙的。

即如现代作品,也有不少这样的例子,如叶圣陶的短篇小说《夜》中对女儿女婿的遗书这样写道:"反面写着八分潦草的一行铅笔字。"为什么不是"十分潦草"?我们可以和学生一起"还原"写遗书的情景:青年夫妇即将奔赴刑场,他们义无反顾,但最割舍不下的是自己的孩子,于是留下了生命之绝笔。"八分潦草"所蕴含的信息是:由于是在羁押之中、临刑之前,不能从容书写,故而写得确实潦草;但写遗书的人态度却又非常认真,他极力想在生命的最后时刻留下最珍贵的话语,使读到遗书的人能够明白其中的意思,所以字迹尽管潦草,但还能辨认得出,并不是完全潦草不堪。这样的具体细化与还原到生活景象的分析,对帮助学生理解含义丰富的句子、体会精彩语句的表现力是极有价值的,容易使他们形成写文章不能言尽意止、不能一览无余、要有想象空间的形象认识。

正如刘熙载所言:"叙事有寓理,有寓情,有寓气,有寓识。无寓,则如偶人矣。"我们教学生学习语言,就是要使学生对这些"茂密"之语,能够领会其所蕴含的道理,揣摩其所表达的情感,把握其所具有的气韵,理解其所显现的识见,增强阅读力、感悟力和探究力,在品读活生生的语言的同时,体悟活泼泼的生命。

著名作家汪曾祺曾经说过,作家"写小说就是写语言"。高明的作家就是这样,他们把对语言的锤炼当成了一种创作的追求,在一些常人所不经意的地方精心地考虑每一个措辞,"平字见奇,常字见险,陈字见新,朴字见色"(沈德潜《说诗晬语》),让每一个词语、句子都发挥出作用,产生令人意想不到的效果。不仅如此,文章大家还非常注重行文的整体感,注意语言风格的协调统一,他们认为"语言像树,枝干内部液汁流转,一枝摇,百枝摇。语言像水,是不能切割的。一篇作品的语言,是一个有机的整体",他们总能"在需要的时候说恰当的话",所以他们笔下的语言,"如行云流水,初无定质,但常行于所当行,常止于所不可不止,文理自然,姿态横生"(苏轼《答谢民师书》)。

遗憾的是有不少教师教学时抓不住语文教学的根本,不在引导学生学习、体悟、揣摩语言上下功夫。有的教师虽然明白这个道理,但却在对文本语言的参考、分析、比较、演绎、归纳、涵泳、体味等方面缺乏认真的思考和有效的方法。就像叶圣陶先生所批评的那样:"未讲之前,先来一阵称赞,讲过之后,又是一阵称赞,而所用的称赞语无非一些形容词或形容语,如'好','美','流利','明彻','典丽矞皇','雅洁高古','运思入妙','出人意表','情文相生','气完神足'之类。为什么'好'?因为它是'好'。你读了之后,不觉得它'好'吗?为什么'美'?因为它是'美'。你读了之后,不觉得它'美'吗?这是他们的逻辑。学生听了这种称赞,有时也约略可以体会出这些形容词或形容语与选文之间的关系,有时却只落得个莫名其妙。虽然莫名其妙,而笔记簿上总有可记的材料了,听说是'好'就记下'好'字,听说是'美',就记下'美'字。"

我们的语文教学必须在学习语言上下功夫,引导学生欣赏语言,指导学生品味语言的基本方法,着力培养他们对语言的感悟力,不断提高他们的语言鉴赏能力,并在此基础上学会正确、熟练、有效地运用语言。这,应该作为语文教学的根本任务。

60. 从"善于读题"开始

刘熙载认为,"文莫贵于尊题",标题是文章之眼,可谓"一语为千万语所托命","善认题,故题外无文;善肖题,故文外无题",所以读文之要,在"识"与"力"二字,"识见于认题之真,力见于肖题之尽",而"认题、肖题,全在善于读题"。标题这一文章的"牛鼻子",对学生学习文本乃至形成规律性的认识,具有非常重要的意义。教学中我们要启发、引导学生"读题",指导学生"读题"的基本方法,使学生能够读懂题中之意,读准题中之蕴,读出题外之言,明白命题之道,进而在"善于读题"中培养学生的"识"与"力"。

解读文本的前提条件是"准确",而要做到这一点,就必须全面地、完整地理解文本。从文章的组成结构看,它必然具有两个不可分割的部分:标题和主体内容。就阅读而言,"善于读题"的要旨在于能够把握标题与文章主旨的关系,"章旨在本题者,阐本题即所以阐章旨也。章旨在上下文者,必以本题摄之"。由此可见,"善于读题"对我们准确解读文本有着极其重要的作用。

"善于读题"的关键在于能够抓住"题眼",其"或在题中实字,或在虚字,或在无字处",这些"实字""虚字""无字处"对文本的内容起着统摄的作用。如韩愈的《左迁至蓝关示侄孙湘》一诗,标题中的"左迁"一词就是"题眼",对全诗的内容与情感抒发就起到了统摄的作用。从另一方面说,文本标题的字数有多有少,理解的难度也有大有小,相较而言,字数少的标题要比字数多的理解难度大,这是因为字数少的标题"外延"大,可供学生理解的"内涵"少,阅读时往往难以把握。对此,刘熙载说"题字句少则宜用坼字诀",即对字数少的标题的含义要根据文章的具体内容进行细致的分解,以便准确把握文本意义。

对一些用意义较为抽象的词语作标题的文本,可以让学生根据文本写作内容对表意抽象的标题进行适当的补充，使之变得具体、形象、可捉摸。这样的学习内容可以安排在文本阅读的起始阶段，如教学朱自清的《春》，教师就可以围绕标题"春"，这样来引导和启发学生：

"春"是一个季节，"春"代表的是一种生机，"春天"里有许多美好的情景。朱自清先生围绕"春"为我们描摹了哪些景象呢？请同学们根据文本的描写内容，找出每个段落的景物，用比较整齐的语言对课文标题进行适当的扩充。

学生经过仔细阅读之后，很快就能对标题进行这样的补充：

春草，春花，春风，春雨，春勤，春赞。

接着再组织学生对以上这六个方面的描写内容和语言表达特点进行具体的赏析，这就显得非常自然、顺畅。

这样的"读题"，不是由教师对标题本身进行具体讲解与细致分析，而是让学生结合文本写作内容去理解标题的意义。学生对标题的扩充恰当与否，完全反映了他们对课文内容理解的程度。

扩充标题的方法，我们也可在课文学习总结阶段运用，有一位教师教学梁衡的《夏》，引导学生围绕标题，这样来总结课文内容：

请同学们回顾本课所学，用一句话对课文的标题进行扩充，以此来总结自己的学习收获。

这是一篇_____的文章。

明确：

这是一篇描写夏天紧张、热烈、急促的特点的文章。

这是一篇描写夏天万物勃发、农民勤劳的文章。

这是一篇描写夏天表达赞美之情的文章。

这是一篇用优美生动的语言来描写夏天的文章。

这是一篇用对比写出具有独特美感的夏天的文章。

……

这样的总结、概括，看上去是对课文标题的认识与理解，其实是检验学生是否充分理解文本写作内容、能否切实把握文本语言特点，使在学生看来可能较为笼统、抽象的标题意义变得清晰、具体，并使学生的学习经验得到了丰富与扩展。

有很多文本的标题很大，其涉及的内容很丰富，学生对文本的理解有不少障碍。黄厚江老师在执教《谈中国诗》时，要求学生这样"读题"：

你觉得文章的标题有没有不足的地方？有没有需要添加的地方？

学生根据文本内容，给标题分别添加了"在西方人眼中的""古""的特点""和西方诗的不同""的形式"等词句。在此过程中，老师反复提醒学生给标题添加限制词，一定要从文本中找到依据，这是引导学生注意标题与章旨的关系。这使一个看起来外延很大的标题，变得较小了，内涵也变得更加丰富了，便于学生认识和理解了。这一过程其实就是引导学生阅读文本、熟悉文本所写的主要内容、把握文章的主旨。这一方法的运用，教学效果非常明显，比如在学生加"的特点"之后，教师顺势引导学生进入文本，对作者在文中所写的中国诗的特点加以归纳梳理。

黄老师接着要求学生思考这样的问题：

刚才大家在这个标题上添加的这些内容，哪一个必须砍掉？

师生在讨论中，进一步明确了，可"砍掉"的有："和西方诗的不同""在西方人眼中的""古""的形式"等，同样在这一过程中，师生都是从文本出发，教师让学生深入阅读，纠正自己的初步阅读经验，对文本的理解更加深入，也更加准确了，学生的阅读与理解能力得到了明显的提升与发展。

有的文本标题含义比较深刻，仅从字面难以理解，教师要精心设计学习内容，精巧设计研习任务，使深奥变为浅显，使难以把握变成轻松领会。有一位教师在执教《囚绿记》一文时，紧扣文题"囚绿记"设计了这样几个问题，组织学生对文本进行研习：

1. 囚住的"绿"具体指什么？
2. 为什么要"囚绿"？
3. 被"囚"后的绿是怎样生长的？
4. 最终这"绿囚"重获自由了吗？
5. 是什么原因促使作者放手了呢？

这几个问题紧扣文本内容，把"囚绿记"这一读起来较为拗口、理解起来有一定困难的标题含义具体呈现为"囚绿""囚绿之后""不再囚绿"等几层意思，这几层意思梯度明显，层次清晰，条理井然，化难为易，非常符合学生的认知规律，便于学生对文本主旨的准确理解与把握。

有的文本标题，由于表述不同，其理解的难度也有区别，如欧·亨利的《最后的常春藤叶》，有的版本译为《最后一片叶子》，这两者在理解难度上有明显的不同。"一片叶子"的意思显得比较显豁，在文中就是指贝尔曼画上去的那"一片叶子"，也就是琼珊心目中与自己的生命息息相关的那"最后一片叶子"。而"最后的常春藤叶"虽然明确了那"一片叶子"的种类是"常春藤叶"，但反倒不好理解了，因为它模糊了与文本内容的关联，加上"最后"一词并不像"最后一片"那样能够确指，在文本中难以找到对应的语言表述，这就无形中增加了学生理解文本的难度。针对这样的情况，教师可以组织学生思考和讨论：这两个标题哪一个更好？为什么？通过对不同标题的比较认识，进而达到准确理解、深入解读文本的目的。

61. 将"读题"进行到底

在阅读教学的基本任务中,引导学生品味文本的语言,感受文本的思想和艺术魅力,发展想象能力和审美能力,需要通过具体的教学环节加以落实。而"善于读题"在展开教学环节中,有着不可忽视的作用。

通过具体而深入地"读题",以带动对文本的理解,可以适用于一些题面与题意高度一致的文本。有一位教师在教学都德的《最后一课》时,紧紧围绕小说的标题与文本内容的关系设计了这样一系列问题让学生研讨:

1. 阅读思考:这是谁的"最后一课"?仅仅是"我"的吗?
2. "我们"平时的课是什么样子的?与文中所描写的"最后一课"有什么不同?
3. 小说的标题为什么叫"最后一课"呢?发生了什么事情?
4. 你从这"最后一课"中读到了什么?你有哪些发现?对此你的认识是什么?

课堂上的主要环节就是围绕这一系列问题进行安排的。这些问题紧扣小说标题"最后一课"而设计,既关顾文本的整体,又兼及文本的部分,涵盖面、概括力与关联性非常强,使"最后一课"这四个字逐一得到落实。这些主要环节中,既有学生的自主阅读,又有学生的独立思考、自我认识与主观评价;教师能够将文本内容转化成学生可以理解的逻辑方式,并且有一定的梯度吸引他们去思考,使成长中的学生的思维方式得到了尊重。在这样的课堂上,学生的"读题"水平决定了他们对文本的解读水平。

对此类标题,我们还可以运用"纠错"的方法引导学生"读题"。有一位教师在教学《画山绣水》时,首先出示了对标题的四种理解:

第一种：桂林的山是如图画一样的山，桂林的水是如锦绣一样的水；也可以说桂林的山和水是如图画一样、如锦绣一样。

第二种：这个题目用的是互文手法，桂林的山水是画出来的和绣出来的。

第三种：桂林的山水是作者刻意画出来的和绣出来的。

第四种：糅合了一二两种的说法，指作者画出来的和绣出来的山水，作者是说桂林山水美如画，美如绣，"画"和"绣"都是形容山水的美丽。

然后组织学生对上列四种理解进行研讨，学生形成了这样的认识：

文本花在"山水美"的描摹上的笔墨并不多，作者自己也非常明确地说"不在这方面多费笔墨"，他所关注的是那"特别触动我的心灵"的"东西"，是"人情美"而非"锦绣美"，所以第一种理解不对。作者又说"这种奇景，古往今来，不知有多少诗人画师，想要用诗句、用彩笔描绘出来，到底谁又能描绘得出那山水的精髓？"这当然包括作者在内了，这说明桂林的山水不是谁去画出来的和绣出来的，第二、三、四种说法仍然有误。

师生接着深入地研习文本，明确认识了题目"画山绣水"的含义：

桂林山水独特的美，不仅是大自然的杰作，更是劳动人民（文中的"船家"是他们的代表）用生活的感情、用智慧的想象描摹（"画"与"绣"）出来的，除此，任何"诗人画师"（当然包括作家自己）都不能"为山水传神"，都不能描摹出那山水的精髓！

这一"纠错"过程，就是研习文本的过程，就是准确把握文本主体内容、揣摩作者思想情感、明白作者写作意图的过程。

将"读题"贯穿到学习的全部过程中，同样适用于一些看起来题面与题意关系较为松散的文本。比如，有一位教师在教学《在阿加西斯教授的实验室》时，是这样做的：

在"初读课文，整体感知"环节，要求学生在充分了解课文内容的基础上，对课文题目进行内容扩充。

_____（什么人）在阿加西斯教授的实验室_____（做什么事）。

前一空中，学生添加的有"作者""我""一个学生""过去的学生"等；后一空中，学生添加的有"观察一条鱼""连续三天观察一条做标本的鱼的事情""连续三天用肉眼观察一条做标本的鱼的事情"等。接着教师再启发学生：课文还写了哪些内容？还应该添加什么才会使文章的全部内容都得到体现？学生又对照文本，在"做什么事"后面又添加了"'我'从中学到了许多科学的学习方法""'我'从中得到了很多的教益""'我'非常感谢老师，因为他教给了'我'终身受益的东西"等等。

这样的环节实际上是要求学生用自己的语言概括文章的主要内容，也是作为深入学习课文之前，对学生前置学习的一种检查方式。

接下去教师安排了一个互动环节，对学生所填内容进行讨论，同时让学生对照课文内容填写下表，自然进入"研习课文，感知形象"环节：

时　间	阿加西斯教授的要求及态度	"我"的感受
第一天		
……		

在"深入探究，挖掘主题"环节，教师这样要求学生：

我们对课文题目还可以进行这样的扩充，请大家试试：

"我"在阿加西斯教授的实验室学到了_____，对这一学习经历，"我"是这样认识和评价的：_____。

在这样的过程中，学生不仅了解了"观察"这一最为基本的研究与学习的方法，而且读出了作者对阿加西斯教授的感激之情，感受到了作者对阿加西斯教授独特而高超教学艺术的高度评价。

其实，将"读题"贯穿到阅读的每一个环节中的过程，就是培养学生感受形象，品味语言，领悟作品的丰富内涵，体会其艺术表现力等阅读能力的过程，并在此基础上，使学生有自己的情感体验和思考。

知聚焦，明确语文根本

62. 在"读题"中学会拟题

一般而言，被选入做课文的文本都是文质兼美的经典之作，作者的"拟题"艺术非常值得学习与借鉴。"读题"的过程不仅仅是培养学生审美能力和探究能力的过程，还应是培养与提高学生语言表达能力的过程。为此，我们要有强烈的"读写结合"意识，使学生在"读"中学到"写"的知识，并逐步形成一定的表达能力。

标题要能与文本内容相一致，就必须能够涵盖文本的全部内容，否则就是文题不统一。以朱自清的《春》为例，"春"是一个比较抽象的词语，其所指并不明确，能够表现出"春"的特点的事物与景象有很多，作者虽是"空中起步"，却能"实地立脚"，把"春"具体化为"春草""春花""春风""春雨""人勤春早"，使看起来难以把握的标题"绝处逢生"。也就是说，文章中处处写的是"春"，"春"在处处得到了落实。教师可以试着让学生分别用"春草""春花""春风""春雨""人勤春早"来作标题，并到文本中去找相关对应的内容，学生就会明白，这些词语中的每一个都只能表达某一段落的内容，而不能涵盖全文，进而就能明白标题与文章整体和局部内容的紧密关系。

同样的道理，有的看起来内容较为具体的标题，好似"平地起步"，但学生初读时并不知道作者要引领读者走向何方，理解起来仍有一些困难，如朱自清的《背影》。"背影"一词并没有告诉学生是谁的背影，有学生读了全文之后可能会认为标题应改为"父亲的背影"。在引导学生对文本内容进行梳理之后，学生会懂得作者拟题的高妙之所在，文中"背影"共出现了四次，两次是写作时的回忆，两次是对当时现场的描写，其中使"我"记忆最深刻的、感触最丰富的是父亲的"背影"。用"背影"作标题，不仅突出了所写的主体，而且能够引发"我"的情感抒发，用"父亲的背影"作标题虽未尝不可，但可能更多的是一种客观的叙述，而没有主观的感受，其概括力、表现力和对读者的视觉冲击力明显不够。这样的例子对学生学会拟题，拟出精巧的标题是很好的借鉴。

如果我们把一篇文章的内容视为写作行为结果的话，那么标题就是某种写作的预期，一篇好的文章应该是行为结果与预期相一致。学生作文中很多标题拟得不准确，就是因为他们不知道作为写作预期的标题与作为写作行为结果之间存在着这样高度一致的关系。以老舍的《想北平》为例，作者的写作预期是"想北平"，写作行为结果所呈现的具体内容是"我非常想北平""我想北平的方方面面""我为什么想北平"，两者之间达到了高度的一致。以此，在研读文本的基础上，可以让学生围绕"想……"的话题，模仿老舍的写作方法，写一写自己曾经的生活和现实的感受。这样的训练"具体而微"，切实有效。

有的文章标题，初看其写作预期与写作行为结果好像不一致，比如闻一多的《最后一次演讲》，因为闻一多先生是现场即兴演讲，没有写成文稿，演讲稿是听者的记录，更没有标题，标题既为他人所加，也是他人对这次演讲的认识和评价。这需要结合文本形成的背景与所产生的意义来认识，让学生明白"最后一次演讲"实乃闻一多的生命绝唱，这样的标题最能充分体现他的精神、意志和气节。教师在指导学生写作时，也能够引导和启发他们认识与发现某一现象的本质，寻找最能体现所写内容的精髓作为文章的标题，使文章的标题高度集中与凝练。

标题是文章的眼睛，所谓"题好文一半"，一个新颖的标题能够吸引读者的眼球，激起阅读兴趣。在舒乙笔下，小鸟是都市天空中的精灵，他用"都市精灵"作标题，就要比"都市的小鸟"新颖得多。因为"小鸟"只指涉了所写的对象，而"精灵"却表现出了小鸟的机警聪明与伶俐可爱，写出了对象的特征，且能表露出作者的主观情感。

在这点上，鲁迅先生是我们学习的典范。以主人公的姓名为标题本是常见的拟题方法，但他为"孔乙己"所取的姓名却大有深意，因为这不是人物的本名，而是因为"他对人说话，总是满口之乎者也，教人半懂不懂的。因为他姓孔，别人便从描红纸上的'上大人孔乙己'这半懂不懂的话里，替他取下一个绰号，叫作孔乙己"，这是一个带有强烈反讽意味的姓名。以此作标题抓住了人物性格的最为典型之处，既交代了人物的身份，又折射出周围人们对孔乙己的某种评价及其态度，隐含反映了孔乙己的艰难处境和卑微地位，以及孔乙己对自己这一姓名认同时某种独特的心理感受。如此新颖的标题，可谓"一石多鸟"，表意功能极强，意蕴极为丰富，为学生的写作起到了非常明显的示范引领作用，给学生以很多启发。我们在写作教学中要能充分利用这一资源，让学生拟出让人眼睛为之一亮的好标题。

当然，从"读题"中学"拟题"，还应该让学生了解一些基本的文体常识，如黄庭坚的诗《题竹石牧牛》，要知道诗歌写作的内容，就必须理解"题"的含义，只要了解了"题"是"题在竹石牧牛画上"，那就很容易掌握这是一首"题画诗"，其主要内容一是描写画面内容，二是表达自己的某种情绪。还有一些文学类文本是从长篇文学作品中节选出来的，对其标题的解读，就不能机械照搬原题所含有的意思，像"呼兰河传（节选）"这样的标题，其意思是不够明确的，与节选的文本关联度很小，远没有"我和祖父的园子"表达得那样清楚、明白，教学内容的确定也就只能在"我和祖父的园子"这样的一个较小的范围，而不能像有的教师那样去联系整部作品、联系萧红的生活状态去无限"拓展"。再比如有一些特殊的文体，像古代词作，其既有标题又有词牌，就切不可将"词牌"误作为"标题"，否则就会出现误读与错解，如有学生在理解温庭筠《梦江南》中"山月不知心里事"一句时，就误认为是因为女主人公"梦到了江南"而有了思念家乡的"心事"，直接把"词牌"当成标题了。这些都是不应该出现的常识性错误，应该引起我们的注意。只有把这些基本的常识弄清楚了，学生才能从中学到准确"拟题"的方法、技巧。

63. 立足题旨教"文眼"

正如刘熙载所说："题有题眼，文有文眼。"一篇文章中总有那么一个句子或词语在全文中起着非常重要的统领作用，这样的词句就是"文眼"。对这样的词句，我们要予以必要的关注，切勿匆匆放过。

就文本的情形而言，有的"文眼"比较显明，有的"文眼"则比较隐晦；有的"文眼"人所公认，有的"文眼"则存在歧义。这为我们的教学提供了较为丰富的资源，也为课堂中师生的有效互动提供了较大的空间。引导学生寻找与明确"文眼"的过程，是学生对文本进行深入理解的过程，也是激活学生思维、形成较高认知能力的过程。

从写文章的目的看，任何一篇文章都要表现某一个具体而明确的题旨，而主题是通过具体的语句、段落来得以体现的，有许多文章的"文眼"在文中担负了非同一般的任务，是能御兵之将，志鹄之射。

许多教师在教学鲁迅的《孔乙己》时，往往比较重视引导学生去理解小说的最后一句："我到现在终于没有见——大约孔乙己的确死了。"这种看似自相矛盾的说法，困扰了不少学生，甚至也困扰了不少教师。于是大家就把更多的精力投入到了对"大约""的确"的揣摩之中，力图挖掘其中的深刻含义。但这样的做法存在着很明显的不足：纠缠于某个词语的理解，对个别词语进行琐碎的分析，不能从文章的主旨着眼，不能揭示孔乙己人生悲剧的社会根源，致使学生所获取的仍是零散的、碎片化的认识。如果我们把这句话提升到"文眼"的高度，从其与小说主旨的关联度来理解，那情况可能就不同了。

《孔乙己》要告诉我们的是，在社会生活中，一个人要想保持"自我"或"自我形象"不受损害，拥有生存的尊严才是最重要的，而这种尊严又只能来自外界对我们的尊敬，否则我们就只能陷于不断的痛苦之中，乃至命运的万劫不复。为了获得这样的尊敬，孔乙己进行了艰难的努力，并与现实进行了抗争：穿着显示读书人身份的、"似乎十多年没有补，也没有洗"的"又脏又破"的长衫；是唯一"站着喝酒而穿长衫"的人；嘴里说着"教人半懂不懂的"的"之乎者也"这专属于读书人的话语，连别人叫他"上大人孔乙己"这"半懂不懂的话"，他也完全认可；用"读书人的事，能算偷么"来捍卫读书人的荣誉；即使"愈过愈穷，弄到将要讨饭了"，也不愿放下读书人的架子，去进行在他看来"低贱"的体力劳动……

但是，他的所有努力与抗争都失败了。这是因为："对一个人最残忍的惩罚莫过如此：给他自由，让他在社会上逍游，却又视之如无物，完全不给他丝毫的关注。当他出现时，其他的人甚至都不愿稍稍侧身示意；当他讲话时，无人回应，也无人在意他的任何举止。"（阿兰·德波顿《身份的焦虑》）尽管因为他的出现，人们有了"笑声"，但这样的笑声是嘲笑，是讥笑，是单调、无聊、刻板生活中的调笑，人们并不关心甚至都不了解他的具体生活情景。《孔乙己》所表现的是一种"具有普遍人性意义的人与人之间的漠不关心，一种痛心的凉薄"。这是"纯一而贯摄"（刘熙载语）小说始终的主旨，而这最后一句就是这一主旨最为典型的反映：没有人关注他是否活着，没有人去倾听他的声音，没有人宽宥他的过失，更没有人照顾他的需求。毫无疑问，这就是小说的"文眼"。

如果我们不引导学生联系小说的主题来看这句话，学生就不能理解语句丰富而深刻的含义，不能真正体会高度凝练而形象化语言的独特魅力，就会缺乏对文本理解的整体感与统一感，从而丧失了极好的学习典范、精妙语句的契机。当然，这样做的前提是对文本主旨的准确理解，如果我们还囿于陈说，把小说的主旨定位为"对封建科举制度的批判"，那么这句话与主旨的关系就无法构建，也就会消解精彩语句的表现力，乃至削弱文本的阅读意义。

正缘于此，我们对"文眼"的确定要力求正确，否则就会影响学生对文本主旨理解与把握的准确度。以李白的《将进酒》的教学为例，有位教师让学生找"诗眼"（与"文眼"同义）。学生找了好几个句子，也说出了自己的理由，但教师都不予采信，最后教师自己出示的是"钟鼓馔玉不足贵，但愿长醉不复醒"这两句，引起了学生一片惊讶声。教师还引导学生作了这样的解读：

"钟鼓馔玉不足贵，但愿长醉不复醒。"这是诗人的真心话吗？作者真正想做的事是什么呢？

（学生讨论后教师明确）

不是真心话，真正想做的是建功立业，并不是"长醉不复醒"。只是因为当时仕途失意，志不得抒，所以才这么说，一方面反映了对权贵的蔑视，另一方面更是怀才不遇的愤慨之词。这是李白借饮酒来反抗险恶的现实社会，寄托自己的情怀，这也是不得志的知识分子的常用方法。

这样解读看似很有道理，却存在明显的不足，因为偏重了李白愤激的一面，置李白运用古乐府题写此诗的意图于不顾，是对诗人的任意拔高，而没有能够兼顾到其旷达的一面，致使这两句在全诗中"前注后顾"的作用不够明显。如果我们把诗歌的最后一句"与尔同销万古愁"作为诗眼，那就"与开篇'悲'关合，而'万古愁'的含义更其深沉"。诗作由"悲"起笔，至"愁"结穴：因愁而悲叹时光易逝，因愁而纵酒作乐，因愁而慷慨愤激，也因愁而狂放失态，"显见诗人奔涌跌宕的感情激流"（《唐诗鉴赏辞典》）。

由此可见，对"文眼"的确定，教师不能预先"定于一隅"，应该引导学生充分尊重文本原意，细致、深入地阅读，组织学生充分讨论，反复比较和斟酌，充分尊重学生的认识，切实提高阅读与鉴赏的质量。

64. 聚焦文中映照之眼

对"文眼"的作用，刘熙载有这样的阐发："揭全文之旨，或在篇首，或在篇中，或在篇末。在篇首则后必顾之，在篇末则前必注之，在篇中则前注之，后顾之。顾注，抑所谓文眼者也。"这就非常明确地告诉我们，作者行文时往往注重对一些关键语句的提炼与锻造，这些语句"一语为千万语所托命，是为笔头上担得千钧"，在全文中的作用与意义非凡。

具体来说，对"文眼"在行文上的作用，刘熙载又聚焦到"照映"二字。他说"文眼""乃神光所聚，故有通体之眼，有数句之眼，前前后后无不待眼光照映。若舍章法而专求字句，纵争奇竞巧，岂能开阖变化，一动万随耶？""文家皆知炼句炼字，然单炼字句则易，对篇章而炼字句则难。字句能与篇章映照，始为文中藏眼。"他的这些论述，告诉我们在指导学生阅读文章时，还须提示学生去把握"文眼"在行文结构上的作用，体会其在章法上的独特地位。

经典之作，非常注意文章格局的整齐与变化，往往呈现出规范整饬、摇曳生姿的状态。鲁迅《社戏》前一部分中有这样一句话："至于我看好戏的时候，却实在已经是'远哉遥遥'的了。"这既是对前面两次看戏经历的总结，又是为下文叙写年少时看社戏的情景张本，有绾结，有延展。全文立足于现在，表达了对中国戏的不满情绪；但又关顾了以往，用回忆的方式，叙述了一段美好的记忆。这样的句子就是藏在文中之"眼"。

不仅如此，在小说的最后，鲁迅又写了这样的话："真的，一直到现在，我实在再也没有吃到那夜似的好豆——也不再看到那夜似的好戏了。"这可以说是文章的另一只眼睛，且更加明亮，照映了全篇。"那夜的好戏"以乡村生活为背景，以普通乡下人为演员，以他们对"我"的种种"礼遇"为情节，那恬静淡雅的夜景，那演社戏、看社戏浓郁的习俗风情，那热情、可爱、能干的玩伴，那自然、淳朴的民风，确实就是一幕幕的"好戏"，令"我"回味至今。这样的结尾，不仅是文章结构上的前后呼应、首尾相连，而且是对全文内容的高度概括，更是文本情感的升华。

教学时，我们可以围绕这样的话题组织学生阅读思考："我现在看不到好戏"，"我曾经看到过好戏"，"我看到的真的是好戏吗"，"'好戏'之说在行文结构上有什么作用"。这些话题紧扣"我"对"好戏"的认识与评价，能够启发与引导学生把握其在文中的作用，从而体会鲁迅先生在构思上独具的匠心。

如果立足于篇章来看"文眼"，我们就会发现有些文本的教学是有问题的。如在教学《金岳霖先生》时，许多教师都把文章第一句中的"有趣"作为文眼，围绕"有趣"组织和引导学生去阅读、理解、品味。但这样去认识与理解文本是有失偏颇的。

从所写事情的时间看，文章开头是把金先生限定于"西南联大"的，认为他是联大教授中"有趣"的一位。结尾也说："联大的许多教授都应该有人好好地写一写。"可谓首尾呼应，结构完整。但文章中金先生请人吃饭纪念林徽因、晚年坐平板三轮车到王府井一带去"接触社会"两件事却不是他作为"联大教授"身份时的事，所以开头一句不能作为文章的核心句，不能总领全文。

从所写事情的类属看，林国达死了，他一堂课都没有笑容，对林徽因表怀念之情，因"伟大领袖"的一句话而每天到街上转悠，担心"跟不上形势"，都不能说是"有趣"，起不到"顾注"的作用。

从所涉及的材料看，文中写闻一多的衣着与痛骂蒋介石，朱自清的穿着，王浩的外表与兴趣爱好，"我"为王浩画像，林徽因的艺术才华等等，都游离于所写人物之外，与所谓金先生的"有趣"无关，可以说是节外生枝。

因选材的不够集中与笔墨上的不够经济，形成了"反反复复，不避其烦"的情况，致使文章缺少了谨严的章法，给学生整体感知与文章细读带来了一些困难。课堂中常见教师为了自圆其说，而行胶柱鼓瑟之事，非要把"有趣"认定为作者的"炼字"，这是一种"瞎炼"，是"往死处炼"（刘熙载语），既不符合文本的实际，更与教学的初衷背道而驰。

前人认为："诗文不外情事景，而三者情为本。"（魏际瑞《伯子论文》）"有情"之文方能打动读者、深入人心。要让学生感受文中蕴涵之"情"，就需抓住文中集中表达情感的语句，通过对情感语句的品味，使学生形成独特的情感体验,进而发展他们感受和理解的能力。

鲁迅在《藤野先生》一文的最后部分有这样一句话:"他的性格,在我的眼里和心里是伟大的,虽然他的姓名并不为许多人所知道。"这是鲁迅对藤野先生的高度赞扬和由衷敬佩之词。藤野先生在鲁迅的"眼里"是"伟大"的,因为他为人非常正直与高尚,他对待科学的态度非常严肃与认真,他对待学生、对待教学工作一丝不苟、严谨有序;他在鲁迅的"心里"更是"伟大"的,因为他具有"为学术""为中国"的伟大精神,他的优秀品质对鲁迅产生了极为深刻的影响。教学中我们可以此句为重点,引导学生去感受鲁迅的情感:

1. 文中写了"我"与藤野先生交往的几件事?
2. 这些事情分别表现了藤野先生的什么性格?
3. "我"对他性格的评价是什么?(请找出文中的一个关键词)
4. 为什么会有这样的评价?

通过这几个问题的研讨,可以让学生体会到作者对藤野先生的真挚怀念、由衷感激、尊敬爱戴、高度赞扬之情,并从中可以了解藤野先生的正直热忱、治学严谨、没有狭隘的民族偏见的高尚品质,进而与作者形成情感上的共鸣。

有的文本,所表露的情感比较显豁而充沛,需要对其加以必要的提炼,以便于学生更好地把握。老舍在《想北平》的二、三两个自然段中,花了很多笔墨来直接抒发自己对北平的情感,奠定了全文的情感基调。我们可以对这两段文字进行必要的压缩,最后归结到这样的两句话上:"在我想作一件讨她老人家喜欢的事情的时候,我独自微微的笑着;在我想到她的健康而不放心的时候,我欲落泪。"纵观全文,我们不难发现,"微笑"与"落泪"正是文中所藏之眼。老舍先生巧妙地借助于"微笑"与"落泪"的比喻形式,把文章所要表现的内容和要表达的情感串联了起来,强烈抒发了对北平的挚爱眷念之情,渗透出刻骨铭心的一缕深情。教学中,我们不妨把"我微笑"理解为北平给他带来的喜悦和他对北平的赞美,把"我落泪"理解为"我"对北平的愧疚不安、担心忧虑,让学生分别围绕"微笑"与"落泪"找出文章的相关语段并作赏析,让学生具体感受到作者热爱、担忧、眷念故土的浓烈情愫。

在一些写人的文本中,有些对人物的评价和感触性文字散见于其中,这些文字正是刘熙载所说的"数句之眼",其表意功能与"通体之眼"一样,都能前后映照,一脉相承。比如都德的《最后一课》中就有不少这样的语句:"心里万分难过。""可怜的人!""可怜的人啊!""我们又想笑,又难过。""啊!这最后一课,我真永远忘不了!""我觉得他从来没有这么高大。"抓住这些语言,可以很好地把握人物的内心世界,更好地理解人物的一言一行,进而把握人物性格,理解文本的主题。

"凡佳章中必有独得之句,佳句中必有独得之字。"(刘熙载语)这"独得之句"与"独得之字"就是"文眼",这也应该作为我们进行"文眼"教学的基本前提。

当然,对"文眼"的认识、理解与把握不应限于阅读教学本身,我们还应该将其延伸到作文教学之中,培养学生的语言应用能力。要努力培养学生的"文眼"意识,明白"文眼"的基本特点和写作要求,指导学生学习构思"文眼",锤炼"活的""文眼",进而掌握"文眼"打造的基本规律,为作文增添靓丽的色彩。

65. 避免贫乏化理解

"文学是人学"这一著名论断，道出了文学创作的真谛："对于任何作家来说，他的创造性的劳动的第一要义就是'人'。人就是他们创造的对象和根据，创造的源泉和出发点。"（刘再复《性格组合论》）正因为此，大凡成功的作品都把形象的刻画作为重中之重，它们或浓墨重彩，或简笔勾勒，但所塑造出来的形象都栩栩如生，个性鲜明。但长期以来，受惯性思维的影响，教学中还经常有教师"把天底下最复杂、最瑰丽的现象——人，看得那么简单"（《性格组合论》），在教学"需要的时候"说了不"恰当的话"：对形象复杂性和其所体现出来的丰富意蕴和深层意义缺乏更加具体的感受、体验和理解，甚至对形象本身还缺乏准确的整体感知与把握，贫乏化理解形象的现象还大量存在，导致了文学类文本阅读的贫困化，也导致了学生阅读思维、审美能力、艺术趣味、欣赏个性、精神世界的僵化。这种现象首先体现在对作者形象的认识上。

由于资料的缺乏，或是由于某种认识的束缚与限制，我们对作者的情况往往不甚了了，不能较为全面地了解与认识他们。在许多情况下，不少教师奉行"拿来主义"，只是照搬教材、教参以及网络上的一些说法，不辨真假、囫囵吞枣、照本宣科。而那些现成的资料中，有大量的贫乏化解说与解读，这就形成了某种恶性循环，而陷入了对作者形象把握的误区之中。

有位教师在引导学生对鲁迅《雪》的结句——"是的，那是孤独的雪，是死掉的雨，是雨的精魂"——进行理解时，这样说：

"雨"是北洋军阀统治下凄风苦雨的象征，"精魂"是说鲁迅先生决心以自己彻底无畏的牺牲精神与黑暗社会斗争。

教师为了突出鲁迅的"斗争精神",不惜把"雨"和"精魂"的形象对立起来进行解读。在他看来,鲁迅与"雪"是完全一致的,鲁迅就是"雪","雪"就是鲁迅,鲁迅拥有"雪"所拥有的所有特质,这诚然有一定的道理。但是,这里的"雨"并不是什么象征隐喻,它只是说明"雪"的来历:"北方的雪"是由"北方的雨"变身而来的。在变身的过程中,"雨"的外在形体虽然"死掉"了,但其"精魂"——内在品质却留存了下来,并升华为"冰冷的坚硬的灿烂的雪花"。"由'孤独'到'死掉',再化为'精魂',是作者生命体验的深化和提升。"把"雪"与"雨"对立起来割裂分析,甚至毫无依据地敷衍出"雨"的含义,而得出"雨"是"北洋军阀统治下凄风苦雨的象征"的认识,是一种无来由的臆想。

造成这一理解偏差的原因在于,在不少教师的潜意识中,鲁迅及其所创造的每一个形象就应该是一个勇敢的"斗士"、一个"不屈者"的形象,他的所有作品都是扔向"敌人"的"匕首"与"投枪"。这样一来,鲁迅就成了阶级与革命观念的符号,被人为地规定为这种机器上的螺丝钉。他与其他人的关系是阶级关系,他只能为自己的阶级说话,他必然也只能具有自己阶级的具体形态。这使得我们忘记了除了顽强和坚硬,鲁迅也应该是温情的、柔软和童真的,应该是率性和孩子气的(黄蓓佳语)。

在晏殊《蝶恋花》教学中,教师问了学生这样的问题:"词中的女主人公是一个怎样的形象?"在教师的启发与引导下,学生回答说是一个"看得开的人"。接下来有这样的活动:

师:对,是一个理性的人。这是一个理性的女主人公。其实晏殊也是一个理性的词人。

教师出示幻灯片,呈现叶嘉莹的观点:晏殊也是一个理性的词人。所谓"理性"是指对情感加以节制、净化、操持。

教师用幻灯片呈现晏殊的另一首词《浣溪沙》:请大家来看看词中是怎样体现出一种"理性"呢?

生11:应该是比较看得开的,理性的。离别总是容易伤感,所以不要去多想它。

生12:"空"与"更"可以互换。

教师又出示李煜的一首词《相见欢》让学生比较。

生13：李煜的情感得不到控制，放纵愁绪，就像一江春水哗啦啦地流。词给人一种"惜美"的心痛感觉。而晏殊的词给人一种理性的、节制的感觉。两人是完全不同类型的词人，即一个是感性的，一个是理性的。

师：李煜是一个"纯情的词人"，没有节制。他做词人是成功的，但他的人生是不成功的。而晏殊是将相之才，是理性的。（补充了晏殊的生平资料）

晏殊的两首词中都刻画了女主人公形象，我们当然可以说他在人物形象身上倾注了自己的情感，但人物形象所拥有的情感、对待情感的方式却不能视为诗人自己的。由词中女主人公的所谓"理性"，就推出词人是"理性"的，这样的推理是站不住脚的。评论家认为晏殊是"理性的词人"，是说他的词风，是说他对笔下人物情感抒发的一种控制艺术，而不是说他这个人怎么样具有"理性"（当然生活中晏殊也许是"理性"的，但这不在评论范围之内）。我们的关注点应该更多地放在词人对抒情艺术的把握、抒情风格的特征上，而不是对其本人性格特点的认识与评价上。

我们在欣赏诗人所塑造的人物形象时，不能由此推出诗人也与某一人物形象有相同的特征，反之，我们也不能由诗人的形象特点推断出诗作中所塑造的人物形象的特点。古人说："言为心声，文如其人。"性情偏急，则为文急促，品性澄淡，则下笔悠远，这意味着作品的格调趣味与作者的人品应该是一致的；但同时我们也应该看到，"心画心声总失真，文章宁复见为人"（元好问《论诗绝句》），艺术家笔下的文雅不能证明其为人的脱俗，在很多情况下，作品的格调趣味与作者人品是背离的。

李煜与晏殊是两类不同的词人，他们的人生经历迥异，价值观念不同，追求目标相异，对情感的感受与体悟也有很大的区别，所以他们的词风呈现出各自的亮色。至于仅仅通过一两首词作，就得出"一个是感性的，一个是理性的"的结论，属于不完全归纳，未免有点轻率，因为我们也可以举出他们的其他词作，而得出相反或另外的结论。再说，一个词人是"纯情"，还是"理性"，与他们的身份并没有必然的联系。从更广泛的意义上讲，李煜的"做词人"，也不妨看作是他的另一种"人生"，因为诗词的创作，正是情感抒发的需要，正是他表达生活理想、生活体验、生活认识的最好方式。

上两例对作者的认识与评价，尽管有些问题，但至少还是能够结合文本内容来进行的。在很多情况下，教师会直接出示一些材料，对作者作出种种评价，而不顾及材料的真实性，完全脱离文本向学生灌输一些错误的信息。如有位教师在教学《岳阳楼记》时，补充了这样的两则材料：

材料1：宋仁宗不但没有龙颜大怒，还对滕子京贬谪期间积极为政大为赞赏，不久便让滕子京调任徽州知府。范仲淹虽然一再被贬谪，但这篇文章也没有影响他。不但如此，宋仁宗还设法保住他的名位，死后，朝廷赐予他宋朝文官最高级别的谥号——文正。

材料2：范仲淹两岁丧父，随母改嫁，改为朱姓。后寄居寺院数载，刻苦攻读，昼夜不倦。再加上，其母谢氏是虔诚的佛教徒，所以，范仲淹从小便深通佛理。"佛心向善，普度众生"的佛学教理深刻地影响了他。他一生都在追寻大乘菩萨道"悲心宏愿"的最高境界。

（明确：范仲淹追寻"先忧后乐"的古仁人之心，是因为他深受佛家思想的影响。）

据史载，滕子京所调任官职为苏州知州，而非徽州知府，时为庆历七年（1047），三个月后即病逝于苏州任所。说宋仁宗"对滕子京贬谪期间积极为政大为赞赏，不久便让滕子京调任徽州知府"，"宋仁宗还设法保住他的名位"等情况于史无据，既不见于其本传，相关野史也没有类似的说法。范仲淹的这篇千古名作所表达的"先忧后乐"的思想，传递的是满满的"正能量"，是其"行求无愧于圣贤，学求有济于天下"（《四库全书总目提要》卷一五二）的形象体现，对他的仕途怎么会产生什么影响呢？宋仁宗读了这样的文章为什么会不高兴，竟至"龙颜大怒"呢？至于范仲淹被授予谥号"文正"，是因为他"文足以安邦，武足以定国，德足以传世，堪称永恒巨人者"（《范仲淹全集·序言》），主要是表彰他的人品学问、道德文章、文治武功、杰出思想。历史常识告诉我们，历代死后被授予谥号的，都是为国家作出过重大贡献的大臣，怎么会因为某一篇文章而得到谥号呢？

这位教师仅由范氏"寄居寺院数载""其母谢氏是虔诚的佛教徒"，就推断出"范仲淹从小便深通佛理"，其"追寻'先忧后乐'的古仁人之心"就是因为"深受佛家思想的影响",事实并不充分。从他后来考中进士,可知他幼时及成年后所"刻苦攻读"的应是儒家经典。更主要的是,他的"先忧后乐"思想,不是佛家的,而是儒家的修身、齐家、治国、平天下思想的具体反映与形象体现;他一生所追寻的不是"大乘菩萨道'悲心宏愿'",而是儒家强烈的忧患意识、高度的社会责任感、自觉的担当精神、浓郁的人文情怀,是他"尚经天纬地之业"(范仲淹《赋林衡鉴序》),"忧事浑祛乐事还"(范仲淹《依韵答蒋密学见寄》),以及"兼济天下""爱国忧民"情怀的光辉而真实的写照。

对作者的贫乏化把握,源于对他们的简单化、扁平化认识与了解,是长期对一些具有特殊身份、拥有杰出成就、享有独特地位人物的某种期待造成的,它所呈现的往往是政治性期待、完美型期待、概念性期待,总认为"英雄象天界中的神明那么高大完美,'坏蛋'象地狱中的幽灵那样阴森可怖"(刘再复《性格组合论》),而忽视了对作者进行全面、具体、客观、真实的了解。

66. 让学生自己阅读与注意

马克思曾批评旧唯物主义的一种偏向："从前的一切唯物主义——包括费尔巴哈的唯物主义——的主要缺点是：对事物、现实、感性，只是从客体的或直观的形式去理解，而不是把它们当作人的感性活动，当作实践去理解，不是从主观方面去理解。"这种现象在教学中也有大量的体现，对人物形象不是让学生自己去感受，而是教师用一些"现成"的认识或结论直接传授给学生，学生所获取的不是自己阅读与注意的结果，更不是用自己的情感模式与作品形式结构相结合的结果。

在《金岳霖先生》教学中有这样一个环节：

教师引导学生看课文第11段（金先生请客纪念林徽因）。
师：这段的主要意思是什么？
生：在说金先生和林徽因的关系很好。
师：金先生的有趣还体现在他是一个重感情的人。
师：大家知道金先生和林徽因的关系吗？
生：她是旧情人。（学生们爆发出笑声，教师也笑了。）
师：你是怎么知道的？
生：参考资料里看到的，《导学大课堂》。
（教师要求该生给同学们说说）
生：金岳霖追求林徽因，后因林徽因嫁给梁启超之子梁思成而终身未娶。
师：嗯，在我们的《导学大课堂》里有介绍，金岳霖终身未娶。

这样的场景很常见，教师为了"活跃气氛"，帮助学生理解人物和把握形象特征，引入一些"轶事"，这本无可厚非。但问题是，所引入的这些内容是科学的吗？与历史事实的吻合度怎么样？如果我们只是人云亦云，从某种直观出发，就有可能使我们的教学走向"油滑"的那面去。

正如金岳霖先生自己所说："梁思成和林徽因是我最亲密的朋友。"梁思成与林徽因早在1928年就已在加拿大结婚，1930年下半年回到北京，而金岳霖直到1931年才认识林徽因，时间顺序不能颠倒。他们彼此确实有过好感，但很快就结束了这段短暂的"恋情"，并始终以好朋友的关系相处，不能以"旧情人"来称呼他们。金先生于1925年11月回国，美国小姐秦丽莲随之来到中国，"她倡导不结婚，但对中国的家庭生活很感兴趣，愿意从家庭内部体验家庭生活"，与金先生共同生活直到1931年。所以严格意义上说，金先生是有过婚姻的，只不过没有举行结婚仪式，履行法律手续而已。而在上世纪60年代的时候，金先生与名记者浦熙修女士过从甚密，两人也到了谈婚论嫁的程度，只不过迫于当时的政治形势，再加上浦熙修女士因病卧床不起，而没有结婚。所以，我们大可不必为了强调金先生的"重感情"，而用一般的结论对人物进行某种浮泛的认识和判断，应该通过更加丰富的材料，让学生自己去判断。

有人这样分析《故乡》中的闰土和杨二嫂的形象：

少年的闰土健康活泼、富有活力、勇敢机智，是那时的"我"羡慕的小英雄；二十年后，中年闰土憔悴不堪，呆滞麻木。更可怕的是他精神的变化，他称"我"为"老爷"，将在求神拜佛中麻醉自己。他是在生活重压之下"辛苦麻木而生活"的劳苦民众的代表。

二十年前的杨二嫂年轻美貌，人称"豆腐西施"；二十年后，在艰辛生活的折磨下，她变得自私、贪婪、势利、泼悍。她是人格被扭曲的庸俗小市民的典型。

闰土称"我"为"老爷"，是他"精神的变化"吗？这是他人生阅历、生活经验累积之后的必然行动，这在他的少年时代是不会有的，因为"那时是孩子，不懂事"，所以他能与"我""一气"，并"哥弟称呼"，叫"我""迅哥儿"。也许，在闰土看来，他对"我"态度的恭敬是发自内心的，并没有认为有什么不妥，反而，他会认为如果不这样做，那倒是"不成规矩"、有违常理的，这就是他先让水生"给老爷磕头",继又要求水生"上来打拱"的原因。这样的称呼背后,是闰土的成熟、世故、老练与老到,是他对人情世理的明了,是他对社会秩序的一种认同,对等级观念的一种自觉遵守。

至于他所拿的香炉、烛台,那只不过是一个农民家庭里常见的生活用品,是在家庭遇有重大节日、红白喜事、祭祀活动等时的必需祭器。相较于富裕或有地位的人家,普通农民家所用的香炉、烛台等祭器无论是材质还是做工,都是较为一般的,而"我"家的自然要讲究得多,也贵重得多,所以少年闰土在"我"家举行"大祭祀"的时候,为防这些贵重祭器被人偷去,担负过"管祭器"的任务。毫无疑问,这些考究的祭器给少年闰土留下了非常难忘的印象,这就是闰土为什么要拿这些东西回去的原因。这些祭器的使用,主要是表示对先人的纪念,对现实生活的祈福,对未来生活的期盼,正如当初十分爱闰土的父亲,因为担心自己的儿子死去,"就在神佛面前许下愿心",给他"颈上套一个明晃晃的银项圈"所做的那样,虽也有对自己进行精神安慰,使自己精神有所寄托的因素,却不是为了逃避现实式的"麻醉自己",更不代表他从此就会沉湎于"求神拜佛"之中。

经过二十年的生活磨难,曾经年轻美貌的杨二嫂外貌上必然会发生巨大的变化,这是岁月的痕迹,也是生活的印记,这是人物性格、命运发展的必然逻辑,这种发展变化必然会在人物外貌、语言、动作上得到具体的外显。说她"变得自私、贪婪、势利、泼悍",那就要举出她在年轻时不"自私、贪婪、势利、泼悍"的具体表现,否则所谓的"变得"一说就无法得到落实,而小说中并没有写她二十年前是如何不"自私、贪婪、势利、泼悍"的,所以"对比"也就无法构成。从另一个角度看,如果她在年轻的时候就是一个"自私、贪婪、势利、泼悍"的人(这是很有可能的,而这是年轻时代的"我"所无法得知或判断的),那么她的"人格"就没有发生"扭曲",而是原有"人格"特征的后续显现,也同样不能与"我"印象中的"豆腐西施"形成对比。

我们应该引导学生从文本的实际出发,启发学生自己去阅读与注意,从中拥有自己的发现、感受与体验,而不是直接由教师传授一些现成的结论,更何况有的结论本身就是靠不住的。

67. 从情感表现性把握形象

审美"不是知识的判断，不是科学的归类，而是透过事物的形式达到对它们的情感表现性的把握"（滕守尧《审美心理描述》）。如果没有这样的认识，我们所形成的必然会是一些无感性、无"温度"、无生命的知识。

有位教师在《林黛玉进贾府》的教学设计中，这样分析王熙凤的形象：

1. 与那些"敛声屏气，恭肃严整"的人们相比，王熙凤为什么"放诞无礼"？

备答：王熙凤精明能干，善于阿谀奉承，因此博得贾母欢心，从而独揽了贾府的大权，成为贾府的实际掌权者。

2. 作者为什么要浓墨重彩描写其服饰？

备答：暗示她的贪婪与俗气，从侧面反映了她内心的空虚。

3. 贾母称王熙凤"凤辣子"，哪些描写体现了王熙凤的"辣"？

备答：未见其人、先闻其声的出场形式，放诞无礼的语言方式，贾母的戏谑调笑等。

这样的理解有两个问题，首先，穿着艳丽为什么就一定是"内心空虚"呢？以此逻辑推断，那"内心充实"的人就应该都是衣着简陋、素朴的，或者说凡衣着简陋、素朴的人都是"内心充实"的，这逻辑的荒谬非常明显。说其"贪婪与俗气"是可以的，但穿着、打扮的习惯，与一个人的审美观念、文化修养、教育程度、家庭背景、习惯爱好、环境氛围、社会风尚甚至礼仪习俗等都有着很密切的关系，不一定全是个人的因素。例如在封建时代，皇帝和皇后的穿着、王公大臣的穿着、普通百姓的穿着，乃至不同生活阶层的人们的穿着打扮，都会有所不同，这可能是作为身份的标志、地位的体现、境遇的表现，不一定与不同人群的"内心"画上等号。对王熙凤不能用"有色眼镜"去看待。

从此处描写的目的看，主要是介绍王熙凤这一贾府中的重要人物，而且是"林黛玉眼中"的一个人物，由于是初次见面，林黛玉对她的印象还只能是一种浮光掠影，不可能有这么具体与深刻，不可能就深入王熙凤的内心。而其时，根据小说中与此情节有关的前后内容来看，林黛玉还只有6岁（宝玉7岁），涉世太浅，她又怎么可能对王熙凤形成如此抽象、理性高度的印象呢？

其次，王熙凤之"辣"，如果仅是"未见其人、先闻其声的出场形式，放诞无礼的语言方式，贾母的戏谑调笑"这三个方面，那还不能认为是"辣"。贾府中人称其"辣"，是对她一贯为人与行事风格的总体评价，不是某一时段、某一场合、某一事情、某一人物的一时的评价。她的"辣"应该包含许多内容：在贾母眼里她是大胆泼辣的，行事方式是风风火火、麻利爽快的，说话是不遮遮掩掩的，敢于"放言"的，遇到事情是敢于"担当"的，办事的能力是很强的等；在贾府中其他人眼里，她的"辣"还是"厉害""狠毒""凶悍""奸诈"等的代名词，她的个性是火辣的、麻辣的，但对有的人也是热辣的、狠辣的，甚至恶辣的，比如她"毒设相思局"害死贾瑞，她心狠手辣害死尤二姐等都是比较典型的事例；从人物性格形成的主观与客观因素看，她的"辣"也是综合形成以及长期形成的。

而仅仅通过开头人物的出场的言行或贾母一两句的评价，是无法体现出她"辣"的性格的，因为作为对她的一种综合性评价，这样的"辣"贯穿了她的一生。如果我们把该问题设计成："从所描写的部分看，这种'辣'体现在哪些方面（或'是怎么体现出来的'）？"可能就会与此处、此时的人物性格特征更加吻合。

在分析贾宝玉的形象特征时，这位教师又设计了这样的内容：

1. 从本文的描写来看，贾宝玉似乎很是不堪，这该如何理解？

备答：贾府内外这些人贬斥贾宝玉的话，充分表现了他的叛逆性格。人们把他说得这样坏，是因为他的所作所为不符合封建正统人物的要求，违背了封建正统的世俗常情。由此可见，贾宝玉是本阶级的叛逆者形象。

2.黛玉乍见宝玉为什么会"一惊"？

3.贾宝玉为什么摔玉？

备答：浅层次看是"这个妹妹没有玉"，表现其任性；深层次看，他"衔玉而诞"，玉是天命的象征，他的摔玉正表现出他对天命的违抗，对世俗的鄙弃，对礼教的蔑视。

4.两首《西江月》为何要贬斥贾宝玉？

备答：似贬实褒，正文反作。他不愿受封建传统的束缚，厌弃对功名利禄的追求。

教师归纳总结：

贾宝玉是封建贵族的叛逆者，具有反抗封建束缚、要求自由平等的思想。他蔑视世俗、卓然独立的种种表现，表现了他对封建礼教和封建道德的反抗。

两首《西江月》是小说中的人物对贾宝玉的整体评价，这是结合以后乃至一生的贾宝玉的言行而作出的基本判断，而不是对此时还只是一个年仅7岁儿童的贾宝玉的全面评价。从一个儿童身上怎么看得出他与所谓"封建正统"的矛盾冲突？他又怎么知道他所在的是哪个"阶级"？除了一些天性之外，难道他在童年时就懂得要"背叛"自己的阶级了吗？初次出场的贾宝玉，怎么这么早慧呢？他又怎么知道他的这一极度符合儿童天性与心理的行为（摔玉）与什么"天命""世俗""礼教"有什么关系呢？如果真是这样，那贾宝玉岂不是一个"神童"？难道他天生就与其所在的"阶级"有不可调和的冲突？他从小就有强烈的"革命斗争"精神？

毫无疑问，学生只有把《红楼梦》一书读完了才可能会形成这样的印象，才可能会有这样的理解，而且也不一定会理解得这么"深刻"，总结得这么"准确"，概括得这么"精要"；试图仅仅通过《林黛玉进贾府》一课的学习就让学生形成这样的认识，只能是教师的一种自说自话，不可能成为学生的阅读体验和阅读认知，与设计者的初衷"突出'学情'核心"有很大的距离，因为这样做的本身就已经远离了学生的阅读经验；退一步说，如果学生一开始就对贾宝玉有了这样全面而准确的认识，那整本书还需要再读下去吗？即使读了，也只是为了"验证"这样的评价而已。

如此把握，必然使栩栩如生的人物形象完全丧失主体性，丧失了成为人的本质。在这样的思维模式下，作品中的人物形象只能依照某一个公式或定律去感觉、感受、思考、生活，他们的言行举止、视听言动无不以这个公式或定律为依归，"这个公式或定律是至上的，是'绝对精神'，而人是算不了什么的，人不过是为了证明这个公式或定律而获得存在意义的"（刘再复《性格组合论》）。当每一个人物形象都被我们抽干了其身上的"水分"，都被我们强加上了原本不是人物形象所附着的"意义"，那学生所认识的人物形象还有那么"可爱"吗？

68. 不舍弃"一千个哈姆雷特"

明末清初著名思想家王夫之论诗时说:"作者用一致之思,读者各以其情而自得。"(《姜斋诗话》卷一)阅读过程中,教师应引导学生或置身于文学情境,或抽身于文学情境之外,选择与其保持距离,从外部情境审视文学对象,使他们能够"各以其情而自得"。但在实际教学中,不少教师往往违背了这一基本原理,采用直接"灌输"的方式,把一些显而易见的、与文学作品所表达的内容毫不相干的所谓"主题"硬性地"塞"给学生,而无视学生的阅读体验和情感积蓄,剥夺了学生发现和建构作品意义的权利。

杰出的作家笔下的人物形象之所以有持久的艺术生命力,主要在于其塑造的是典型形象,是独特的"这一个"(恩格斯语),是读者所"熟悉的陌生人"(别林斯基语)。由于读者的生活经历、学识修养、审美趣味的差异,在欣赏同一个人物形象时,必然会出现"一千个读者就有一千个哈姆雷特"的现象。课堂学习时有的教师为了所谓的"这一个"哈姆雷特,却舍弃了其他的"一千个"哈姆雷特,而将学生的阅读认识"统一"到某一个"标准答案"上。

有位教师这样引导学生认识《孔乙己》:

受封建思想毒害和对科举梦想的"坚守"是孔乙己性格形成的基础,其生活处境与性格之间的矛盾,与其命运构成了内在的因果关系。孔乙己是一个可怜、可笑、可悲、可恨的落魄知识分子形象。

这是典型的"结论先行",是以对社会现实的批判代替了对人物形象的感知,这一认识势必将学生的思维引向"对科举制度的批判""对封建黑暗社会的揭露"等主题上,这与教学参考书的说法如出一辙:

小说通过对孔乙己悲惨一生的描写，既反映了封建文化和封建教育对下层知识分子的严重毒害，有力地控诉了科举制度的罪恶；更着重地表现了当时一般群众的冷漠麻木，从更深广的意义上暴露封建社会的腐朽与黑暗。

仅以"封建思想"而论，这是一个笼统的概念，其中确有糟粕，但也有精华，不能笼而统之地全盘否定。说孔乙己"受封建思想毒害"比较抽象，是指他受到封建思想的道德原则、具体内容，还是封建思想所规定的行为准则的毒害？仅就"思想"而论，他是受到封建"宗法思想"，封建"等级思想"，还是封建"伦理思想"的毒害？如果是某一个方面，那又是指其中的哪一个具体内容？具体到孔乙己，"封建思想"在他身上有哪些具体表现？难道说，在以"科举"为唯一晋身阶梯的文化背景下，作为读书人的孔乙己有其他的道路选择吗？他的这一选择又有什么错呢？怎么能说成是一种"毒害"呢？或者说这与"科举制度"本身又有多大关联呢？孔乙己身上所暴露出来的人性弱点，怎么就成了"科举制度的罪恶"呢？既然不能指出他到底受怎样的"毒害"，那就难以给学生以具体的印象，只会使学生从概念到概念，是一种庸俗社会学批判思维的反映。

再说，孔乙己"坚守"科举梦想了吗？如果是那样，他就应该继续刻苦攻读，而不是去替人家抄书，更不是经常去喝酒，但小说中人们的口中却没有他如何认真、勤奋读书的传说。至少在"我"的叙述中，他读书的情景是不为他人所知的。如果是"坚守"科举梦想，他就应该始终高扬"科举"的旗帜，坚持宣扬自己的人生理想与行为目标，但事实是当有人嘲笑他"连半个秀才也没捞到"时，他是那么的颓唐，那么的委顿，那么的无奈，根本就没有任何的自信与自强。如果把他所穿的"长衫"和所说的"之乎者也"等人们听不懂的话语，就视为一种"坚守"，那就会无视人物的身份特征，现实生活中我们能说一位穿着破烂、说着"行行好吧"的乞丐是对自我的一种"坚守"吗？如果一定要说"坚守"，他"坚守"的只不过是一个"读书人"的身份，并以此想获得个人的尊严罢了。

孔乙己确实很"可怜""可笑""可悲"乃至"可爱"，但却不能说"可恨"，他已如此落魄，却又经受精神的打击，他生活在世上，虽不能为他人作什么

"贡献",可他至少给大家带来了"笑声",给人们无聊的生活带来了欢乐,尽管"没有他,别人也便这么过",但别人对他无论如何是"恨"不起来的。他虽然"好吃懒做",什么营生也不会,"偶然做些偷窃的事",但并没有对社会造成什么大的危害。更何况他的"品行却比别人都好,从不拖欠",给孩子们吃茴香豆,教"我"学写"茴"字,不是也很"可爱"吗?对这样的人,小说中的人们、读者何"恨"之有?"恨"又从何而来?实在要谈"恨"的话,那倒是要引起学生对"社会对于苦人的凉薄"之"恨"的。

对待人物形象的如此认识,必然影响到学生对作品主题的把握,影响学生对作品的多元、个性化解读。其实,孔乙己是怎样的一个人?他是不是"可怜""可笑""可悲"乃至"可爱"甚或"可恶"?从他身上又折射出怎样的社会现实?通过自由的阅读,深入的体悟,学生是完全能够"读"出来的,教师为什么要用整齐划一的"框框条条",因袭统一的观点,采取灌输的讲解分析的方法,去约束学生的思维与创见呢?要知道,当我们捡了"单一主题"这一"芝麻",也就使学生失去了多重对话的机会,从而丢失了关注"每一个学生的个体阅读"这个大"西瓜"。不管怎么说,"一千个哈姆雷特"总要比"一个哈姆雷特"更有价值。

正是受"单一思维""标准答案"的影响,在今天的课堂上,仍然有不少教师为学生"规定"好作品的主题,比如教学鲁迅的《祝福》,那主题必然被明确为"对封建礼教制度的批判",不会有第二种解释,学生对这一抽象、笼统的概括往往稀里糊涂。曾经有学生问老师:古代乐府诗《孔雀东南飞》的主题是"批判封建礼教制度",《祝福》也是"批判封建礼教制度",那两篇课文的内容不是一样的吗?教师只好敷衍了事。著名哲学家金克木曾经这样解读过《祝福》的主题:"《祝福》是新时代的《寡妇赋》。小说和潘岳的赋相隔一千几百年,要回答的问题仍是一个:寡妇怎么办?两篇都没有明确的答案。曹丕等人的赋不必去查了,都不会有。若有也只是一个:'守节'。祥林嫂为此而死。""小说《祝福》有多层多面意义,不等于戏剧电影的祥林嫂。单说这一位女人,两次做寡妇,但她的苦决不只是守寡和再嫁又寡。即使三嫁而不寡,或者守寡不再嫁,她的问题仍不能解决。允许再嫁,不要求守节,死后无鬼,不致争妻,儿子不死,抚养长大,那就是寡妇的出路吗?未必。寡妇不过是这个符号下的物件,不能成为独立的个人,甚至不能做女人。这才是问题所在。"(《咫尺天颜应对难》)可惜这样的独特见解我们的老师是读不到的,即使读到了类似的观点,也不敢放手让学生去讨论和探究。结果,学生读到的、感受到的、体会到的就永远只有教师所提供的"这一个哈姆雷特",甚或就是各种教学参考资料所论及的,而教师只不过做了一个"传声筒"而已。

舍弃"一千个哈姆雷特"的后果是很严重的,它所摧毁的首先是学生无限的想象力,折断了学生思维飞翔的翅膀,而"一个具有想象力的人是无疑地有权利来作这样的回答的:'我认为再现任何存在的事物都是没有好处的、讨人厌的。'……想象力是真理的皇后,所谓可能也就是真理领域的一部分。它和无限有直接的关系。……没有想象力,一切官能,无论多么健康敏锐,都归于乌有"(伍蠡甫主编《西方文论选·上卷》)。

69. 既能"入内"，又能"出外"

王国维认为，欣赏文学作品时我们"须入乎其内，又须出乎其外。入乎其内，故能写之。出乎其外，故能观之。入乎其内，故有生气。出乎其外，故有高致"。也就是说，在阅读与鉴赏时，我们要能"知出知人""会入会出""能入能出"，不能有失偏颇。可在教学中，有的教师却往往顾此失彼，特别是只注重"入内"而不能"出外"，在引导学生品尝作品这只美味的"鸡蛋"时，念念不忘下蛋的那只"母鸡"——作者，始终抹不去作者的影子，而不知"文学作品写出的完全不是现实生活中一再重复的故事，而是经过了作家独特心灵过滤的东西"（宋庄《想象力首先从语言开始》）。

一位教师在莫泊桑《我的叔叔于勒》的教学设计中，有这样的两段话：

莫泊桑是法国著名的批判现实主义作家。他是位非常善于讲故事的人，能够在很有限的篇幅内，讲述一个意蕴深远、耐人寻味的故事，因此成为一代短篇小说巨匠。今天，他讲的这个故事说它远，它发生在遥远的19世纪的欧洲；说它近，它就在我们眼前。

主题思想：课文以小见大，通过对菲利普夫妇对待于勒反复无常的态度描写，揭露了资本主义制度下人与人之间纯粹的金钱关系；同时，在若瑟夫身上，寄予了作者美好的愿望，希望人与人之间多一份关爱，多一份温情。

《我的叔叔于勒》既是一个"意蕴深远、耐人寻味"的故事，那它的艺术生命力就是非常顽强的，它也就超越了作者所生活的时代，超越了作者的审美追求和所呈现出来的创作风格，它所蕴涵的意味，就不会仅仅是哪个阶级、哪个时代所独有。"嫌贫爱富"的故事，从古到今，从中到外，不知凡几，且还会永远地继续上演并流传下去，它所折射出来的人类灵魂的丑陋之处，所展露出来的人性的软肋，不可能只有"资本主义"时代"资产阶级"才独有。我们难道仅仅因为莫泊桑是"批判现实主义"作家，就认定他只是对"资本主义制度下人与人之间纯粹的金钱关系"的揭露，而不是对丑陋人性的刻画、揭示和无情的批判？把一篇反映人类"共性"特征的作品说成是对"个性"的展现，是对这一传世名作的"贬低"而不是"拔高"，是对作品所包含的社会生活丰富性的严重消解。

同样的道理，《项链》就只是"批判了小资产阶级的虚荣心"吗？作为人类的一种心理状态"虚荣心"——追逐虚荣的心态——有阶级之分吗？如果有，那什么是"小资产阶级的虚荣心"？什么是"大资产阶级的虚荣心"？什么又是"封建阶级的虚荣心"和"无产阶级的虚荣心"呢？它们各自的特征及其间的区别又是什么呢？毕飞宇曾说："在我们的记忆里，所谓的'批判现实主义'，说白了就是批判金钱主义、资本主义、欧洲主义和美国主义。是的，如果你不去读小说，仅仅依靠课堂，你会误以为所有的'批判现实主义'作家都是同一个写作班培训出来的，他们类属于同一个合唱团，只训练了一个声部。"问题是，当学生对这些抽象的概念形成所谓的"共识"时，作品丰富的精神与鲜活的灵魂又在哪里呢？

沿着"知人论世"的老路走下去，那就不能从文本自身的存在看其存在，比如对李白诗歌的主题，就用"积极浪漫主义"的整体特点去套解；对苏轼、辛弃疾词作的主题，就离不开"豪放"派主体内容的把握；对陆游诗词的主题，当然就全要打上"爱国主义"的印记。这种无视诗人所创作诗歌内容的丰富性、情感的独特性，以及形式的多样性的解读行为，带来的必然是学生形象思维和理性推断能力的消弭甚至丧失。

教学杨绛的《老王》，几乎所有的教师都会对文章的最后一句话"那是一个幸运的人对一个不幸者的愧怍"进行重点品析，将其视为解读文本的一把钥匙。这诚然有一定的道理，但如果走得过了头，那就会引导学生走向文本之外。有位教师这样组织学生研读"愧怍"：

1. 老王的离世，作者觉得自己对老王的关心还不够，现在想帮助他都没机会了，所以"愧怍"。

2. 作者为老王在辛劳穷苦中仍坚守质朴、善良的精神所感动。

3. 作者对自己灵魂的拷问，觉得自己心底有一种居高临下式的怜悯和同情，老王全心付出，自己只是给钱再给钱，只关注老王的物质生活而忽略了老王精神生存的空间。

4. 作者看到了老王在辛劳穷苦的生活中还能够关心他人，同情他人，看到了人间的不平等，更看到了身处社会底层的老王的可贵品格。作者的道德在这里起了作用，真正有良知的知识分子，对人间的苦难总是能充满同情与悲悯。这是一种悲天悯人的情怀，这种以善良之心去体察善良之人的美好心灵给现在的我们以启示。

这样的解读所带来的疑问是：《老王》一文，所写的主体形象到底是"老王"，还是作者自己？是讲述一个普通人、悲苦人一生的不幸经历，还是要表白一个知识分子的心迹？是要表现身份、地位卑微者灵魂的纯洁、崇高、高贵，还是想表现知识分子的"悲悯情怀"？是想要通过一个身处社会底层者的悲苦命运折射出时代的悲剧，由此引发出对国家、民族、社会、政治命运的思考，还是仅仅停留于"我"的道德反省、灵魂救赎？是想借此反映出时代风云、历史变迁、政治大潮中人际关系的微妙，还是仅仅表现"我"对"老王"的同情与关爱？学生虽然懂得了"愧怍"的字面意思，但可能仍然读不懂"老王"这个人，也可能读不懂作者写《老王》的真正意图。就如美国社会文化和文学批评家、作家莱昂内尔·特里林所认为的，我们不能过度强调文学的社会功能，文学所能做的只是为人们提供一定的信息资源和独立的"沉思性体验"，这种体验带来的是生存以外的"最重大的社会关怀"，而不是试图借其去改变生存本身。

朱熹诗云："等闲识得东风面，万紫千红总是春。"作品的意义是需要学生运用自己的阅读态度、阅读背景和阅读心理、阅读方法去获得与建立的，只有让学生自己沉潜到作品中，通过设身处地的感受体验，"等闲"而自然"识得"作家的"得力处""用力处""不可解及看不出好处"（刘熙载语），进而把握与理解作者努力表达的主旨、尽力抒发的情感，而不是通过教师匆忙、简单的"告知"，自己的分析讲解所能呈现给学生的。这样的阅读鉴赏对促进学生感知和把握作品中的形象、理解作品内涵的多义性和模糊性并进而形成阅读鉴赏的基本能力才会有真正的价值。

跋　回到语文的故乡

> 我们并不理解，
> 学生的愿望。
> 但最为盲目的，
> 还算是语文的教学。

叶圣陶先生有一句非常精辟的话："在需要的时候说恰当的话。"多年后重温，突然有一种顿悟。长期以来我对语文教学中的一些百思而不得其解的问题，如醍醐灌顶、豁然开朗。我开始尝试用这句话去理解教学中的文本研读，又用这句话去观察、思考、分析课堂教学中的内容、环节、方法、评价等问题，发现无一不可以从中受到启发，得到教益，并以此为指针，检验我们的课堂学习之旅。为此，我欣喜若狂，惊喜万分！我终于找到了一把解决语文教学问题的万能钥匙！

美国诗人惠特曼指出："放错位置的东西没有一件是好的，恰到好处的东西没有一件是坏的。"（《草叶集》序言）诚哉斯言！语文课堂教学中的诸多问题似乎都可归结为没有能够正确处理好"需要的时候"与"说恰当的话"的关系：在不需要的时候说了貌似恰当的话，在需要的时候说了不恰当的话，在不需要的时候说了不恰当的话。德国诗人荷尔德林曾经这样吟唱："人类知道自己的处所 / 鸟兽也懂得在哪里建窝 / 而他们却不知去何方"。这样的诗句好像就是对当下语文教学现实的形象描述。风生水起的语文教学改革搞了这么多年，语文课堂教学模式探索开展得轰轰烈烈、如火如荼，也诞生了花样不断翻新、冠以多种名目的"语文"教学理念与思想，而"语文，究竟怎么教"这一基本的问题却长期存在，教师不能教、不会教、教不好的现象大量存在，且呈继续蔓延、发展下去的趋势，却得不到应有的关注，更得不到及时而准确的纠正与指导。是司空见惯、熟视无睹，还是不想、不愿、不屑，抑或不能去进行一些基本的思考、分析与研究？在语文几乎是一切，而一切又都不是语文的教育语境中，在完全被浮躁而功利的"改革"驱动的背景下，在学生正在离语文越来越远并不断产生厌弃情绪的现实里，我们的语文人如迷途的孩子，茫然不知所措；语文学科正面临着失去故土、丧失家园、无家可归的危险。难怪有些教师摇头叹气："语文越来越不会教了！"

语文课堂教学中的每一块专题、每一点内容、每一个环节、每一种方法千万不能成为可有可无、可浅可深、可繁可简、可用可弃的"鸡肋"，要充分发挥它们的教学效益，真正能够对学生阅读理解能力、语言应用能力的形成与提升有所裨益，就必须考虑如何才能"在需要的时候说恰当的话"。只有解决了这个问题，我们才能真正知道"语文，究竟怎么教"。

缘于此，我结合30多年的教学实践以及对语文教学的长期观察、分析和研究，前后花了近五年的时间，集中精力对课堂教学中不应该出现的一些"歧途""弯道"、节外生枝、照本宣科、浅尝辄止的种种现象作了一些基础性剖析，对构建新的教学思维、掌握有效的教学方法、精要准确地解读文本、科学优化教学环节等方面谈了一些认识，提了一些建议，以期引起广大同行的关注，使我们的语文教学能够踏上归乡之途，始终走在健康、理性、本真、高效之路上。

收入本书的69篇文章分为四个版块：

第一版块"能领悟，享有教学幸福"，主要就教学观念的创新，教学"本钱"的积累等方面谈些体会。理想很丰满，现实很骨感，对语文教学能够拥有自己的"领悟和见闻"的语文教师是越来越少了，不学习、不思考、不研究的语文教师越来越多了，所以"怎么教"就成了一个恒常的话题。要想做一个幸福的语文教师，我们必须有敏锐的眼光，卓越的才情，改革的勇气，非凡的智慧。

第二版块"懂取舍，展开充分活动"，主要就教学中所涉及的相关要素，从文本解读的方式、教学内容的确定、教学环节的安排、教学活动的展开、教学目标的设计等方面谈些认识。俗话说"合适的才是最好的",但不少语文教师对一些教学方法、模式却不能"运用脑髓,放出眼光,自己来拿"(鲁迅《拿来主义》),把精力花在一些不着边际的活动中,致使课堂教学效率低下。

第三版块"会设计,提升思维能力",主要就教学程序与步骤中所涉及的时代背景、作者介绍(知识教学)、课堂导入、课堂总结、课堂拓展、课堂训练、课堂提问等方面提些建议。我们要充分利用好这些教学环节,在培养和发展学生的思维能力上多用心,巧用力。

第四版块"知聚焦,明确语文根本",主要就语文教学的根本——语言教学谈些感受与体会。教语文就要教语言,学语文就得学语言,离开了对语言的欣赏与品味,离开了对学生语言感悟力、语言鉴赏力的培养,不能让学生学会正确、熟练、有效地运用语言,语文课还能干什么呢?

这四个版块之间既有联系又有区别,既勾连相通又独自成篇,它们统一于"在需要的时候说恰当的话"这一总体思想之下,试图对"究竟怎么教语文"这一现实问题作一些具体的阐释性回应。

本书的写作,首先要感谢的是江苏省著名特级教师柳印生先生,因为是柳老全力推动了这本书的写作,并且多年来,作为我尊敬的师长,他始终关心、支持、勖勉我,在他八十高龄的时候,还欣然为本书题词,令我感动莫名。柳先生伟大的人格魅力和深厚的语文涵养将永远激励我不断前行!全国著名语文教育研究专家魏本亚教授,在我的语文教学研究之路上,给了我极大的鼓励和帮助,魏教授严谨的治学态度、开阔的学术视野使我受益良多,他不仅在百忙之中为我审读了全部书稿,而且为之作序,对我给予了充分的肯定,并提出了殷切的希望。江苏省兴化市教育局副局长杨杰先生全力关心与支持我,为我的学习、研究提供了许多良机,使我的视野得到了开阔,他还极力促成了我与华东师范大学出版社的合作,使这本书的问世成为可能。我还要感谢我的家人对我的理解、包容与付出,使我得以全身心地投入教学研究工作。在写作过程中,我还得到了江苏省兴化市楚水实验学校的邹道进等许多同道的支持和关心,他们的无私帮助使我能够拥有更多、更有价值的第一手研究资料。洋溢热情、富有激情、善良睿智的华东师大出版社资深编辑、《教师月刊》首席记者、独立教育研究者、教师阅读推广人朱永通先生为本书的出版进行了全力的推动，出版社的编辑倾心策划与精心审读，付出了大量辛勤的劳动，在此深表谢忱！

　　语文回乡之路漫长而曲折，我愿与乐于此道的同仁继续求索，不断奋斗，勇往直前！

张正耀

2016年6月于板桥故里楚水居

图书在版编目（CIP）数据

语文，究竟怎么教：一位特级教师的 69 条教学建议 / 张正耀著 .—上海：华东师范大学出版社，2016

ISBN 978 - 7 - 5675 - 5738 - 3

Ⅰ.①语... Ⅱ.①张... Ⅲ.①中学语文课—教学研究 Ⅳ.① G633.302

中国版本图书馆 CIP 数据核字（2016）第 239842 号

大夏书系·语文之道

语文，究竟怎么教
—— 一位特级教师的 69 条教学建议

著 者	张正耀
策划编辑	朱永通
审读编辑	张思扬
封面设计	淡晓库

出版发行	华东师范大学出版社
社 址	上海市中山北路 3663 号　邮编　200062
网 址	www.ecnupress.com.cn
电 话	021 - 60821666　行政传真　021 - 62572105
客服电话	021 - 62865537
邮购电话	021 - 62869887　地址　上海市中山北路 3663 号华东师范大学校内先锋路口
网 店	http：//hdsdcbs.tmall.com

印 刷 者	北京密兴印刷有限公司
开 本	700×1000　16 开
插 页	1
印 张	16.5
字 数	269 千字
版 次	2016 年 11 月第一版
印 次	2021 年 11 月第七次
印 数	20 101-23 100
书 号	ISBN 978 - 7 - 5675 - 5738 - 3/G · 9854
定 价	35.00 元

出 版 人	王　焰

（如发现本版图书有印订质量问题，请寄回本社市场部调换或电话 021-62865537 联系）